奪權不必流血
大宋開國全靠制度

從皇帝到文官，都是制度說了算！

開明又壓制，獨裁卻守則，大宋王朝打造最穩定的政治秩序

劉路（劉史君）著

【不憑殺伐立威，僅靠設局穩權】

◎為何以杯酒釋兵權，而非屠戮功臣？
◎士人夫為什麼能站上宋代政治的中心？
◎宋朝放任土地兼併，真的是因為重商開明？
◎節度使權力歸零，背後隱藏哪場制度大洗牌？

從節度使走向三衙制衡，由杯酒釋兵權至士人參政
不是停止奪權，而是改變方式──控權穩國，這就是大宋！

目錄

第一編　周世宗與李後主 ………………………… 005

第二編　大宋開國 ………………………………… 025

第三編　士大夫的黃金時代 ……………………… 097

第四編　文治王朝的「武功」 …………………… 179

第五編　讀書心得 ………………………………… 283

目錄

第一編
周世宗與李後主

周世宗為什麼不叫柴榮？

周世宗到底叫柴榮還是郭榮？這個問題好像沒什麼好爭的，因為在大多數人的理解中，周世宗就叫柴榮。

然而，筆者卻堅定認為，在世宗成為郭威養子之後，至少在周世宗活著的時候，在後周還存在的時代裡，周世宗從來沒有一天叫過柴榮。

柴榮，那是一個屬於遙遠的、過去的名字。

就筆者目力所及，無論正史、野史，無論紀傳編年，完全找不到一條明確記載周世宗自己、包括周恭帝認祖歸宗的史料。

相關的史料，卻全部指向世宗姓郭不姓柴。

一、兩位《五代史》作者，都認為世宗姓郭

首先來看看正史記載。

宋初的《舊五代史》卷114〈周書‧世宗紀第一〉：「世宗睿

武孝文皇帝,諱榮,太祖之養子,蓋聖穆皇后之姪也。本姓柴氏……」

晚出的《新五代史》卷12〈周世宗本紀〉:「世宗睿武孝文皇帝,本姓柴氏。」

兩本《五代史》在說到世宗時,都說「本姓柴氏」。什麼叫「本姓柴氏」,就是說本來姓柴。兩書在為世宗立傳的時候,應該都是從世宗姓郭的角度來說的。因為說周世宗叫郭榮,本來姓柴,這樣的邏輯是合理的。如果說周世宗叫柴榮,本來姓柴,這說不過去。

五代時期,皇帝、節度使的乾兒子們一大把,所以兩本《五代史》在立傳的時候,都有一個以姓什麼的角度立傳的問題。

比如後梁的朱友文,本來姓康名勤。《舊五代史》卷12〈梁書‧朱友文傳〉寫道:「博王友文,本姓康,名勤。」

《新五代史》卷13〈朱友文傳〉同樣寫道:「博王友文,字德明,本姓康,名勤。」

又如後唐明宗李嗣源。《舊五代史》未提及其本來姓氏,不過按照《新五代史》的說法,李嗣源本無姓氏。《新五代史》卷6〈明宗紀〉:「明宗聖德和武欽孝皇帝,世本夷狄,無姓氏。」

再如後唐末帝李從珂,本來姓王。《舊五代史》卷46〈唐書‧末帝本紀上〉載:「末帝,諱從珂,本姓王氏,鎮州人也。」

《新五代史》卷7〈廢帝紀上〉亦云:「廢帝,鎮州平山人也。

本姓王氏,其世微賤,……」

史家皆行文如此。而我們知道這些人是沒有改回本姓的。

當然,也有後來又把姓改回去的。這裡舉兩個例子。

一個是朱溫的乾兒子朱友恭,本名李彥威,後來被朱溫復還本姓而賜死,因此兩本《五代史》都沒有將其列入宗室。《舊五代史》以「朱友恭」立傳,卷19〈梁書·朱友恭傳〉稱:「朱友恭,壽春人,本姓李,名彥威。……復其本姓名……」

這裡仍然用了「本姓」。而《新五代史》則以「李彥威」立傳,卷43〈李彥威傳〉:「李彥威,壽州人也。……冒姓朱氏,名友恭。……已而還其姓名。」

就不再說是「本姓」,而是順次說了改姓、復姓經過。

另一個例子是趙光義的老丈人符彥卿。符彥卿之父符存審,曾為後唐王李克用養子,當時應稱為「李存審」,符彥卿也應該叫「李彥卿」。符存審死於後唐莊宗年間,原本未恢復舊姓。後來符彥卿恢復了符姓,大抵是後唐滅亡以後的事。

司馬光的《資治通鑑》對「李存審」、「李彥卿」、「符彥卿」分得很清楚,胡三省還作注稱「李彥卿後復姓符」。這事雖然沒有直接記載,但符彥卿既然是趙光義的老丈人,又有後人在宋仕官,其恢復符姓當屬事實。

但一來符彥卿自己恢復了本姓,二來他又是國戚,所以連帶著李存審也被恢復了本姓。兩本《五代史》的行文,都明確以

「符存審」來為他立傳(「符存審,字德詳」),當然也就沒有必要再寫他「本姓符」了。

所以可以明確地說,兩本《五代史》的內文根本就是認為周世宗姓郭不姓柴。

那麼又有人說,兩本《五代史》的目錄上,不是明明寫著「世宗柴榮」嗎?

這個,大概是個誤會。

《新五代史》現存較早的版本之一,是由張濟元主持的商務印書館,根據影印南宋慶元本、搭配北宋殘本而成的「百衲本」。這個本子應該很接近歐陽脩原本的模樣。而百衲本的《新五代史》目錄上,根本沒有「柴榮」二字。同樣,明朝的毛本、萬曆南監本,清朝的殿本、文淵閣四庫本也沒有。

《舊五代史》原本已佚,清乾隆年間編修《四庫全書》時,由四庫館臣邵晉涵等人從《永樂大典》中輯出,又根據其他史料最終整理而成。現在的《舊五代史》並非宋初成書時的原貌,但是清朝的殿本、文淵閣四庫本的目錄裡,也沒有「柴榮」二字。

筆者能看到的版本其實很少,不能以偏概全。但從百衲本、毛本、南監本《新五代史》和殿本、文淵閣四庫本《舊五代史》來看,無論宋人歐陽脩,還是清人邵晉涵,乃至可能包括以薛居正領銜的宋初史官(其代表了宋初朝廷立場),都是以周世宗姓郭的角度來寫〈周世宗本紀〉的。

二、國號沒有改,因為沒認祖

後周國號的由來,太祖郭威自己說得清楚:「朕本姬室之遠裔,虢叔之後昆,……今建國宜以大周為號。」(《舊五代史》卷110〈周書‧太祖本紀一〉)

簡單來說,就是周武王封了自己叔叔虢叔於西虢,「虢」、「郭」同音,後裔逐漸以「郭」為氏。

所以說,後周之所以叫「周」,那是因為皇帝姓郭。

再看柴姓,本是齊文公子高之後,出自姜姓,跟出自姬姓的郭完全風馬牛不相及。如果周世宗恢復了柴姓,那麼必然要把與郭姓關聯的國號「周」改掉。雖然不一定要選一個跟柴姓有關的國號,但絕不會用周。

顯然,周世宗沒有改國號,也就沒有否認自己是郭姓子孫,那談何恢復本姓?

三、生父當舅舅,因為沒歸宗

周世宗如果恢復柴姓,除了國號問題,還面臨一個祖先問題。

五代時期,養子稱帝後認祖歸宗的也確實有。一個是後唐明宗李嗣源,一個是南唐烈祖李昇。

李嗣源是李克用的養子,他認祖歸宗這事,史書沒明確說。但李嗣源稱帝以後,就把自己的親爸爸、親爺爺、親曾祖、親

第一編　周世宗與李後主

高祖全都追尊為帝，可見嗣源認為這些才是自己的祖先。不過他家本來是少數民族，沒有姓氏，所以他雖然認了祖宗，卻沒有可改回的本姓，而是把祖宗全改姓了李 —— 等於認為自己仍然與李克用、李存勗同屬一家。

至於南唐烈祖李昪，本名徐知誥，是原南吳權臣、齊王徐溫養子。徐溫死後，徐知誥先是襲爵齊王，進而稱帝。兩本《五代史》說他先稱帝建齊，兩年後恢復李姓，改國號唐；《資治通鑑》說他直接建國號唐，兩年後恢復李姓。

先不管李昪改沒改國號。李昪恢復李姓，是三部史書共同記載的。在李昪仍然叫徐知誥的時候，他追尊徐溫為帝，廟號太祖，認為自己是徐氏後人；可是一旦恢復李姓，他就改認唐高祖李淵、太宗李世民為祖先，追尊父祖四代為帝（雖然後人多認為，他跟唐朝宗室一丁點血緣關係都沒有）；而原來的太祖徐溫，廟號就變成了義祖 —— 這個廟號，放在這裡的特殊語境下，就像是「義子」的「義」一樣，分明在說自己跟徐溫不是血親。

從這個角度講，李昪最初稱帝時，確實國號為齊，因為「齊」與徐溫相關聯。一旦改了李姓，改了祖宗，國號也就順理成章變成了「唐」。

而周世宗呢？如果他真的恢復了柴姓，他那個還活著的生父柴守禮，怎麼也應該是個太上皇；他的爺爺、曾祖、高祖也很有可能是要追尊為皇帝的。

然而事實是，周世宗在東京開封繼位，柴守禮卻住在西京洛陽。而且終世宗之世，柴守禮未曾踏入開封半步，估計是怕尷尬；身邊的人也根本沒人敢提他是周世宗生父的事。由於他是郭威之妻柴氏的哥哥，所以周世宗和後周上下都待他以元舅之禮。

如果周世宗認祖歸宗了，那還用得著拿著生父當舅舅麼？

何況我們知道，古代皇帝是有避諱的。不僅要避諱自己，還要避諱自己的那幫被追認為皇帝的祖宗。世宗三征淮南，逼得南唐主李璟割地求和。李璟對後周稱臣，為了避後周國諱，改名李景，這是《舊五代史》所記。而所避的「璟」字，恰恰是郭威的高祖父、被追尊為帝那位郭璟的名字。

而周人記錄遼穆宗耶律璟，同樣因為避諱而寫為耶律明。

如果世宗改回了柴氏，認了柴姓祖先而非郭氏，那麼這些避諱就大可不必了；反倒是「守」、「禮」，應該被天下避諱才是。

四、司馬光力爭世宗姓郭

《宋史》卷119〈禮志二十二　賓禮四・錄周後〉記載了一件好玩的事。

宋仁宗時，開始大規模錄用柴氏子孫為官，並以其中最長者、柴守禮的孫子，也就是世宗的親姪子柴詠為崇義公，以為周室之後。周太祖郭威的直系子孫，早在後周建立前夕就已經

第一編　周世宗與李後主

被後漢隱帝斬盡殺絕；周世宗的後代也已經或去世或失蹤（《宋史・禮志》記有世宗孫，但據《續資治通鑑長編》當是姪孫）。於是，錄用的柴氏子孫就皆非周世宗的直系。

到神宗時，司馬光提出一個問題：崇義公柴詠祭祀不以儀式。周本郭姓，世宗后姪，為郭氏後。今存周後，則宜封郭氏子孫以奉周祀。

就是說周本為郭姓，世宗原來是皇后的姪子，是過繼給郭威作後代的。現在要貢奉周室，也應該是封郭氏子孫，而非柴氏。

言外之意，後周國姓是郭。太祖郭威姓郭，世宗是太祖之後，當然也姓郭。

司馬光這番話透露出一個事實：後周的皇帝一直都姓郭。如果後周時世宗就恢復柴姓了，那麼後周也就由郭姓而變為柴姓，那麼作為周室後代的崇義公，根本沒有姓郭姓柴的問題，反正二者皆可。而正是因為世宗沒有復姓柴氏，所以周室的國姓只有郭這一個姓，沒有柴姓。這才出現了司馬光的疑問。

對此，王安石則認為：「宋受天下於世宗，柴氏也。」

神宗說：「為人後者為之子。」

王安石又說：「為人後於異姓，非禮也。雖受天下於郭氏，豈可以天下之故而易其姓氏所出？」

宋神宗認為，周世宗既是郭威之後，那就是他兒子，是他兒子自然姓郭不姓柴。王安石卻咬死了世宗姓柴，但也承認後

周世宗為什麼不叫柴榮？

周是姓郭的,所謂「受天下於郭氏」。柴氏說的是世宗的個人身分,郭氏說的是後周的國姓。

王安石認為繼世宗之後,必須是柴氏,而非郭氏,大概有兩種可能的原因。

其一,宋太祖的誓碑說:「柴氏子孫有罪,不得加刑,縱犯謀逆,止於獄中賜盡,不得市曹刑戮,亦不得連坐支屬。」太祖之世,世宗之後要麼去世,要麼託付給大臣改名撫養。所謂「柴氏子孫」,更多的是與世宗有血緣、卻非直系的親屬。王安石雖然看不到誓碑,但保護柴氏既然是一種國策,仁宗亦已錄用柴氏宗族,則當時宋廷認柴氏不認郭氏的傾向還是很明顯的。

其二,自太祖至神宗,百年間會有很多不可告人的祕密。這或許就包括宋廷暗中讓世宗從郭姓回歸柴姓,以減少其作為周室宗族的某種政治影響力。又或許,這樣的異姓襲位,能夠更好地為大宋皇帝們的得位不正洗白。比如異姓篡位的太祖趙匡胤,又比如說不清楚怎麼繼位的同姓太宗趙光義。——前朝世宗是異姓繼位,我們兄弟的皇位還有什麼問題!

總之,無論是國策,是陰謀,宋廷都是傾向於照顧柴氏、承認柴氏,而不是郭氏。上行下效,也就難怪太宗的進士陶岳,在真宗時完成的《五代史補》一書中,已經稱世宗為柴氏了。(據該書記載,高平之戰時,劉崇說:「柴氏與吾……」當然,劉崇這話也可能是原話。敵國稱世宗為柴氏,也不排除故意貶低的可能。這反而不足以證明當時世宗一定改姓柴了。)

第一編　周世宗與李後主

即便如此，司馬光也沒有放棄自己的原則。《資治通鑑》裡，當世宗稱帝前，司馬光一律寫為「郭榮」而非「柴榮」；世宗稱帝後，更沒有恢復柴姓的記載——既然從來沒有發生過，又讓溫公如何寫得？

李煜的另一面：南唐土地改革

提起李煜，人們往往將「才子」與「亡國君」的標籤貼在他身上。作為政治人物的李煜，我們總以為他既是不幸的，又是無能的。可他究竟如何「無能」，似乎除了「亡國」，其餘事項又往往僅被人們一筆帶過。

其實，李煜在政治上並非全然乏善可陳。作為一國之君，他也曾經積極有為，想要勵精圖治，甚至還有過一些善舉。「一江春水向東流」的淒涼背後，也曾寄託著一位文人國主的改革強國之夢。

■ 接手爛局的李煜

五代十國時期，南唐是南方諸國中，最有可能與北方「五代」一爭高下的政權。先主李昪（南唐烈祖）在位時期，獎勵農桑，澄清吏治，境內安寧，戶口增殖，財用充足，「且據長江之險，隱然大邦也」（陸游《南唐書》卷2〈元宗紀〉）。特別是李昪

李煜的另一面：南唐土地改革

還制定了息兵安境、韜光養晦、伺機北伐以統一全國的方針：「今大敵在北，北方平則諸國可尺書召之，何以兵為？輕舉者，兵之大忌，宜畜財養銳以俟時焉。」(宋・馬令《南唐書》卷1〈先主書〉)

然而好景不長，李昪去世後，繼位的中主李璟（南唐元宗）徹底改變了他的策略。一方面是朝廷之內，掀起了頗為嚴重的宋、孫黨爭，不僅導致朝政混亂，更一度威脅到李璟的皇權。另一方面，李璟連續發起滅閩、滅楚戰爭，結果損兵折將、勞民傷財，不僅喪失了北伐中原的機會，更在防禦後周三次征伐淮南的戰役中接連敗北。

唐、周戰爭結束後，南唐削去皇帝稱號，自稱國主，被迫割讓淮南江北14州給後周。南唐一下子減少了40%的疆土和22萬的戶口，以及淮南地區的濱海鹽產地；同時還要負擔每年價值10萬銀元的貢物。這對南唐的社會經濟造成了沉重打擊。

更嚴重的是，失去淮南後，後周的兵鋒與南唐首都金陵也只有一江之隔，李璟乾脆躲到南昌府（今江西南昌）去，而將國防前線上的金陵扔給了太子、當時名字還叫李從嘉的李煜。

這樣一個爛攤子，別說是李煜，就算是北方的周世宗郭榮（即俗稱的柴榮）和宋太祖趙匡胤來接手，也一樣棘手。

建隆二年（西元961年）―當時宋朝已經取代後周，成為南唐宗主國，因此南唐使用宋朝年號―六月，李璟去世。李煜在風雨飄搖中登基，正式成了一個接手爛局的君主。

015

廢除屯田弊政

剛剛即位的李煜銳意改革，希望南唐能夠擺脫窘境。

前文說過，由於李璟對外戰爭不斷，虛耗府庫，加上北方後周的威脅越來越大，淮南又連年發生自然災害，結果導致南唐軍隊的糧草發生短缺。為了解決這個火燒眉毛的問題，李璟從保大十年（西元952年）起，在淮南地區大規模興辦屯田，並設屯田使來負責相關事務。

按照李璟的計畫，屯田的地段原本是淮南地區的荒地。這些土地無人耕種，收歸南唐政府所有，閒置著也是浪費；軍隊不打仗的時候，士兵就成了一種閒置的勞動力。讓閒置的士兵，來耕種荒蕪的國有土地，也是一種兩全其美的辦法。

然而李璟用人不當，屯田馬上變成了「搶田」。派往地方主持屯田的官員巧取豪奪，打著屯田的幌子，強行將很多民田變成了國有屯田，「吏緣為奸，強奪民田為屯田」（清・吳任臣《十國春秋》卷16〈南唐元宗本紀〉），結果淮南地區「人不堪命，致盜賊群起」（《宋史》卷441〈徐鉉傳〉）。

直到保大十四年（西元956年），後周征伐淮南地區，為了緩和社會矛盾，李璟才草草宣布「罷其尤劇者」。但究竟搶奪民田搶到什麼地步才算是「尤劇」呢？這就不得而知了。我們只知道，李璟在「罷其尤劇者」後，淮南地區的屯田仍然「尚處處有之」（宋・李燾《續資治通鑑長編》卷2），搶田、擾民情事仍然不斷。

因此，建隆二年（西元 961 年）七月，即位僅一個月的李煜便下令，徹底廢除諸路屯田使，並將過去用於屯田的土地租佃給農民來耕種，由各州縣的地方政府來負責徵收相應的田租。

歷時八年之久的屯田弊政，結束於李煜的新政改革。

屯田廢止了，可是土地弊政卻遠遠沒有盡頭。

官僚階層侵奪民田

屯田對民田的侵吞，只是南唐土地問題的冰山一角，更大的問題，來自於官僚階層。

李璟時期，南唐法禁鬆弛，官僚階層利用手中權勢侵奪民田者大有人在。

比如廬州營田使施汴，據《太平廣記》卷 134「施汴」條記載：嘗恃勢奪民田數十頃，其主退為其耕夫，不能自理。

按照後來宋代的標準，占田三、四頃就已經是一等大戶了。家中有田數十頃，這已經是實力相當雄厚的地主了。即便如此，最後不僅數十頃土地被施汴兼併，連土地的主人本身也從「包租公、包租婆」變成了自己下地種田的窮苦農夫，甚至收入都不能滿足家庭用度。一等大戶尚且如此，遑論窮苦小民。

當然，《太平廣記》這條記載可能過於誇張，也許還有虛構成分，那麼我們再看清淮軍節度使劉彥貞是怎麼做的。

清淮軍以壽州為會府，是南唐在淮西最重要的軍政區。自

保大四年（西元 946 年）六月至十三年（西元 955 年），劉彥貞作為清淮軍的軍政長官，治理這裡長達十年之久 —— 這對於清淮軍的百姓來說卻是一場徹頭徹尾的噩夢。

劉彥貞在任職期間「唯務聚斂，不知紀極，列肆百業，盡收其利」（宋‧文瑩《玉壺清話》卷 10〈江南遺事〉載）。利用職位來收取保護費也就罷了，更甚者竟然不擇手段搶奪民田。據陸游《南唐書》卷 9〈劉彥貞傳〉記載：「（壽）州有安豐塘，溉田萬頃，以故無凶歲。彥貞託以浚城濠，決水入濠中，民田皆涸，而督賦益急，皆賣田去，彥貞擇尤膏腴者，以下價售之，乃復瀦塘水如故，歲入不可勝計。」

以白話文來說就是，壽州有一座安豐塘，灌溉面積達萬頃，因此周邊地區的農民能夠避免旱澇而能保收。然而劉彥貞卻以疏濬護城河為名，扒開了安豐塘，結果導致周圍的民田全部被淹沒。這時劉彥貞又來催著百姓們交田稅，老百姓一時半會交不出來，只好賣田變現。

我們都知道，如果賣家著急把東西賣出去變現，尤其是市場上同時有好多賣家都著急賣的時候，通常這東西是賣不出好價格的。

劉彥貞早就盯上了幾塊肥田，乘機壓低價格收購。賣田的老百姓被催稅的官員逼得走投無路，也只好低價「拋售」。就這樣，劉彥貞以極低的價格買到了大量肥沃的良田，然後再把安豐塘重新修好，「歲入不可勝計」。

至於那些賣掉田地的老百姓，大體是沒人管的。

頗為諷刺的是，這個巧取豪奪的劉彥貞不僅沒有被李璟處罰，反而步步高升，入朝做到了禁軍統帥之一的神武統軍。後來後周南征，劉彥貞作為援軍的最高統帥支援壽州，結果一觸即潰，死在後周的兵鋒之下。

劉彥貞和施汭的例子說明，南唐的土地侵吞非常嚴重。這種情況不僅僅是市場自由買賣導致的結果，更是法治鬆弛、吏治敗壞的惡果。再加上此前南唐政府推行屯田時也是同樣的強搶民田，這就不難理解，為什麼後周南征時，淮南的南唐民眾一度「簞食壺漿」，對周軍寄以厚望。

因此，土地問題不解決，南唐的民心就穩定不下來，社會矛盾就無法緩和，南唐國本必受動搖。

土地改革

開寶五年（西元972年），隨著宋朝芟夷群雄、一統天下的形勢日漸明朗，李煜也越發謹慎小心起來。一方面，他自降國格，改國號「唐」為「江南」，甘作宋朝附庸；另一方面，也積極著手解決江南日益嚴重的社會問題。

這一年，一個名叫潘佑的書生遷官中書舍人，從此拉開了江南國末年土地改革的序幕。

潘佑是李煜的東宮舊臣，被李煜尊稱為「潘卿」。潘佑的

社會責任感與使命感很重,面對江南國勢的日漸衰落和社會的日趨凋敝,潘佑提出了自己的改革方案:抑制土地侵吞,恢復1,000多年前的井田制(「稍復井田之法,深抑兼併」,見宋‧文瑩《湘山野錄》卷中)。

潘佑的方案不僅獲得了好友戶部侍郎李平的支持,更得到了「好古重農」的李煜肯定(宋‧文瑩《湘山野錄》卷中)。李煜命李平判司農寺,與潘佑共同負責這場關乎江南國運的土地改革。

然而,自唐朝後期開始,社會經濟形勢發生了巨大變化。租佃制土地所有制越來越發達成熟,土地私有制在當時早已深入人心,人身與土地的依附關係逐漸鬆動,甚至於後來宋朝建立,也順應時代潮流,奉行「田制不立」的傳統。

在這樣的背景下,去搞一個傳說中的井田公有制,當然是行不通的。何況周代的井田制是否真實存在過、即便存在,那麼真實情況又是什麼樣的,任誰也說不清楚。

李煜、潘佑和李平要把1,000多年前的井田制照搬到西元10世紀的江南,注定了這場改革的悲劇結局。

改革的路線一上來就走偏了,改革的具體措施就更顯得不合時宜。

潘佑首先提出,「民間舊買之產使即還之」(宋‧文瑩《湘山野錄》卷中)。也就是說,過去已經成交的土地交易全部廢除不再作數,買田者要把買來的田地全部歸還給賣田者。至於賣田者是不是要將已經收取的錢款歸還給買田者,潘佑沒有說,看

李煜的另一面：南唐土地改革

起來是不用歸還的。

潘佑是希望藉助國家的權威，利用行政權力，強行對土地財產進行重新分配，頗有點「劫富濟貧」的意味。

然而，雖然江南的土地兼併嚴重，其中確實存在著許多強買、賤賣的非法行為，但也不宜一棒子打死，畢竟合法的土地交易也是存在的。

一方面，對於類似於劉彥貞那種利用公權力巧取豪奪的非法交易，宣布其非法，將土地歸還給被迫賣田的老百姓是必要的，但遠遠不夠；因為劉彥貞們的行為本身，也應該得到懲罰。現在潘佑的土地法令重前者不重後者，實際上是掩蓋了這類交易的非法性質。

另一方面，對於合法的土地買賣，也絕對沒有強迫買家把購買的土地還回去、而賣家不用退還錢款的道理。潘佑方案的初衷是給予無地、少地的賣地者某種公平，然而代價卻是剝奪了買地者的公平。歸根結柢，這依然不公平。

當然，作為受益者，那些重新獲得販賣土地的賣地者還是會有相當一部分人支持潘佑的方案的。當時「奪田者紛紛於州」（宋‧文瑩《湘山野錄》卷中），想必除了江南官員的推動，賣田者自發「奪田」的也不在少數。

但是這種支持，馬上就會因為潘佑和李平的另一個措施而土崩瓦解。

第一編　周世宗與李後主

潘佑在方案中還提出，要「按周禮造民籍，曠土皆使樹桑，民間舟車、難碾、箱篋、環釧之物悉籍之」（宋·文瑩《湘山野錄》卷中），李平也提出「造民籍，復造牛籍，課民種桑」（宋·陸游《南唐書》卷13〈李平傳〉）。這是什麼意思呢？字面意思是，造冊登記民戶資訊，看起來是很正常的戶口登記。可是這項措施背後的邏輯卻很可怕——把剛剛獲得自由的農民重新束縛在土地上。

我們知道，秦漢以來，人民對土地的依附性相當大，朝廷也是按照人丁或戶籍來徵稅的。最經典的唐代均田制，就是把人民束縛在土地上，人民不能自由遷徙，以此來保證朝廷擁有足夠的稅源、兵源和勞役來源。但是到了唐代後期，隨著經濟發展，民眾對土地的依附性日益減弱，百姓可以合法地離開土地從事專門的手工業、商業活動，也可以租賃土地耕種；朝廷也不再執著於掌控人口和土地，放棄了按照人丁和戶籍徵稅的方法，而是實行「兩稅法」，依據財產來徵稅。

潘佑要實行井田制（實際上是土地國有制），國家就要重新將土地的使用權分配給農民；掌握土地所有權的國家就要重新按照人丁或戶籍來徵稅。為了保證稅源，獲得國有土地使用權的農民就要被重新束縛在土地上，禁止自由遷徙。

這看似是一種公平，實則是一種壓迫。

由此可見，由李煜拍板、潘佑設計、李平執行的這場土地改革，儘管初衷是好的，然而從執行方向到具體措施，沒有一

部分是朝前看的。他們都在試圖以一種過去式的眼光,來解決眼下的新問題。

既然不能適應時代潮流,改革自然也就難以為繼。「施設無漸,人不以為便」(宋・陸游《南唐書》卷13〈李平傳〉),這場土地改革把窮人和富人都折騰得很痛苦。

更痛苦的是潘佑。改革推行不下去,這位改革的設計者當然大為惱火,他只能層層加碼,強令下面的人貫徹上面的意圖,當時已是「符命旁午,急於星火」(宋・文瑩《湘山野錄》卷中)。

急於求成,就一定會出問題,但潘佑並不認為自己會出問題。潘佑「狷潔」,不容於人,也是出了名的,他甚至叫囂著應該把官場裡的公卿都趕出去,讓自己獨秉國政,甚至上表給李煜稱:「左右皆奸邪,不誅,為亂在即!」(宋・陳彭年《江南別錄》)

世間皆醉,唯我獨醒。

由這樣的人來主持改革,改革會改成什麼樣子,也就毫無懸念了。

「吏胥為奸,百姓大撓,幾聚而為亂。」(宋・文瑩《湘山野錄》卷中)本來想緩和社會矛盾,結果改來改去,幾乎改出了民變。

事到如今,一直在幕後的李煜終於有了自己的判斷。李煜對於任用潘佑進行土地改革,非常後悔,急忙下令廢止一切改

革命令。(見宋‧文瑩《湘山野錄》卷中、宋‧陸游《南唐書》卷13〈李平傳〉)

　　李煜一身書卷氣,與潘佑頗為投緣,因此贊同了一個同樣書卷氣的理想主義改革方案。可以說,李煜在判斷、格局及用人方面,都有著嚴重不足。但李煜依舊是清醒的,當他看到土地改革弊大於利時,既不是消極迴避,假裝看不見,逼得人人報喜不報憂;也沒有自我麻痺,把錯誤都推給別人;而是積極面對,及時糾正。說起來,這仍是李煜的明智之舉。

　　只可惜,這場**轟轟**烈烈的理想主義「改革」,最終成了倒行逆施的荒唐鬧劇,終究以失敗告終。

　　李煜的亡國之痛,隨之而來。

第二編
大宋開國

從陳橋兵變到杯酒釋兵權

——武夫皇帝如何終結亂世,開創影響千年的文治王朝

提起皇帝,人們喜歡將秦皇、漢武、唐宗、宋祖並稱。但與前三位相比,宋太祖趙匡胤的功業似乎並不顯赫。除了陳橋兵變和杯酒釋兵權,你可能甚至想不起來趙匡胤做過什麼;由趙匡胤開創的宋朝,也總是給人軟弱無力的印象。那麼,趙匡胤究竟有怎樣的歷史貢獻,使得他能夠與前三位皇帝並駕齊驅?宋朝武功不振的鍋又是否應由這位開國皇帝來背?

趙匡胤如何從無名小卒變為兵權要角?

趙匡胤祖籍河北涿州,於西元927年出生在河南洛陽。他出身於五代一個禁軍低階軍官的家庭。禁軍,就是朝廷的中央軍。說起來,趙匡胤算是個軍二代。

五代,是指中原地區前後相繼的五個短命王朝,包括後梁、後唐、後晉、後漢和後周。五代時期,兵變戰亂接連不

第二編　大宋開國

斷，改朝換代稀鬆平常，是中國歷史上最混亂的時代之一。

從西元927年出生，到西元960年發起陳橋兵變成為皇帝，趙匡胤人生的前33年裡，統治中原的王朝換了五個，皇帝換了11個，平均每人在位3年，還沒有今天絕大多數國家元首的一任任期長。這些皇帝有一半是靠兵變上位的，有一半直接或間接死於兵禍。

五代時期的開國皇帝，都是憑藉兵權崛起。這些野心勃勃的武人為了讓軍隊替自己賣命，往往許諾事成之後，放縱士兵在首都搶劫，倒楣的自然是老百姓。

比如西元934年，趙匡胤8歲時，靠收買禁軍、發起兵變上位的新皇帝，在進駐首都洛陽後發現，國庫裡根本沒有足夠的錢財犒賞士兵。最後，只能放縱士兵洗劫洛陽來兌現承諾，甚至連皇太后都要把首飾捐出來犒軍。皇室尚且如此，普通百姓是何等境遇，就可想而知了。

從小跟著父親住在首都的趙匡胤，經歷了多次這樣的兵禍。由於父親是禁軍軍官，因而歷次兵禍對趙家的影響並不大。但趙匡胤卻大受刺激。面對如此混亂的政局，他不禁困惑：自己的前途究竟在哪裡？

不過，五代時期也並非一無是處。魏晉以來的將近700年裡，士族門閥左右政治，這個封閉局面也是在五代時期終結的。隨之而來的，是政權的開放程度大大提高，社會中下層成員有了出人頭地的機會。

在這樣的時代背景下，西元 947 年，21 歲的趙匡胤離家出走，開始尋找建功立業的機會。當時中原正處於後漢統治，趙匡胤的足跡遍及今日河南、湖北、陝西、山西等地，結果四處碰壁，甚至淪落到去田地偷菜吃的境地。

直到三年後，趙匡胤來到河北，投奔了在這裡駐兵的朝廷重臣郭威，才成為一名普通士兵。不久，郭威發起兵變，推翻後漢，建立後周，以開封作為首都。趙匡胤參與兵變有功，晉升基層軍官，相當於班長，後來又受到郭威的養子郭榮賞識，被直接納入郭榮的麾下。

西元 954 年，郭威去世，郭榮繼位，是為周世宗。趙匡胤也隨之成為皇帝親衛兵的副將。周世宗在位雖然只有短短 6 年，可是就在這 6 年裡，趙匡胤不斷抓住機遇，從一個無名小卒，迅速成長為兵權重臣。

第一個機遇源自一場會戰。周世宗繼位不久，位於當今山西中部的北漢，就聯合遼兵，進犯後周。周世宗親征應敵，趙匡胤隨親衛軍的主將張永德護衛皇帝。

周軍與漢、遼聯軍在現今山西晉城東北的高平交戰。兩軍剛一開打，周軍主力便潰不成軍。眼看敵軍就要殺到眼前了，周世宗決定親率親衛軍上陣。正當全軍恐慌之際，28 歲的趙匡胤向張永德獻策，由張永德率軍占領西面高地作掩護，自己率領 2,000 精銳騎兵衝入敵陣，然後兩面夾擊破敵。衝鋒前，趙匡胤慷慨激昂地喊道：現在皇上處境危急，正是我輩武人效命之

第二編　大宋開國

時！在趙匡胤的力挽狂瀾下，周軍終於穩住陣腳，旋即展開猛烈反攻，漢、遼聯軍狼狽潰敗。

高平之戰是趙匡胤一生的轉捩點。他在戰鬥中與張永德結下深厚情誼，並獲得這位上司的全力支持。在張永德的大力舉薦下，趙匡胤成為周世宗的重點培養對象，從此開始火箭式升官。他追隨周世宗南征北討，逐漸成長為獨當一面的大將。更重要的是，趙匡胤由此深受周世宗的賞識和信賴，受命選練禁軍，這也成為大宋帝業的起點。

五代後期的禁軍分為兩個系統，一個是侍衛親軍，一個是殿前軍。

周世宗繼位之初，侍衛親軍由侍衛親軍司管理。這支部隊兵力雄厚，是禁軍攻城略地的主力；但是魚目混雜，紀律散漫，戰鬥力受到嚴重影響。高平之戰中潰敗的部隊，就是侍衛親軍的部隊。

殿前軍則是一支負責皇帝安危的護衛部隊。這支軍隊成立不久，人數不多，也沒有專門的管理機構，但士兵精銳，戰鬥力爆表。高平之戰中力挽狂瀾的張永德、趙匡胤，都屬於殿前軍系統。

選練禁軍，說是選拔訓練，實際是一次軍隊調整。利用這次機會，周世宗和趙匡胤不僅為殿前軍選拔了大量精銳將士，還將侍衛親軍下屬的部分部隊劃給了殿前軍，提升殿前軍將領的官階，更為殿前軍設立了專門的管理機構殿前司，與侍衛親

軍司合稱兩司。經過一番調整，殿前軍的實力和地位大幅度提高，正式成為與侍衛親軍平起平坐的力量，兩司互相牽制，便於周世宗掌控。

但周世宗沒想到，正是從練兵開始，趙匡胤成為後周的掘墓人。練兵期間，趙匡胤結交了禁軍裡諸多個中高級將領，和這些人稱兄道弟，甚至還與9名將領義結金蘭，號稱義社十兄弟，形成了自己的勢力。

大量新入伍的基層官兵也都是趙匡胤一手帶起來的，他們對趙匡胤唯命是從，忠心不二。這使得趙匡胤在後周禁軍的高級將領中，擁有獨一無二的基礎。

可以說，高平之戰是趙匡胤得勢的起點，之後他在練兵和征戰中大放異彩，官職和威望越來越高，自身勢力逐漸滲透進軍隊的各個階層，擁有了篡奪皇位的實力。

陳橋兵變：終結五代時期用兵變改朝換代的傳統

西元959年，後周世宗郭榮突然病逝，繼承皇位的是他年僅7歲的兒子周恭帝。趙匡胤接替張永德，出任殿前司的一把手殿前都點檢，成為顧命大臣之一。

為了保證政權穩定，周世宗曾做過精密布局，讓高層相互制衡，但僅過了半年，就被趙匡胤輕鬆破解。在後周朝廷11名最有權力的文臣武將中，趙匡胤控制了9個，算上自己是10個。

第二編　大宋開國

唯一一個不聽招呼的韓通，還因為脾氣差不得軍心，根本不是趙匡胤的對手。在改朝換代如家常便飯的五代時期，稍有點常識的人都意識到，趙匡胤遲早要發起兵變。

西元960年元旦，北方邊鎮突然傳來了北漢、遼國聯合入侵的軍報，趙匡胤奉命領兵出征。其實，這是趙匡胤編造的假情報，目的就是利用出兵進行兵變。

趙匡胤首先派先鋒部隊進駐河北，威懾當地眾多支持後周的藩鎮部隊，然後留下親信石守信和王審琦鎮守京城開封，自己率兵出城。

出兵當天早上，趙匡胤的心腹就開始在軍中散步傳言，說天上出現兩個太陽，其中一個必定會取代另一個，以此來為兵變做輿論準備。

傍晚，趙匡胤的大軍到達開封東北40里外的陳橋驛。這是趙匡胤特意選好的兵變地點。陳橋驛曾屯駐過重兵，有現成的營地設施，駐軍於此，不會引起後周朝廷的懷疑。而且，陳橋驛地處開封城郊，兵變發生後，趙匡胤可立即入京控制局面，防止節外生枝。

當天夜裡，成竹在胸的趙匡胤開懷暢飲，早早入睡。正當他鼾聲如雷的時候，營中將士三五成群，紛紛議論起擁立趙匡胤為皇帝的事情來。最後，在趙匡胤一群心腹軍官的煽動下，軍中迅速爆發兵變。趙匡胤的弟弟趙光義和首席謀士趙普，一面彙總兵變的消息，暗中主導兵變的節奏；一面派人回開封通

知石守信和王審琦，準備迎接大軍入京。

第二天清晨，睡眼惺忪的趙匡胤還沒來得及披外衣，就被將士擁出帥帳外，一件早就準備好的黃袍被披在趙匡胤身上。眾將士通通跪倒，齊聲高呼萬歲。趙匡胤就這樣，在自導自演的兵變中，做了皇帝。

在石守信等人的接應下，趙匡胤的軍隊迅速進入開封。韓通試圖反抗，但很快就被殺掉。周恭帝只好宣布退位，趙匡胤正式登基，改國號為宋。宋王朝正式建立。

作為握有兵權的重臣，趙匡胤透過兵變改朝換代，在五代時期早已司空見慣。但陳橋兵變卻不是一場傳統的五代兵變，它最大的不同，就在於市不易肆、兵不血刃。

兵變成功後，趙匡胤發布的第一道命令，就是約束軍紀，嚴禁軍隊在開封城內劫掠。因此，當趙匡胤率軍入京時，軍隊井然有序，街市兩旁的店鋪照常經營，市面上依舊車水馬龍，這被稱為市不易肆。城中除了韓通一家死難外，再沒有發生其他流血事件，可謂兵不血刃。這樣的兵變發生在五代，簡直就是奇蹟。

為什麼趙匡胤能創造奇蹟呢？有三個原因。

首先當然是趙匡胤在軍中擁有巨大權威，能夠有效管住軍隊。

第二個原因，是周恭帝在位的這半年裡，趙匡胤為兵變做了充分準備，把抵抗力量降到最低，進而避免了大規模的流血衝突。

第二編　大宋開國

最重要的還有第三個原因，趙匡胤主觀上想改變亂世法則。趙匡胤雖然出身武將之家，但祖上卻受過良好的儒家教育，有一定文化素養。由於有這樣的家族傳統，趙匡胤年幼時被送入學校，接受正統的儒家教育。像《尚書》這樣深奧的儒家經典，趙匡胤卻能跟文人士大夫侃侃而談，可見他已經具備基本的儒學素養。儒家行仁政的價值觀，根植於趙匡胤的思想當中，這是他與一般武人最大的不同。

正因如此，趙匡胤才能既有意願、又有能力，發起一場完全不同於五代傳統的兵變。

不過，陳橋兵變雖然成功，善後工作卻任重道遠。目睹、參與過多次兵變，最終也是靠兵變上臺的趙匡胤深知，尾大不掉的禁軍高級將領仍然能夠左右政局。要使得宋朝長治久安，擺脫短命的厄運，趙匡胤首先要解決來自開國功臣的潛在威脅。

這裡所說的開國功臣，是指參與陳橋兵變的 8 位禁軍高級將領，他們手握重兵，在軍中有一定威望，隨時可能複製趙匡胤的奪權之路。最直接的解決辦法，當然是劉邦、朱元璋式的兔死狗烹，這在五代時期也是慣用伎倆。可是趙匡胤卻沒有選擇殺戮功臣，這裡也有三個原因。

首先，屠殺功臣會使軍中將領人人自危，進而造成更大的混亂，趙匡胤不能殺戮；其次，開國功臣大多與趙匡胤私交甚密，趙匡胤重感情，不願殺戮；最後，開國功臣有可能居功自傲，但目前尚沒到謀反作亂的地步，因而不必殺戮。

正是基於不能、不願又不必殺戮，趙匡胤嘗試採用更加溫和的方式，解決禁軍功臣的潛在威脅。開國不久，趙匡胤就在刻意營造的和緩氣氛中，先後剝奪了四位功臣的兵權。到了西元961年，趙匡胤更是透過一場酒宴，拔掉了最後四人的軍職。這場酒宴，就是著名的杯酒釋兵權。

這年七月，趙匡胤邀請石守信、王審琦等四名開國功臣參加酒宴。石守信和王審琦都是趙匡胤的結義兄弟，另外兩人也與他關係非同一般。五人喝得高興愉快，氣氛相當融洽。

可是趙匡胤卻當場發起感慨，說石守信等人雖然對自己忠心耿耿，但或許難免也有一天，他們手下的將士同樣會把黃袍披到他們身上。眾人聽了這些話，嚇得魂飛魄散，以為趙匡胤要對自己大開殺戒。

趙匡胤突然話鋒一轉，勸石守信等人主動交出兵權，到地方上做一個富有的節度使；並許諾自己與他們結為兒女親家，開國功臣可以永享富貴。

第二天，石守信等開國功臣集體遞交辭呈，趙匡胤自然同意，並對他們履行了自己的承諾。

對此，作家柏楊曾評價說，杯酒釋兵權是一種最高級的政治藝術運用。一席酒宴解決了不斷兵變和不斷改朝換代的禍根。杯酒釋兵權確實是政治藝術，但也只是一次性的人事調動；若想要永久性解決兵變隱患，最終還得要依靠制度。而這個制度的核心，就是抑制和制衡。

先來看抑制。在杯酒釋兵權後，禁軍兩司最高的 9 個職位裡，有 5 個被趙匡胤廢除了，其中就包括他自己曾經擔任的殿前都點檢。此後，禁軍將領的官階被調降下來，在軍中的威望也大不如前。這就壓制了禁軍高級將領在軍中的實力和政治野心。

再來看制衡。趙匡胤將侍衛親軍司拆成了侍衛馬軍司和侍衛步軍司兩個機構，他們與殿前司合稱三衙。相比於周世宗時代的禁軍兩司，宋朝三衙之間彼此的制衡性明顯加強。

與此同時，趙匡胤繼承了周世宗的做法，進一步明確了各個軍事機構的權力界限，特別是強化了主管軍事的樞密院對禁軍的牽制力量。樞密院手裡無兵，但卻擁有根據皇帝命令調動軍隊的權力；禁軍三衙雖然統帥千軍萬馬，可是沒有樞密院的調令，連一兵一卒也調動不出來；至於行軍打仗時任命誰當將帥，派遣哪支軍隊，這更是皇帝親自執掌的權力。

這樣，趙匡胤透過建立樞密院—三衙體制，將軍事權力三分，堵死了禁軍兵變的道路，陳橋兵變的善後工作終於完成，五代時期兵變不斷的傳統徹底終結。

在不激化矛盾的前提下，解決地方藩鎮割據

搞定了禁軍，趙匡胤就控制了中央，解除了心腹之患。然而，要想在全國實施有效統治，趙匡胤還需要繼續收回地方權力，解除肢體之禍。

唐末五代，地方上設有大量軍事行政區，稱為藩鎮。節度使是藩鎮的長官，總管境內一切行政、軍事、司法、財政、監察等事務，是割據一方的土皇帝，地位和聲望極高。五代時期，中原王朝依靠強大的禁軍，雖然迫使藩鎮稱臣納貢，但對藩鎮控制下的地方政府卻鞭長莫及。藩鎮一旦野心膨脹，就可能起兵叛亂，這就是五代時期的肢體之禍。

為了收回地方權力，加強中央集權，趙匡胤的謀臣趙普提出了三大綱領，分別是稍奪其權、制其錢穀和收其精兵，也就是逐漸收回藩鎮的行政權、財政權和兵權。

實施三大綱領，一定會觸動藩鎮利益。在不激化朝廷與藩鎮矛盾的前提下，落實三大綱領，這的確對趙匡胤是個考驗。

先來看看，趙匡胤是如何透過漸進政策，逐步收回藩鎮行政權的。這裡以收回天雄軍節度使符彥卿的行政權為例。

天雄軍位於今河北省東南部，是宋初河北地區勢力最大的藩鎮。天雄節度使符彥卿也不是一般人，他不僅是五代名將，還是周世宗兩任皇后的父親，也是趙匡胤的弟弟趙光義的岳父。顯然，跟這樣重量級的人物硬碰硬，趙匡胤肯定會頭破血流，因此得想其他的辦法。

天雄軍管轄著一個府和兩個州。其中，大名府作為轄區首府，由符彥卿親自兼任行政長官。在府州之下，設有許多縣，縣令作為縣的行政長官，同樣由符彥卿委派。縣政是藩鎮統治的基礎，符彥卿透過控制縣政，來維持在藩鎮內的統治。

第二編　大宋開國

縣政雖然重要，但縣令的官階卻不高，這讓趙匡胤找到了突破口，採用了朝官知縣的辦法。朝官，指宋朝中央的高級文官；知縣，是一縣之長。

西元963年開始，趙匡胤陸續派出朝官，到大名府內的各縣做知縣。其中有一位名叫周渭，擔任知永濟縣。從制度上講，永濟縣隸屬於大名府，歸天雄軍節度使符彥卿管轄，周渭也是符彥卿的屬員。因而，符彥卿對這項任命並不牴觸。

可是周渭是帶著原有的官職去上任的，他在身分上是中央政府的高級文官，地位遠非一般縣令可比，這給了他與符彥卿鬥智鬥勇的底氣。

周渭剛到大名府上任時，符彥卿親自到郊外迎接，這是極大的禮數。可是周渭連馬都沒下，只是朝符彥卿拱拱手，算是還了禮。主持縣政後，周渭更是直接聽命於朝廷，根本不把符彥卿放在眼裡。當時縣裡有強盜傷了人，周渭立即派人追捕，然後連同藏匿強盜的同夥一併正法。這麼大的案子，他連招呼都不向符彥卿打一個。當時，天雄軍管轄的縣裡，已經布滿了周渭這樣的知縣，符彥卿只能徒呼奈何。

隨著朝官知縣制度的推廣，趙匡胤開始將中央的權力滲透到各大藩鎮的基層，節度使的行政權力逐漸被架空，遷調甚至罷免節度使的時機也日漸成熟。

將節度使調離自己苦心經營的大本營，這在五代時期是極為敏感的大事。周世宗時，每調離一位節度使，往往如臨大

敵，甚至要先發兵做好應對叛亂的準備，然後才敢發布調令。

相比之下，趙匡胤就從容多了。西元969年，趙匡胤一紙調令，命符彥卿離開天雄軍。儘管符彥卿有一百個不願意，卻不敢有任何異議，只能匆匆忙忙上路去了。

類似天雄軍的例子還有很多。到了西元977年，也就是趙匡胤去世後的第二年，藩鎮的行政權徹底被朝廷收回。整個過程用了14年，竟然沒有引發一場藩鎮節度使的叛亂。可見，趙匡胤的漸進策略發揮了巨大作用。

除了漸進策略，趙匡胤在收權過程中還採取了其他方法，比如以退為進或專業化手段，這些手段在更為複雜的「制其錢穀」過程中被廣泛使用。

作為大一統王朝，中央的財政收入，有很大一部分是透過地方徵收的。因而，如何對這些財稅進行分配，是中央和地方關係的重要問題。自唐朝中期以後，在強勢藩鎮的主導下，中央與地方一直實行財稅三分制，也就是將地方徵收的財稅分成三份，一份上繳中央，稱為上供；一份由節度使支配，稱為送使；還有一份留給州府自己使用，稱為留州。

名義上，州府是直屬於朝廷的地方政府，留州的財稅屬於朝廷而不屬於節度使。可是實際上，各州府均被節度使控制，甚至不少州府的長官也由節度使兼任，留州與送使並無區別。這樣一來，上供的財稅屈指可數，節度使卻聚斂無度。

財稅的徵收包括銅錢、糧食、布帛等多種形式，其中最重

第二編　大宋開國

要的是銅錢。當時,朝廷和藩鎮在軍隊中普遍實行募兵制。士兵完全脫離生產,與朝廷或藩鎮建立僱傭關係。士兵為僱主賣命打仗,僱主發軍餉給士兵。這些職業軍人本質上與今天拿薪水的上班族沒有區別。由於錢幣方便購買生活用品,當時絕大多數士兵要求以銅錢作為報酬。

結果,誰擁有更多銅錢,誰就有能力籠絡更多士兵,操控軍隊,呼風喚雨。財稅三分制,顯然更有利於藩鎮聚斂銅錢,這就成為藩鎮割據的經濟基礎。

正因如此,趙匡胤於西元964年和965年接連發布兩道詔書,規定地方徵收的銅錢除了一部分留給州府作為經費外,其餘的一律上繳朝廷,送使制度被廢除,財稅三分制變成了二分制。

如此搶奪藩鎮的錢袋子,趙匡胤就不怕節度使造反?當然怕,所以趙匡胤做了妥協。儘管州府要將自用經費以外的財稅全部上繳,可是自用經費有多少,全由州府說了算,州府完全可以虛報經費。更何況,當時絕大多數州府的行政權還握在節度使手裡。兩道詔令,充其量只是把各州府的銅錢收入在名義上掛在朝廷名下,藩鎮並沒有太大損失,自然不會有牴觸情緒。

可是這就意味著,朝廷的國庫依然沒多進多少錢。不過別著急,趙匡胤還有後手,這一次,他動用了金融手段。

早在唐代,隨著商品經濟的發展,人們在大宗貿易中越來越依賴銅錢作為支付方式。可是銅錢笨重,運輸攜帶極為不便。

為了解決這個難題，社會上出現了飛錢業務。

在京經商的商人，可以將大量銅錢交給節度使的進奏院（相當於駐京辦事處），或交給京城富商創辦的連鎖金融機構，然後拿著進奏院或富商開出的票據，到相應的藩鎮取款辦事，這種匯兌業務就是飛錢。

透過飛錢，藩鎮吸納了鉅額銅錢，操控金融，大發橫財。唐朝政府雖然屢下禁令，但由於飛錢符合市場需求，因此屢禁不止。

一心想要收回藩鎮財政權的趙匡胤，當然不會放任節度使靠飛錢斂財，但也知道再下禁令於事無補。他乾脆自己做起了飛錢業務。西元970年，趙匡胤在開封開設便錢務，規定商人可以將銅錢交給國庫，然後由便錢務發給票據，商人憑票到各州府取款。

由於此前趙匡胤的兩道詔令，已經使地方財稅全部以留州名義掛在國家名下，為便錢務提供了法律依據。而且，便錢務成立時，大規模的節度使遷調、免職等工作已經開始，自顧不暇的節度使既不敢也無力公然反抗。

這樣，國庫不斷吸納商人的銅錢，而各州府以留州名義虛報截留的銅錢卻被商人兌換走，地方的銅錢變相流入了朝廷的國庫，在專業化的金融手段和其他各項政策的配合下，制其錢穀完美收官。

失去行政權和財政權的藩鎮，兵權自然也握不長久。西元

961年，趙匡胤要求藩鎮淘汰軍隊中的老弱病殘，提升精銳士兵的部隊階級。為了以養兵的名義截留更多財稅，僱傭更多士兵，各大藩鎮踴躍響應，卻沒想到因此掉進趙匡胤所設的陷阱。

西元965年，趙匡胤正式下令收編地方軍隊，要求藩鎮將全部精銳士兵報送入京。由於有了4年前的準備，朝廷早已掌握了藩鎮精兵的實際人數，使得藩鎮無法瞞報。就這樣，全國的精銳部隊被徵集到首都開封，藩鎮軍隊走向衰落。

隨著幾十萬大軍聚集京城，軍費開支成了難題。為此，趙匡胤專門建立了剩員編制，安置軍中的老弱病殘。剩員只拿一半軍餉，不負責打仗，只負責修路、修河等公共工程。這樣既提升了軍隊戰鬥力，又減輕了朝廷的負擔，還保證了被淘汰的士兵不會因為斷了收入而造反。

這套漸進政策，最終使趙匡胤和平收編了藩鎮軍隊，不動聲色地落實了收奪地方權力的三大綱領，使宋朝擺脫了五代時期中央和地方緊張關係的困局。

但趙匡胤並沒有因噎廢食，為了使軍隊保持活力，他仍授予邊鎮將領諸多特權。邊將可以照舊截留地方財稅，甚至可以公開從事邊境貿易，以此來壯大邊鎮財力，提高軍隊戰鬥力。

趙匡胤還給予邊鎮足夠的信任和更大的自由空間。負責防範北漢的郭進曾被屬下軍官誣告謀反，趙匡胤非但不信，反而把這名軍官交給郭進，讓他自行處置。後來，趙匡胤還力排眾議，按照親王公主的規格，替郭進在開封修建房屋。深受信任

的郭進得以排除諸多政治干擾,在軍事上一顯身手,頻頻擊敗北漢和遼國的軍隊。

像郭進這樣的邊鎮名將,當時共有 14 人,其中甚至還有在開國之初被罷去禁軍兵權的高級將領。可見,在趙匡胤時代,收回兵權防範生變,和授予兵權保持活力並不衝突。但宋朝的後繼者們一味強調猜忌制約武將的祖宗之法,導致宋朝常年武功不振、軟弱可欺,這實在是念歪了經。

說到這裡,可以看到,透過一系列集權化的人事調整和制度改革,趙匡胤終於暫時坐穩了皇位,在沒有自廢武功的前提下,避免宋朝迅速淪為第六個短命小朝廷。不過,天下尚未統一,五代弊政也遠遠沒有廢止,趙匡胤又是如何在五代戰亂的廢墟上,搭建起宋朝登峰造極的文治,並深刻影響宋、元、明、清近千年的社會經濟呢?

為宋朝登峰造極的文治奠定基礎

宋朝建立之初,南方的割據政權主要有荊南、湖南、後蜀、南漢、南唐、吳越和漳泉等國;北方除了北漢,還有被它的宗主國遼國占據的幽、燕地區等待收復。

為實現統一,趙匡胤繼承了周世宗定下的先南後北戰略,優先消滅南方諸國。五代後期,不少人根據軍事形勢,傾向於中原王朝按照先南後北的順序統一全國。趙匡胤的眼界則更為廣闊。自唐朝中期開始,經濟重心逐漸南移,這個容易被人忽

視的變化引起了趙匡胤的重視。他認為，五代以來，中原地區戰亂頻仍，經濟衰退，無力與勁敵遼國展開決戰。南方諸國相對太平，優先統一南方，可以獲取那裡的經濟資源，支持宋朝最終完成統一。

與傳統統一戰略的另一個不同，是趙匡胤將遼國占據的幽、燕，與其他割據政權區別對待，制定了文統和武統兩套收復方案。

按照先南後北的戰略，趙匡胤於西元963年展開統一戰爭，到西元976年他去世前夕，宋朝已經消滅了絕大部分南方政權，殘存的吳越和漳泉不久即將獻土歸附。北方的北漢，也在宋朝的連續打擊下奄奄一息。甚至連曾經不可一世的遼國也頻頻示好，希望與宋朝和平相處。天下一統已成大勢所趨。

與武功相比，具備基本儒學素養的趙匡胤，文治不僅毫不遜色，甚至更勝一籌。這裡以推行司法改革、開創寬仁風氣和制定新經濟政策為例，來講述趙匡胤的文治成就。

先來看司法改革。五代時期，和行政權、財政權一樣，司法權也往往掌控在武人統治者手裡。這些人要麼不熟悉法律，要麼沒有公平執法的概念，由此導致當時司法領域存在一個突出特點，這就是有法不依，隨意執法，動輒就判處重刑。

趙匡胤本人也曾是這樣的武夫。後周時，他曾攻克南唐的滁州城，並對該城實行軍事管制。為了加強治安，趙匡胤一口氣捕獲了100多名盜賊，準備全部處死。當時的幕僚趙普卻認為，應該對盜賊一一審訊，然後才能定罪。趙匡胤接受了建議，經過

審訊，發現居然有很多人是被冤枉的。

這件事讓趙匡胤留下了極深的印象。因而在做了皇帝後，趙匡胤便吸取教訓，採取了慎刑態度，尤其對死刑，非常謹慎。西元961年5月發生的金州案就是其中的代表案例。

金州，位於今陝西省東南部。宋初，金州有個老漢名叫馬從玘，為人忠厚。可是他的大兒子卻是個潑皮無賴，不僅為禍鄉里，甚至還謀害自己的族人。馬從玘實在拿這個兒子沒轍，只好與妻子和次子一起把大兒子殺死了。

按照宋初法律，馬從玘夫妻是以父母身分，殺掉作惡多端兒子，應該被判處一年半到兩年有期徒刑，馬家次子作為從犯也罪不至死。然而，金州行政長官在明知法律條文的情況下，仍然故意以謀殺罪處決了一家三口。

這讓趙匡胤大為惱火，他不僅罷黜了金州長官，還將這名長官流放到海島，這個處置在全國上下引起了巨大轟動。四個月後，趙匡胤發布詔令，要求各地平反冤假錯案，國家的司法狀況開始朝好的方向發展。

為了進一步完善司法體系，趙匡胤一面動員官員根據社會變化，修訂法律，編撰成文法典《宋刑統》；一面不斷推動司法機構改革。五代時期，各地民事審判機構普遍遭到破壞，負責審理民事案件的幾乎都是軍事法庭。趙匡胤將這些軍事法庭一一裁撤，重新在各地設立民事司法機構，由文官執掌。

趙匡胤還規定，地方政府如果要判決死刑案，就必須將審

判的卷宗上報中央。中央的大理寺對案件依法決斷後，報送刑部複核；刑部稽核無誤，才能將案件轉交給宰相機構中書門下，做最後的裁決。

以死刑複核制為代表，宋代的司法體系在趙匡胤時代初步形成，宋人重視證據的司法觀念也逐漸深入人心。

以慎刑為中心的司法改革，展現了趙匡胤寬仁的執政理念，這個理念還進一步塑造了宋朝開明的政治風氣。

趙匡胤生性豁達、胸襟寬廣，這個性格深刻影響了宋初的政治環境。作為趙匡胤首席謀臣的趙普，對此最有感觸。

在宋初的一系列重要決策中，趙普發揮的作用舉足輕重。西元964年，趙普正式出任朝廷裡唯一的宰相，而且一當就是10年，足見趙匡胤對趙普的信任和倚重。

趙普為了國事，經常頂撞趙匡胤。有一次，他提議任命某人為某官，趙匡胤不同意。第二天，趙普又奏此事，趙匡胤仍然不答應。第三天，當趙普再度強硬的提出這個議題時，趙匡胤大發雷霆，將趙普的奏章撕裂，一把摔在地上。趙普卻神態自若，緩緩撿起奏章，回家後修補完整，第四天又呈到趙匡胤面前。這次，趙匡胤終於批准了趙普的奏章。趙普推薦的這個人後來也非常稱職。

還有一次，某位官員立了功，趙普建議按規定提拔。可是趙匡胤因為不喜歡這個人，便怒氣沖沖地拒絕。趙普毫不妥協，聲稱賞罰是天下的，不是陛下你一個人的！趙匡胤氣得扭頭進

了皇宮，趙普就追到宮門口等著。最後，趙匡胤只好答應了趙普的請求。

可見，軍人出身的趙匡胤脾氣很不好，動不動就發怒。卻能夠容忍甚至接受反對意見。這種政治上的寬容不僅表現在趙普身上，更反映在對整個宋朝政治環境的塑造上。

相傳，趙匡胤在太廟裡藏了一塊石碑，碑上刻了三條誓言。第一條說，不得對周世宗的子孫動用刑罰，縱然他們謀反，也只能在獄中賜死，不得公開處決，更不能株連親屬。第二條說，不得殺害士大夫和上書言事的人。最後一條說，趙氏子孫如果違背前兩條誓言，就要遭受天打五雷轟。這三條內容，被稱作太祖碑誓。

關於太祖碑誓是否真實存在，一直以來都有爭議。不過學者們普遍認為，太祖碑誓的內容確實反映出宋朝真實的政治環境，這離不開趙匡胤本人奠定的基調。

在中國歷史上，自西元 420 年南朝宋建立以來，新王朝建立都要誅殺前朝退位的皇帝和皇室成員，這成了一個極為血腥殘忍的政治傳統。趙匡胤繼位後卻沒有誅殺周恭帝，甚至連南漢、北漢、吳越等國投降的君主也都能安享晚年。這項政策被趙匡胤的繼承者們發揚光大，作為後周宗室後裔，柴氏子孫始終受到優待，以至於小說《楊家將》裡的柴郡主、《水滸傳》裡的柴進，都被說成是柴氏後人。五百年間的政治殺戮至此結束。

相比之下，不殺士大夫和上書言事者的影響就更大了。除

了貪官汙吏，趙匡胤確實沒有殺過文臣，更沒有因為別人的言論不合己意而殺人。後來，不殺士大夫和上書言事者逐漸成為宋代皇帝和官員的共識。

比如，在變法派和反對派鬥爭異常激烈的哲宗時代，曾有變法派執政長官向皇帝提出，自太祖以來，宋朝從來沒有殺過大臣，因而處置反對派官員，最多只能流放，絕不能處死。後來變法派的其他官員建議皇帝誅殺反對派時，哲宗也表示，自己要繼承祖宗遺訓，絕不能殺戮大臣。

正因為有了不殺士大夫和上書言事者這樣的祖宗傳統，士大夫才有了安身立命之本。學者普遍認為，宋朝是中國歷史上最開明的王朝。正是這種開明，將文治推向巔峰。而開明的奠基者，正是宋太祖趙匡胤。

改變此後千年間的社會經濟形態

慎刑和寬仁，影響的還只是宋代一朝；趙匡胤制定和實施的新經濟政策，則影響了此後近千年的中國歷史。下個部分，就來為你講述趙匡胤的新經濟政策，是如何改變此後千年間的社會經濟形態的。

趙匡胤的新經濟政策主要包括兩個，一個是不抑制土地併購，另一個是振興商業。

首先來看不抑兼併的土地政策。不抑兼併，就是國家不再

干涉土地的自由買賣。往前回溯，從秦漢王朝開始，不讓土地過分集中在私人手中、以避免動搖國家權威，是政府的基本傾向，直到趙匡胤之前，這種政策走向綿延了大概一千年之久。

與之相反的政策稱為抑制兼併，也就是國家限制土地買賣。中國自秦漢以來就確立了土地私有制度，政府始終沒有完全承認土地的私有權，這政策實際執行層面表現在土地不能完全自由地買賣。

這裡以唐朝前期實施的均田制為例，在均田制下，唐朝土地分為國有和私有兩種類型。國有土地，源自戰亂時期造成的無主荒地。唐朝建立後，依照慣例宣布荒地國有，然後按照一定規則將它們授予農民。除非有特殊情況，國有土地不能隨便買賣。至於農民的私有土地，名義上也被說成是國家授予的，因此買賣也會受到一定限制。

均田制在短期內發揮了相當正面的作用。農民在授予的國有土地上耕種，向國家繳稅，承擔勞役和兵役，因此國家掌握了穩定的財源和兵源。對一般農民而言，國家授予的土地使他們有田可耕，得以依靠小農經濟維持生計。由於土地買賣受到限制，土地集中的速度被大大放緩，由此也就放緩了拉開貧富差距的速度。看起來，均田制使國家和貧苦的農民都受益。

然而，這種所謂的受益是要付出巨大代價的。從長期來看，均田制的後果相當嚴重。首先，國家為了財源和兵源的穩定，將農民完全束縛在土地上，農民擅自離開土地是非法的。這種

第二編　大宋開國

強制性的人身與土地的依附關係使得社會活力大為減弱,阻礙了社會經濟的發展。

其次,雖然國家限制地主對農民土地的兼併,但對於國有土地上的農民而言,國家的剝削壓迫程度卻並不輕,這也導致小農經濟極為脆弱。稍有風吹草動,農民就可能大量破產。

最後,由於國家要獲得廣大貴族、官僚及地主的擁護支持,因此貴族地主往往擁有特權,能夠自由購買大量土地。普通農民遇到婚喪嫁娶或天災人禍,急著要錢,也希望出售土地。這樣,土地買賣既有市場需求,又被國家開了一個作弊的後門,土地兼併根本控制不住。

到了唐朝中葉,國家逐漸喪失了對土地的管控,均田制徹底崩潰。而這只不過是此前近千年裡,抑制兼併不斷失敗的一個縮影。到了唐末五代,中央集權羸弱,各地政權更無力干涉土地買賣。土地產權的私有和土地買賣的自由,逐漸成為人們廣為接受的觀念。

趙匡胤建立宋朝後,中央集權重新加強。不過,他沒有退回抑制兼併的老路,而是選擇順應時代潮流,接受時代觀念,成為第一個公然聲稱不抑制兼併的皇帝。

西元966年,趙匡胤下詔宣布,戰亂過後由國家控制的荒地,不再以國有土地的形式頒授,而是對社會全面開放,誰開墾就歸誰,並對開荒提供免租政策。這等於放棄了透過國有土地來抑制土地兼併的傳統手段。

西元 969 年，趙匡胤又要求，私人買賣土地時，需要到有關部門進行公證，由有關部門向買賣雙方出具蓋有官印的契約，並收取一筆手續費。這一次，朝廷不僅不再反對土地併購，而且還做起了土地買賣的公證人。不抑兼併的土地政策正式以法律形式獲得確認。

不抑兼併的土地政策，最終成為一條傳世之法，被宋代後繼者們繼承。到了北宋中期，私有土地已經占全國土地的 98.63%。此後的近千年裡，歷代王朝再也沒有全民性的國有土地政策，土地私有得以確立，由此產生了正反兩個極為深遠的影響。

先來看反面的影響。在放任土地自由買賣後，土地開始按照經濟規律快速集中，大批農民破產，貧富分化加劇，社會矛盾極易激化，進而誘發大規模的社會動盪，對社會造成極大的破壞。這成為後來元、明、清三代王朝更替的主要原因之一。

不過，不抑兼併也有非常正面的影響。由於國家放棄干涉土地經濟，農民的人身依附減弱，得以自由流動。有些流向地廣人稀的區域，把精緻化的農業技術帶到那裡，促進了農業發展。另一些人則流入商業部門，商品經濟開始從宋代走向繁榮。

自秦國商鞅變法之後，歷代王朝遵循重農抑商的政策。在士農工商四大傳統身分中，商人的地位最低。哪怕是在以開放性和國際化著稱的唐朝，商人也備受歧視。比如，商人不許騎馬，穿衣服不能超過限制，商人子弟不能參加科舉，甚至不能做官。

即便是有限的商業活動，政府往往也會加以管控。例如唐

代只允許在州縣以上的中心城市之中設立市場。而且市場和居民區要分開，市場外有圍牆，還有軍隊把守，早上開放，傍晚關閉。其他時段或者地點的商業活動，都屬於違法行為，這就是所謂的坊市制度。

不過，到了唐代中葉，市場需求和規模隨之不斷增大。坊市制開始鬆動。當時的鄉鎮出現了自發的市場，稱作草市，城市中也出現了夜間經營的夜市。五代戰亂頻仍，從朝廷到藩鎮，士兵都是領薪水的職業軍人。維持軍隊就需要大量的貨幣，從現實角度出發，放任商業的發展，從中徵稅，可以直接解決軍餉問題，大大有利。

因此，五代時期，各方勢力設有專門徵收商稅的機構。位於東南沿海地區的政權，更是利用地理優勢，大力鼓勵海外貿易，並從中獲得鉅額利潤。

宋朝建立後，趙匡胤了解到商稅的重要性，於是推出了振興商業的四個新政策。

第一個新政策，是提高商人的政治地位。西元960年，也就是宋朝開國當年，趙匡胤下令，各地關卡不得隨意扣留、刁難商人，對銅錢之外的貨物不得搜查。

商人地位提高，展現在開封罷市事件中。趙匡胤有一名非常寵信的特務叫史珪，不少商人被史珪誣告犯法，甚至丟了性命。西元974年5月，開封的商人突然在大白天集體罷市，抗議史珪的迫害。趙匡胤得知消息後，立刻展開調查，隨後頒下詔書，

表示會為商業制定專門法律。到時犯法的就會嚴懲，而公布法律前的違法行為，則一概既往不咎。趙匡胤還因為此事，疏遠了史珪。

可見，在趙匡胤心中，商人已經不再是可以予取予求的賤民了。這個觀念對後世影響極大，士農工商開始被同等對待。比如商人子弟獲得了參加科舉考試的資格，狀元出身的北宋副宰相馮京，父親就是商人。到了明代，內閣首府張思維更是出自晉商家族。

第二個政策是針對國內市場，開放商業經營的限制，草市和夜市都是在趙匡胤時期取得合法地位的。

宋初，趙匡胤下令，草市貿易都要順從民間的便利，官府不予介入。草市合法後，鄉鎮市場迅速崛起，與中大型城市一起，構成了全國商業的市場規模。

到了西元965年，趙匡胤又規定不得禁止開封城裡的夜市。每逢元宵、端午、七夕這些節日，城中的夜市甚至會通宵達旦。這樣一來，政府對市場的限制越來越少，北宋中期，坊市制徹底瓦解。

趙匡胤振興商業的第三個政策是針對海外市場的，也就是設立市舶司，推動海上絲綢之路的發展。

五代時期，南方沿海政權就積極鼓勵海外貿易，以此來增加財政收入。西元971年2月，趙匡胤派遣潘美率軍進入兩廣，攻滅盤踞當地的南漢政權，並任命潘美出任廣州最高行政長

官。到了六月，趙匡胤在廣州設立了一個全新的機構市舶司，專門來負責管理海外貿易。市舶司的長官市舶司，由潘美兼任。從市舶司成立之快、規格之高可以看出，趙匡胤對海外貿易極為重視。市舶司的重點任務是要能吸引外國商人。為了鼓勵海外貿易，趙匡胤還對離境船舶實行舉辦大型宴席來送行的制度。

市舶司機構和趙匡胤開放的海外貿易政策，後來作為祖宗之法，被宋朝歷代皇帝繼承。此後，宋朝在多個沿海港口城市設立市舶司等海外貿易管理機構，推動海外貿易的發展。當時，與中國建立海上貿易關係的國家和地區多達50多個，遍及亞、非、歐三大洲。宋朝由此在世界貿易體系中占據了支配地位，中國海上絲綢之路也進入了最發達的黃金時期。

抬高商人地位、減少國內商業經營限制、促進海外貿易發展，歸根結柢還是透過促進商業發展，增加朝廷的商稅收入。趙匡胤振興商業的最後一項新政策，就是提出《商稅則例》。

五代時期，商業稅的徵收十分苛重混亂，這成為商品流通的一大障礙。西元960年開國伊始，趙匡胤就頒布了中國歷史上第一部通行全國的商業稅務法規，《商稅則例》，並要求各地的商稅稅務部門都要公開張貼。

在趙匡胤四項振興商業的政策影響下，宋代商業空前繁榮。到了北宋末年，已經有了〈清明上河圖〉和《東京夢華錄》中，描繪的以首都開封為代表的繁榮城市商業情景。商人的數量也急遽增加。北宋末年，僅開封城裡向官府貸款的商家就多

達 2.7 萬家。

這一切促使中國古代的財政結構在宋代發生了變化。宋朝時，商稅在財政收入中的比重迅速提高，通常占比約 10%～20%，極端時甚至高達 50%。

宋朝在海上絲綢之路上面，也賺得盆滿缽滿。到北宋中期，宋朝每年從海外收入中獲得財政收入 50 萬貫；到西元 1159 年的南宋，增額已高達 200 萬貫，占國家財政收入的 20%。

商品經濟繁榮，巨型商業城市興起，商稅在財政收入中的比例持續增高，出現於宋代的這些經濟變化，成為此後元、明、清三朝社會經濟發展高峰時的一種常態。

土地政策和商業政策一起，構成了趙匡胤獨具時代特色的新經濟政策。這些政策順應時代潮流，既反映了宋初社會經濟水準和社會結構變化的實際，又推動了經濟的進一步發展和社會結構的進一步調整。由此也開創了完全不同於前代的宋、元、明、清社會經濟形態，在這樣的新形態中，人身更自由，社會更開放多元，工商業更加繁榮。而這一切變化的政策起點，正是宋太祖趙匡胤。

趙匡胤之死與皇位繼承真相

可以說，在趙匡胤掌權的 16 年裡，五代時期禁軍兵變和藩鎮割據這兩大頑疾被徹底消除，宋朝即將完成統一；司法和政

第二編　大宋開國

治領域也展開了寬仁之風；經濟領域施行了影響深遠的新政策。但由於他突然去世，使得許多事業尚未完成，這可能是他名聲不如秦始皇、漢武帝和唐太宗的重要原因。圍繞趙匡胤的去世和皇位繼承人問題，從宋朝期間就流傳著「金匱之盟」和「燭影斧聲」的說法。那麼，趙匡胤究竟是怎麼去世的，皇位繼承的真相又是什麼？

西元976年，趙匡胤以50歲壯齡突然去世。第二天，他的弟弟趙光義繼承皇位，是為宋太宗。

為什麼宋朝的第二任皇帝是趙匡胤的弟弟，而不是兒子呢？這和趙匡胤與趙光義共同的生母杜太后有關。西元961年，杜太后病逝，相傳她在臨終前，向趙匡胤指出，後周之所以被宋朝取代，就是因為周恭帝年齡太小，國家沒有年長又富有政治經驗的長君。因此，杜太后要求趙匡胤去世後，將皇位傳給弟弟趙光義，趙光義再傳給小弟趙光美，趙光美再傳回趙匡胤的兒子趙德昭，並讓趙普在自己面前寫成盟約，藏在一個金匣子裡。這就是金匱之盟，金匱，就是金匣子。

關於金匱之盟是否存在，即便存在，盟約裡到底寫了什麼，歷來始終有爭議。一種觀點認為，金匱之盟應該是歷史事實，其中的內容，就是皇位三傳弟而再傳回趙匡胤的兒子趙德昭。

在戰亂頻仍的五代時期，改朝換代異常頻繁。為了保證政權的穩定，人們普遍認為國家應擁立長君。長君，既指年齡偏長，又指政治經驗豐富、能力出眾。只有這樣的人做皇帝，才

能應付五代時期複雜多變的政治形勢。因此，老皇帝讓親兒子靠邊站，而把皇位交給弟弟、養子，在當時並不是新鮮事。趙匡胤即位之初，五代弊政一個都沒解決，人人都認為宋朝不過是第六個小朝廷。要盡量延續小朝廷的壽命，自然要讓長君當皇帝。

杜太后去世不久，趙光義就擔任了開封府尹，也就是開封府的行政長官。按照五代慣例，出任首都行政長官的宗室，往往被當作繼承人培養。而宋朝宗室的官位等級，也始終遵循著趙光義、趙光美、趙德昭的次序。這一切都與金匱之盟的順序相符。

不過，趙光義的繼承人地位並不牢固。在朝中，有不少人並不支持兄終弟及的繼承原則，其中最突出的就是宰相趙普。

本來，趙普與趙光義的關係非常密切。可是因為趙普反對立趙光義為繼承人，二人竟鬧到水火不容的地步。趙普屢次向趙光義發起進攻，一度占了上風。

可是趙匡胤的態度就耐人尋味了。西元973年，趙普罷相，趙光義受封晉王，位在宰相之上，看起來趙匡胤在竭力維護趙光義的準皇儲地位。

然而趙匡胤另一邊又在嘗試扶持自己的兒子。西元976年2月，吳越國王入朝。按照慣例，趙匡胤本應派趙光義前去迎賓。可是這次，他卻改派自己26歲的長子趙德昭。

到了三月，趙匡胤又起身前往故鄉洛陽，並表示想要遷都

第二編　大宋開國

於此。洛陽城剛剛經歷了一次大修，主持大修的，是趙匡胤次子趙德芳的岳父。

此前趙匡胤離開開封，都會讓趙光義留守京城。然而這次，趙光義卻被要求隨同前往洛陽。在開封苦心經營多年的趙光義意識到，趙匡胤可能要借遷都，擺脫甚至剪除自己的勢力，因而極力阻止遷都。

遷都的事就這樣不了了之，到了十月底的一個深夜，趙匡胤突然駕崩，這讓很多人聯想到他與趙光義之間微妙的關係。於是，宋人紛紛在自己的筆記裡，留下燭影斧聲的記載。

關於燭影斧聲的傳說，宋人有多個版本，這裡介紹流傳最廣的一個。相傳有個道士，預言趙匡胤會在十月底的一個大雪之夜去世。當晚，大雪紛飛，趙匡胤急召趙光義入宮，然後屏退左右，對飲敘舊。席間，趙匡胤盛情勸酒，趙光義卻不勝酒力，起身避席。二人的身影被燭光映襯在窗戶上，這就是燭影。後來，趙匡胤又手握一柄柱斧，一面戳著地面，一面大聲說道：好自為之。這便是斧聲。

當天夜裡，在趙光義離開皇宮後，趙匡胤就去世了。趙匡胤的皇后急命心腹宦官去召小兒子趙德芳入宮，可是宦官卻跑去晉王府叫來了趙光義。就這樣，趙光義成了大宋王朝的第二位皇帝。

這一版燭影斧聲源自南宋史學家李燾的著作《續資治通鑑長編》。儘管李燾捏合了多種史料，刪去了不合理的內容，但故事

仍然疑點重重。

燭影斧聲是否真實發生，趙光義是否殺兄篡位，這是永遠也解不開的謎團。但這一切都沒有影響到政治平穩和社會安定。趙匡胤去世後，皇位順利交接，沒有發生兵亂和流血。無論是年齡、政治經驗和實際能力，還是準皇儲的身分，趙光義確實比趙匡胤的兩個兒子更適合繼承宋朝的基業。

此後，北宋皇位一直在趙光義的子孫中傳承，直到南宋時，因為宋高宗絕後，趙匡胤的後人才得以重新繼承皇位。

儘管宋太祖趙匡胤在位只有16年，卻為立國300餘年的宋朝刻上深深的烙印。加強中央集權，使宋朝脫胎換骨，再沒有因兵變改朝換代，也不再出現軍閥割據混戰。寬仁開明的政治風氣，一定程度上制約了君主專制，不僅形成皇帝與士大夫共治天下的政治局面，更為宋朝經濟繁榮、文化昌盛奠定了基礎。而趙匡胤抑制武將的做法，也被後繼者們過度強化，最終導致了宋朝武功不振。

凶悍的節度使在宋代是如何被削成榮譽職銜的？

「漁陽鼙鼓動地來，驚破霓裳羽衣曲。」一個叫安祿山的胖子，不僅將大唐盛世攔腰截斷，更讓「節度使」與「藩鎮」這兩

個「高冷」詞彙走入了普通人的視野。正因為身兼三鎮節度使，安祿山得以有足夠的實力發起動搖大唐江山的「安史之亂」。

然而，在三百多年後，先後兩次擔任節度使的李瑋卻是另一番模樣。熟悉宋朝歷史的朋友們對這個名字都不會陌生。李瑋是宋仁宗的表弟，同時也是他的乘龍快婿。然而，這位大宋節度使手中卻無兵無權，一輩子做得最驚天動地的事便是跟自己的公主老婆鬧彆扭。

三百多年間，節度使究竟遭遇了什麼，從足以撼動天下的政壇彪形大漢，變成了位高卻權輕的吉祥物呢？為什麼宋朝沒有出現像安祿山那樣的節度使呢？

唐後期：通往權力之路的節度使

說起節度使的起源，與大家特別熟悉的一個官職——都督關係密切。唐朝初年沿襲舊制，在重要的州鎮設立大都督或都督，統領數州甚至數十州的兵馬。在邊防區，都督又加「使持節」之名，有專殺之權，這便是節度使的前身。

唐睿宗景雲元年（西元710年），以幽州鎮守經略節度大使薛訥為左武衛大將軍兼幽州都督，第二年又以賀拔延嗣為涼州都督充河西節度使。節度使的名號就此確立，節度使的轄區便是藩鎮。

剛剛誕生的節度使有三個特點，一是統領一方兵馬；二是

凶悍的節度使在宋代是如何被削成榮譽職銜的？

只管軍事，不管民政；最後是只在邊疆，不在內地。他們相當於邊防戰區的軍事指揮官。

在開疆闢土中，唐玄宗越來越倚重節度使。天寶五年（西元746年），王忠嗣一人兼任河西、隴右、朔方、河東四鎮節度使，手裡有近27萬的軍隊。好在這位王忠嗣是位老實人，第二年就把朔方、河東兩鎮節度使辭掉了。可是到了天寶十年（西元751年），唐玄宗又讓范陽、平盧節度使安祿山兼河東節度使，統兵近18.4萬，唐朝五分之二的邊鎮軍隊都掌握在他一人手裡，而朝廷直屬的軍隊才8萬人，實力太懸殊了。

安祿山雖然兵多，但想成功造反並不容易。他的士兵都是領薪水的職業軍人，薪水要靠中央財政發放，軍隊的糧草、裝備也要靠地方財政配備。此外，安祿山統轄的戰區雖然面積廣大，但是行政事務由州縣管轄。如果朝廷和州縣不提供補給，安祿山瞬間就被卡了脖子。

關鍵時刻，唐玄宗再度出了昏招。他讓安祿山同時兼任轄區內的財政官營田使、監察官採訪使，安祿山從此獲得了財政權和行政權，從戰區指揮官一下變身土皇帝。安祿山不去搞點「一舉滔天」的「驚天偉業」，簡直都對不起唐玄宗對自己的「知遇之恩」。

唐代宗廣德元年（西元763年），安史之亂終於被平定。為了安置已經投降卻又桀驁不馴的安史舊部，唐朝只好將邊區的節度使制度引入內地，讓他們當節度使。又為了對付這些不老

實的節度使,唐朝又在中原腹地廣樹藩鎮,以此來控制經濟命脈和軍事要塞。這樣,聽話的節度使與不聽話的節度使勢力犬牙交錯,漸漸形成平衡。唐朝也因此又續了150年的命。用宋人尹源的話說:「弱唐者諸侯也;唐既弱矣而久之不亡者,諸侯維之也。」在這個過程中,藩鎮權力進一步擴張。長官身兼節度使、觀察使和會府(轄區治所)所在州的刺史等職,總管境內一切行政、人事、軍事、司法、財政、監察等事務。

唐僖宗乾符二年(西元875年),爆發黃巢起義。唐朝廷實力大損,地方實力派則迅速崛起。中唐以來脆弱的藩鎮平衡被打破,朝廷再也無力制衡藩鎮的發展。節度使終於得以放飛自我,恣意擴張。

五代:中央軍事優勢的重建

唐末藩鎮混戰,一些強藩乘勢而起,宣武軍節度使朱溫便是當時實力最雄厚者。開平元年(西元907年),朱溫廢黜唐哀帝而自立,建立後梁,由此拉開了五代時期的序幕。

五代時期,兵荒馬亂。王朝與皇帝像走馬燈一樣變來變去,擔任節度使的安重榮有句名言:「天子,兵強馬壯者當為之,寧有種耶!」在很多人眼裡,這是武人專政的時代,也是節度使的黃金時代。

此言差矣!

凶悍的節度使在宋代是如何被削成榮譽職銜的？

五代不是節度使的黃金時代，而是他們的夕陽黃昏。

隨著朱溫稱帝，昔日宣武軍的藩鎮軍隊搖身一變，成了後梁王朝的中央軍——禁軍。為了防範其他節度使也稱王稱帝，朱溫不斷擴充禁軍，兵力驟增至 20 餘萬。唐末原本羸弱的中央軍得到空前加強。此後的皇帝們不斷把自己在藩鎮時的嫡系部隊加入到禁軍中，不斷擴充禁軍的力量，到了五代第二個王朝後唐時，禁軍實力已經初步在地方藩鎮部隊之上。中央有了駕馭地方的能力。

在這樣的背景下，藩鎮要想改朝換代，必須藉助外力。比如石敬瑭建立後晉取代後唐、後晉亡國、後漢劉知遠建國、北漢劉崇建國，都與契丹息息相關；而後唐李從珂取代李從厚稱帝、郭威建立後周取代後漢，以及大家最熟悉的趙匡胤進行陳橋兵變，成功的關鍵都是有禁軍的支持。而在禁軍與契丹都缺席的情況下，藩鎮的造反一定會被五代朝廷鎮壓下去。

這一點非常重要。儘管五代都是短命小王朝，但憑藉著對地方藩鎮的軍事優勢，它們開始收回部分地方權力。北宋能夠成功再造中央，離不開五代小王朝的不懈努力。

宋太祖：削藩三策與再造中央

北宋建立後的第二年，宋太祖趙匡胤便詢問趙普平息戰亂、長治久安之策，趙普提出了「稍奪其權、制其錢穀、收其精兵」

的「削藩三大綱領」。

「稍奪其權」,是指逐漸收回藩鎮的行政權;「制其錢穀」,是指收繳藩鎮的財富,收取藩鎮的財政權;「收其精兵」,是指收編藩鎮的精銳部隊,奪回藩鎮的兵權。

藩鎮管轄的州府稱為「支郡」。唐朝末年,為了鎮壓黃巢起義,州府長官刺史往往由武人擔任,擁有一州兵權;臨時代理官員則稱為權知軍州事(簡稱「知州」)。這些州府長官或擁兵自立,或由藩鎮節度使控制,早已脫離了朝廷管轄。

進入五代,朝廷雖然重新掌握了對境內州府長官的委任權,可是出任州府長官的人選,往往是節度使的親信、幕僚,節度使仍然對州府有很強的控制力。州尚且如此,州下轄的縣就更別提了。

藩鎮之所以強大,是因為控制了地方的州政、縣政;而要收取藩鎮的行政權,自然就要收回州、縣的行政權。這種在老虎嘴裡拔牙的事情,必須等待時機。

建隆四年(西元963年)四月,宋朝先後滅掉荊南、湖南兩個割據政權,兩地舊有的藩鎮體系也隨之解體。宋太祖抓住機會,他延續了周世宗的做法,沒有再在新併吞的地區任命新的節度使,而是將這裡的州縣全部直隸朝廷,實際上廢除了支郡。此後,隨著宋朝逐漸併吞南方諸國,越來越多的州縣在行政上直屬中央,支郡制度在南方不復存在。在中央與地方實力此消彼長之際,宋太祖又任命高級文官(「朝官」)到北方的藩

凶悍的節度使在宋代是如何被削成榮譽職銜的？

鎮去做知州、州縣,逐步架空節度使的行政權力。到了太平興國二年(西元977年),也就是宋太祖去世、宋太宗趙光義繼位後的第二年,節度使支郡制度終於被徹底廢除。

在奪回行政權的同時,宋太祖又悄無聲息地將手伸向了節度使的口袋。自唐玄宗天寶年間(西元742～756年)起,中央與地方一直實行財稅三分制。

進入五代,朝廷對地方的錢袋子開始收緊。過去不少送使、留州的財政收入,以「系省」的名義,劃歸朝廷所有。雖然如此,很多系省仍然存放在藩鎮,稱為「留使」,節度使們仍然可以透過各種手段,對這些「系省」財物上下其手。有錢有糧,節度使就不愁養兵。而這正是藩鎮割據一方的基礎。

乾德二年(西元964年),在趙普的建議下,宋太祖下詔,命令各州每年所收田租、商稅,除了留在州中用於日常開支外,其餘的貨幣一律送往京師。次年三月,太祖又重申了這道命令。

「乾德詔書」本質上和五代的「系省」沒區別。從宋太祖連續兩年下詔來看,這個政策落實得並不好。

如前文所述,宋太祖動用了金融手段。他沒有效法唐代那禁止飛錢卻無濟於事的做法,而是反過來掌握這項制度。開寶二年(西元970年)五月,在開封設立便錢務,允許商人將現錢交給國庫,再由便錢務發出票據,商人憑票可至各州府取款。

第二編　大宋開國

　　這項制度得以順利推行，關鍵在於此前兩道「乾德詔令」，已將地方財稅名義收歸朝廷，替便錢務提供法律依據。同時，大規模的遷調與罷免也已展開，節度使無力也不敢反抗。最終，國庫大量吸納商人現錢，而各地州府原先名義上的留用也遭商人兌換帶走，貨幣逐步回流中央。在金融與政策雙重配合下，「制其錢穀」的目標終於達成。

　　與「制其錢穀」類似，為了「收其精兵」，宋太祖也做了大量的鋪陳工作。早在建隆二年（西元961年）五月，便下詔提升各地精銳士兵的編制等級，表面上是獎勵軍功，實則為日後集中兵權鋪路。這道詔令獲得了廣大藩鎮的積極響應。因為藩鎮登記的精銳士兵越多，就越有理由截留更多的財稅，進而就越有財力僱傭更多的士兵，供養更多的軍隊，然後對抗朝廷。

　　藩鎮想得很美，卻沒想到因此掉進了太祖的陷阱。

　　乾德三年（西元965年）八月，太祖終於公開了自己的真實目的，發布了開國以來第一道收編地方精兵的詔令。收兵令要求藩鎮將精銳士兵送至開封，由朝廷的軍頭司負責揀選，符合標準的就留下補入禁軍，不符合的就退回藩鎮。由於朝廷事先掌握實際兵額，地方難以瞞報。這場收兵行動使禁軍實力大增，也徹底削弱了地方武力。

　　再後來，地方軍隊漸漸只留下了老弱病殘，他們不再出征，而只負責鋪道路、蓋房子、疏河道之類的勞役，被稱為「廂軍」。原先作為戰鬥主力的地方部隊實際上已經不復存在。

凶悍的節度使在宋代是如何被削成榮譽職銜的？

至此，宋太祖和平收編了藩鎮軍隊，這也代表他不動聲色地落實了收回地方權力的三大綱領，再造了一個久違的強勢中央。

▎失去實權的節度使

落實三大綱領，其實只是「收權」。那麼，又該如何保證收回來的權力不再失去呢？還得靠制度。

首先是地方行政權。雖然宋太祖用朝官知州、知縣取代了節度使，但還是擔心知州權力過大，因而又設立了通判。通判地位在知州之下，與知州同理一州之政，儼然是一州的二把手；通判還對知州有監察權，俗稱「監州」。二者互相制約，都難以獨霸一方。

宋太宗在廢除支郡制度後，又將全國劃分為 15 個路。歷經演變，路級機構逐漸形成主管財政、司法、監察的轉運使司，主管司法的提點刑獄司，主管救濟、水利、茶鹽等的提舉常平司，以及主管軍事的安撫使司。四個路級機構互不統屬，甚至連駐地、轄區都不同，它們互相監察，互相牽制，有效防止了地方割據的死而復生。

與收回行政權和財政權相比，奪取地方兵權後，一個更為直接的問題浮出水面：地方部隊消失了，誰來維護地方治安和邊鎮安全？

既然廂軍不行，那就只能靠禁軍了。

第二編　大宋開國

太祖晚年，隨著宋朝疆域的擴大，禁軍兵力增至19.3萬。對於這近20萬禁軍的使用，太祖採取兩個原則。

第一原則是內外相制。太祖將10萬禁軍駐京，10萬禁軍外派地方。一旦京師生變，各路兵馬就能聯合起來，討伐不臣；而一地一州的禁軍，又不足以發起顛覆天下的兵變。

第二原則是更戍法。其實用禁軍進駐地方的辦法，五代時期也用過。剛開始的時候，這些禁軍能夠對當地藩鎮形成威懾。可是久而久之，屯駐在地方的禁軍反而成了地方部隊，與藩鎮兵合而為一，反而加強了藩鎮勢力。

為了解決這個問題，宋太祖在禁軍中實行更戍法。屯駐在地方的禁軍每隔一、兩年，最多三年，就要更換一次駐地，或者調入京城修整。更戍法換兵不換將，這樣既能保證將領長期駐守一方，熟知地利風俗；又能防止士兵與將帥結成根深蒂固的私人效忠關係，進而降低地方叛亂割據的機率。

對於宋太祖來說，宋初面臨最大的歷史命題，便是如何使宋朝免於淪為第六個短命小朝廷「後宋」，如何使宋朝徹底擺脫五代改朝換代、兵禍不斷的詛咒，進而為天下太平、長治久安奠定基礎。宋太祖的一系列集權政策和制度組合拳，徹底解決了這些歷史難題。中唐以來的兵禍，以及兵禍引發的政治動亂，至此徹底根除。

沒有實權的節度使，從此失去了往日的雄風。然而宋代的文臣武將，仍然對節度使的虛銜趨之若鶩，這又是為什麼呢？

原來，節度使不僅是「土皇帝」，還是「軍銜」。早在五代後期，禁軍的高級將領就兼領節度使。比如宋太祖趙匡胤，在後周做殿前都點檢時，就曾領歸德軍節度使，宋朝的國號也因此而來。顯然，趙匡胤的權柄來自於禁軍，他並沒有去歸德軍做地方大員。但節度使的身分，卻表示他是當時最高級別的武將。

宋代的節度使失去權力後，身分表徵的作用卻被繼承下來，它依然是武官最高級別的官銜。任命節度使的程序，與封侯拜相、冊封親王、冊封公主相當。正因如此，宋真宗寵信的宦官劉承珪才會在臨死前，希望得到節度使的稱號；一代名將岳飛，也因為在 32 歲就官拜節度使而倍感自豪。

宋揮玉斧：
為阻止皇帝胡來而編出的「謠言」

由於一部武俠小說《天龍八部》，使得本來安於雲貴一隅、與世無爭的大理國變得婦孺皆知。相較於歷朝歷代在雲貴地區的積極拓土開疆，宋朝對於大理國卻異常冷淡。在討論原因時，人們常會提到「宋揮玉斧」的故事。

這個故事提到，乾德三年（西元 965 年），宋太祖趙匡胤派大將王全斌率軍入川，滅掉後蜀。隨後，王全斌獻上蜀中地圖，並建議繼續向西南—今雲貴一帶發兵，渡過大渡河，收復

被稱為越巂的地區（漢朝曾在這個地區設越巂郡，後世遂以越巂稱其地，如唐代亦在大渡河南設立巂州）。

趙匡胤卻認為，唐朝長期與雲貴地區的政權南詔交戰，國力嚴重耗損，這是導致亡國的原因之一。因此，趙匡胤手中拿著玉斧，在地圖的大渡河上一劃，並隨口說道：「此外非吾所有也。」

這則趙匡胤害怕與大理國交戰導致亡國，於是主動放棄大渡河以南土地的故事，自宋代流傳至今，已經有 1,000 多年了。「宋揮玉斧」四個字，更是因為寫入昆明大觀樓長聯而聞名於世。

然而，宋揮玉斧的故事從頭到尾都是假的。王全斌既沒有提出要取大渡河之外的土地，趙匡胤也沒說過這些土地我不要，更沒有怕攻打大理國導致亡國。這是一個不折不扣的假故事。

那麼，宋朝究竟為何對大理國關係冷淡呢？為何沒有出兵攻占大理呢？「宋揮玉斧」又是誰編的，怎麼流傳開來的呢？

這一切都源於宋徽宗時期的一個政策，但一切還要從北宋滅後蜀說起。

■ 宋滅後蜀後，不可能繼續用兵西南

乾德三年（西元 965 年），宋朝確實發兵滅了後蜀，領軍者也正是王全斌；宋軍滅蜀後，也確實止步於大渡河北岸的黎州（即今四川漢源西北）。這麼看來，時間、事件、地點、人物，

宋揮玉斧：為阻止皇帝胡來而編出的「謠言」

與「宋揮玉斧」都符合。

然而，王全斌止步大渡河，並非因為趙匡胤劃了一條「停火線」，而是因為自唐朝後期以來，大渡河就是北方政權與西南少數民族的天然分界線。

安史之亂以後，吐蕃、南詔與唐朝交惡，雙方在西南地區多有交戰。大渡河外的嶲州被南詔攻占後，大渡河作為天險，就成為唐朝防禦南詔的關鍵防線。圍繞大渡河，雙方常年交手，互有勝負。雖然唐朝依託大渡河北岸的黎州，成功防禦了吐蕃和南詔的侵犯，但在此過程中，也確實消耗了巨大國力。

唐朝在藩鎮混戰中滅亡，中原陷入五代十國亂局；南詔也發生內亂而亡，此後短短30多年中，先後有大長和、大天興、大義寧、大理四個政權更替。雙方顯然都無力再發生戰爭，因此，五代時期先後占據蜀地的前蜀、後唐、後蜀，與西南政權均維持著以大渡河為邊界的局面，誰也沒有越過雷池半步。

在這樣的背景下，王全斌率宋軍滅後蜀而止步於大渡河北岸的黎州，是理所當然的。

接下來的問題是，王全斌或當時宋廷的其他人可能向趙匡胤提議，越過大渡河收復越嶲之地嗎？

絕對不可能。

因為宋朝根本抽不出手。王全斌滅後蜀僅用了66天，可謂摧枯拉朽。但滅蜀後，王全斌害怕因功高且手握重兵而受到猜

069

忌，索性放任宋軍在蜀地倒行逆施，燒殺掠奪無惡不作。蜀人被迫進行了反宋暴動，這場暴動到乾德五年（西元967年）正月才算平息。

也就是說，王全斌在蜀地這兩年，要麼因害怕被猜忌，根本不會提出繼續用兵的建議；要麼在焦頭爛額鎮壓叛亂，根本沒精力去提出繼續用兵的建議。王全斌不會，其他人當然也不會，因為大家面對的問題是一樣的：蜀地民風剽悍，太過混亂了。

更何況，當時在宋朝統一天下的既定方針裡，根本就沒有大渡河外的一席之地。早在後周顯德二年（西元955年），王朴便提出了著名的《平邊策》，作為統一天下的戰略方針，其針對的對象是南方的南唐、南漢、湖南、後蜀和北方的北漢、契丹。宋朝建立後，趙匡胤繼承了《平邊策》的基本思想。早在唐朝就已經成為「化外之地」的大渡河以南地區，根本不在統一戰略內。

靠「黎州諸蠻」維繫的宋理關係

雖然宋初並不打算用兵大渡河外，不過與大渡河以外的部族、政權的關係還是很密切的。

就在乾德三年（西元965年）夏，宋朝滅後蜀當年，大理便向宋廷表達了善意。據《續資治通鑑長編》（以下簡稱《長編》）卷10注引《續錦里耆舊傳》載：「乾德三年夏，黎州遞到雲南牒，

稱大理國建昌城演習爽賀平蜀之意。」

建昌城（今四川西昌）是大理北部會川都督的核心轄區，而會川都督所轄正是大渡河南岸。這至少也是大理國地方政府向宋朝表達的祝賀。不過，當時蜀中已經爆發暴亂，宋廷根本就無心理會大理國的善意。

三年後，大埋會川都督再度遞牒到宋朝黎州，請求通好。據《長編》卷10注引《續錦里耆舊傳》載：「又開寶元年二月，黎州遞到南詔建昌城牒，云欲通好。厥後寂無文字，但遣近界邛部、兩林川王子，時有進奉。」

很不巧，這一年趙匡胤的注意力都集中在對付北漢上，並將在下一年親征北漢。因此，大理通好的牒文自然又石沉大海。

此後，吃了兩次閉門羹的會川都督不再親自出馬，而是找了一幫小弟繼續向宋朝進貢。在會川都督轄區的北部，雜居著許多少數民族，其中以邛部川、風琶、兩林三部實力最強。這些少數民族從宋朝的角度看，生活在黎州之外，因此被稱為「黎州諸蠻」。

黎州諸蠻往往同時臣服於大理和中原王朝。由於黎州諸蠻雜居在大渡河之外，因此其地成為了大理國與宋朝的緩衝區。大理在兩次請求通好不成的情況下，便利用黎州諸蠻的特殊身分，與大宋維持著外交往來。

皇天不負苦心人，大理透過黎州諸蠻進貢宋朝，馬上得到

了回應。開寶二年（西元969年）六月，就在宋朝剛剛結束與北漢的戰爭不久，兩林蠻首領勿兒、邛部川蠻都鬼主（首領）阿伏均向黎州提出入貢。這一次，宋廷終於同意，「至是來朝，賜以器幣」（《宋史・兩林蠻傳》、《宋史・邛部川蠻傳》）。

到宋太宗時期，雙方的關係產生了實質性進展。

雍熙二年（西元985年），邛部川蠻都鬼主諾驅遣王子入貢，因封懷化將軍，後又封忠順王。淳化（西元990～994年）末年，宋廷下了一道詔書，稱：

> 敕雲南大理國主、統轄大渡河南姚嶲州界山前山後百蠻三十六鬼兼懷化大將軍、忠順王諾驅，可特授檢校太保、歸德大將軍，依舊忠順王。

詔書中直稱諾驅為「大理國主」。顯然，宋廷也知道，邛部川蠻進貢的背後是大理國的派遣。

淳化五年（西元994年），蜀中又爆發了王小波、李順起義，聲震川西。起義失敗後，李順下落不明，宋廷怕李順逃入大理，於是在至道元年（西元995年），派辛怡顯出使邛部川蠻，辛怡顯並未止步於大渡河南，而是一路走到了大理國的首都羊苴咩城。（均見辛怡顯《至道雲南錄》）

這是開天闢地的大事。此前大理與宋朝打交道，無論是以地方政府「建昌城」的名義，還是以代理人「黎州諸蠻」的名義，都非直接以大理國為名；而宋朝與大理打交道的，也始終

宋揮玉斧：為阻止皇帝胡來而編出的「謠言」

是黎州地方政府。辛怡顯出使羊苴咩城，雖然目標是找尋李順，但仍可謂宋、理兩國第一次國家級別的友好往來。

從開寶二年（西元969年）二月，宋廷接受朝貢開始，歷經太祖開寶四年（西元971年）、六年（西元973年）、八年（西元975年），太宗太平興國二年（西元977年）、八年（西元983年）、雍熙二年（西元985年）、端拱二年（西元989年）、淳化元年（西元990年）、二年（西元991年）、至道元年（西元995年）、真宗咸平年間（西元998～1003年）、景德二年（西元1005年）、三年（西元1006年）、大中祥符元年（西元1008年），仁宗天聖八年（西元1030年）、寶元元年（西元1038年）和慶曆四年（西元1044年），黎州諸蠻始終作為大理國的代表，與宋朝保持友好往來，或朝貢，或有軍事合作，雙方關係極為密切。

當然，在黎州諸蠻朝貢之時，大理國也不忘提出請求冊封的要求。宋朝一如既往以各種理由拒絕，比如宋廷曾回覆過這樣一封詔書給大理國（見王禹偁《小畜集》卷27〈批答南詔國王乞封表〉）：

「敕南詔國王某，所上表事具悉。卿勤工歲久，望闕情深，特推北拱之心，遠有東封之請。嘉賞之外，愧恥良多。

朕聞封禪之儀，皇王大禮。苟非功格天地，澤被昆蟲，雖力行於一時，終取笑於千古。矧在涼德，敢誣介丘？況燕土未平，河流屢決，中夏之俗，罷於羌戎；多稼之田，墊於水潦，一念之此，恫瘝度乃心。而又部黍江茅，東鶼西鶼，未之有

也。泰山梁甫,匪予意焉!

卿當善育民人,謹奉正朔。登封之請,以俟治平。誕布朕心,固宜知悉!所請宜不允。」

簡單來說,宋朝以遼、夏邊患、中原鬧災等藉口,婉拒了大理的請求。宋朝希望繼續維持「黎州諸蠻模式」的宋、理關係。

儘管如此,宋、理之間的關係並未受到影響,雙方透過黎州諸蠻而維繫的關係持續升溫。沒想到,這些外交活動卻在宋仁宗時戛然而止,宋、理關係跌入冰點。

宋理關係跌入冰點

宋仁宗慶曆以後,宋朝發生了三件事,直接影響了宋、理關係。

第一件,也是影響最大的一件,是廣西的儂智高之亂。宋仁宗皇祐元年(西元 1049 年)九月,在仁宗朝黎州諸蠻最後一次入貢五年後,廣源州蠻儂智高反宋。皇祐四年(西元 1052 年),儂智高攻占邕州(今南寧)等地,進圍廣州,稱帝建國。儘管宋軍在狄青的帶領下,於次年便逼退了儂智高,但這件事留給宋、理雙方一系列外交陰影。

首先,儂智高稱帝時,大理興宗段思廉竟然派人去朝賀(見〈故大師白氏碑銘並序〉),從一開始就把自己放到了宋朝的對立面。

其次，儂智高被狄青擊敗後，「由合江口退入大理國」（《宋史・儂智高傳》），大理竟然成了儂智高叛軍的流亡地。

緊接著，宋軍主力撤退後，楊文廣率偏師繼續西進，一度進入大理國境內。（見乾隆《雲南通志》、道光《廣南府志》、諸葛元聲《滇史》）。雖然為了避免外交糾紛，楊文廣很快就撤軍了，但這種軍事行動足以挑起雙方發生戰爭。

儂智高逃入大理後，當年（西元1053年）即被殺死（年代有爭議，取韋東超〈儂智高被殺年代考〉之說）。有人說他是被段思廉所殺（見胡本《南詔野史》），也有人說是被大理境內的少數民族所殺（見《滇史》）。無論是被誰殺死，總之段思廉最後都「函首以歸於宋」，算是洗白了自己的立場。

本來事情到此也就結束了，可是儂智高退入大理時，還帶了很多部眾。這些舊部如白敏中的後人白和原以「醫術之妙」、廣州進士黃瑋以「文學」之長，在儂智高死後，均被段思廉重用（見〈故大師白氏碑銘並序〉）。

段思廉本來只是想引進人才，畢竟儂智高舊部不少來自宋地，教育程度高。然而此舉卻驚動了宋朝，以至於宋人連儂智高是不是真的死了都頗為懷疑。

仁宗至和元年（西元1054年），權御史中丞孫忭說：「四川屢奏儂智高收殘兵入大理，謀寇黎、雅二州，請下知益州張方平先事經制，以安蜀人。」（《長編》卷177）宋朝在四川、廣西增兵守備；大理也遷白蠻十二姓以實會川，加強會川、石城防

禦。（見《元史·地理志》）雙方劍拔弩張，戰爭一觸即發。

幸好到了第二年，宋廷終於確定儂智高死了，宋朝率先撤軍，大理也解除防衛。由於雙方的高度克制，宋、理間的一場大戰「腹死胎中」。

可是到了英宗治平四年（西元1067年），知桂州張田又說「蠻盜儂智高猶在大理國」。更搞笑的是，到了宋神宗熙寧二年（西元1069年），廣南西路經略安撫司又報告稱「訪聞儂智高見在特磨道」，引起了神宗的高度警覺，而此時儂智高已經死了16年了（見《宋會要輯稿》卷641）。

儂智高就這樣，成為一柄懸在宋朝皇帝腦袋上的「達摩克利斯之劍」——或者說「儂智高之劍」。

仁宗朝影響宋、理關係的第二件事，就是「慶曆危機」。慶曆年間，宋朝「三冗」問題日益突出，土地兼併嚴重，政府財政入不敷出，西北更因西夏建國而爆發邊疆危機，這才有了范仲淹的慶曆新政。內部危機如此嚴重，或許也是宋廷在儂智高問題上對大理一再保持隱忍的原因。而黎州諸蠻在仁宗朝的最後一次進貢止於慶曆四年（西元1044年），恐怕也不僅僅是巧合。

仁宗朝影響宋、理關係的第三件事，是《新唐書》修撰成書。慶曆四年（西元1044年），宋仁宗下詔重修唐史，至嘉祐五年（西元1060年）完成。

自太宗以來，宋朝在對遼、對夏、對越南的戰爭中，總體上處於劣勢，小敗不止，大敗不斷，和平全靠送錢，當時的人

們對周邊民族政權極為敏感。因此,《新唐書》對於唐與南詔的戰爭尤為關注。客觀地說,唐朝後期對南詔的戰爭確實很慘烈,而《新唐書·南詔傳》更是加重渲染,乃至於得出「唐亡於黃巢而禍基於桂林」的結論,將唐亡的深層原因指向對南詔的戰爭。大理是南詔的繼承者,如果大宋處理不好與大理的關係,就會重步「唐亡於南詔」的後塵,搞出「宋亡於大理」的慘劇。

這樣,外有「儂智高之劍」,內有慶曆危機,意識形態上又高談「唐亡於南詔」,也就無怪乎宋仁宗時期,宋朝對大理極為冷淡了。這種冷淡,直到積極開拓疆邊的宋神宗時期都沒有回暖的跡象。

宋神宗熙寧九年(西元 1076 年),大理遣使奉表,朝貢於宋,重啟宋、理外交活動,然而得到的回應依然是不行冊封。大理國的耐心終於耗盡,「自後不常來,亦不領於鴻臚。」(《宋史·大理國傳》)

被宋徽宗逼出來的「宋揮玉斧」

宋、理關係再度升溫,已經是宋徽宗時代。

宋徽宗以變法派自居,刻意模仿宋神宗的「熙河開邊」,於是也搞出了一個「崇寧開邊」,最著名者,當屬一度把西夏逼入絕境,以及「收復幽、薊」的鬧劇。

在這樣的氛圍下,西南在所難免。導火線當屬崇寧二年(西

第二編　大宋開國

元 1103 年），大理中宗段正淳（對，就是你所熟悉的那位「鎮南王」）遣高泰運奉表入宋，「求經籍得 69 家，藥書 62 部」以歸（胡本《南詔野史》）。

此後，西南地區進入了開拓邊疆高潮。據王稱《東都事略》卷 116〈蘇元老傳〉記載：「政和間，宰相喜開邊，西南帥臣多招誘近界諸夷納土，分置郡縣，以為功。」

段正淳去世後，憲宗段正嚴（又名段和譽，這名字，你懂的）即位，與權臣高量成商量，繼續請求作宋朝的屬國。這事被廣州觀察使黃璘得知，於是在黃璘的積極斡旋下，政和六年（西元 1116 年）大理使團得以入宋朝貢。次年（西元 1117 年）二月，大理使團進入北宋首都開封，宋徽宗正式冊封段正嚴為大理國王，並為黃璘加官進爵，派其入大理主持冊封儀式。

大理國 150 餘年漫長的請求冊封之路，在宋徽宗的「開邊」政策下，終於取得了輝煌成果！

受此事鼓舞，政和末年，宋廷內部又有了更加積極的建議。據《宋史·宁文常傳》記載，當時朝中「有上書乞於大渡河外接城邑以便互市者」。這是要正式跨過唐朝後期以來的這條天然邊界，重新在大渡河外建立行政建制的開始，也是真正意義的「開西南夷」。

然而，並非所有人都如此貪功，更有甚者對大理和宋徽宗的行動都抱以警惕。

首先提出反對意見者是知成都的席旦。「朝廷開西南夷，

黎州守詣幕府白事，言雲南大理國求入朝獻，且引唐南詔為蜀患，拒卻之。」（《宋史·席旦傳》）黎州守大抵屬於前文提到的「多招誘近界諸夷納土」者，而鑒於《新唐書》意識形態下的「唐亡於南詔」論，席旦認為西南開邊是十分危險的，大理入朝作為西南開邊的一部分，當然也要拒絕。

繼而與在大渡河南岸建城建議針鋒相對的，是知黎州宇文常。宇文常特別提出（見《宋史·宇文常傳》）：「自孟氏入朝，藝祖取蜀輿地圖觀之，畫大渡為境，歷百五十年無西南夷患。」

藝祖，是宋人對宋太祖趙匡胤的稱呼。特別注意，這是最早的關於趙匡胤劃大渡河為界的記載。沒有王全斌，也沒有玉斧，但是有後蜀覆滅，有趙匡胤看地圖，更有劃河為界。

宋朝自仁宗以來，出現了所謂的「祖宗之法」的概念，也就是要遵從宋太祖、太宗處理政事的原則和舊規。然而誠如鄧小南所說，宋代的祖宗之法是一個動態累積而成的綜合體，許多所謂「祖宗之法」是宋朝士大夫逐漸新增進去的，而不是太祖、太宗時就有的。

宇文常搬出來的「大渡河劃界」，顯然也屬於這種祖宗之法。如前所述，後蜀滅亡之時，趙匡胤是無暇去劃大渡河界的；宋初與作為大理代理人的黎州諸蠻也正打得火熱，不可能去劃什麼大渡河界。

宇文常之所以搬出趙匡胤，就是想利用「祖宗之法」的權威來防止宋徽宗好大喜功，胡搞一氣。踏過大渡河，第一步是建

城互市,第二步就是招降納土,第三步自然就是強取豪奪。在開拓邊疆激勵的刺激下,西南開邊又怎麼會止步於和平的入貢與互市?

然而,西南一旦交戰,就可能搞成唐與南詔那樣的持久戰。宋、夏戰火亦然重開,宋人又對幽、薊十六州念念不忘,蔡京等人又是橫徵暴斂把朝政搞得烏煙瘴氣,在這樣的前提下,稍有良知的官員恐怕都不會擅開西南戰火。

事實證明,宇文常的手段相當有效。宋徽宗認同了這條祖宗之法,沒有越過大渡河。宣和元年(西元1119年),在大理國王冊封儀式上光榮無限的黃璘,也以貪功枉上、輕啟邊釁獲罪。(見周煇《清波雜誌》卷6)

黃璘下獄後,雖然大理沒有像《宋史·大理國傳》說的那樣「復不通於中國」,仍與宋朝保持著正常來往,但宋廷冊封大理國王帶來的「宋、理關係蜜月期」畢竟一去不復返。「宋揮玉斧」也終於從一個編出來的「祖宗之法」,逐漸演變為廣為流傳的故事。

「宋揮玉斧」廣為流傳

自宇文常編造出「太祖劃大渡河為界」的祖宗之法後,這個「傳統法」就一再被宋臣引用。

宋徽宗的「崇寧開邊」看上去碩果纍纍,實際上卻是迴光返

宋揮玉斧：為阻止皇帝胡來而編出的「謠言」

照。北宋收復幽、薊，招來了金人南下，最終使得北宋在靖康之難中覆滅。

宋高宗趙構建立南宋後，南宋君臣無論是主戰派還是主和派，無論是積極北伐還是消極防守，都把金國作為首要對手。在這樣的背景下，加之多年來「唐亡於南詔」論的流傳，南宋君臣對大理國更是嚴於防範。僅高宗紹興年間，就有翰林學士朱震、知黎州唐矩重申「太祖劃大渡河為界」。

朱震還特別強調（見李心傳《建炎以來繫年要錄》卷105）：「藝祖皇帝鑑唐之禍，乃棄越巂諸郡，以大渡河為界。欲寇不能，欲臣不得，最得御戎之上策。」

明確把「太祖劃大渡河為界」的動機與「唐亡於南詔」論結合起來。

「宋揮玉斧」的故事也逐漸完整起來。首先是南宋人周煇《清波別志》中記載：「《西南備邊錄》載：藝祖既平蜀，議者欲因兵威以復越巂。上命取地圖視之，親以玉斧劃大渡曰：『自此以外，朕不取。』即今之疆界也。」

《西南備邊錄》又稱《西南備邊志》，據馬端臨《文獻通考》卷206記載，作者是紹興末年嘉州的進士鄧嘉猷。此書成於孝宗乾道時期（西元1165～1173年）。

從這時開始，不僅趙匡胤劃大渡河為界，而且手持玉斧，「宋揮玉斧」最後一個元素「玉斧」進入了故事。

第二編　大宋開國

　　與此同時，官方也在積極推進對「宋揮玉斧」故事的建構。據《清波別志》記載，黎州大渡河畔後來建起了「劃玉亭」，顯然是黎州當地政府所為。「宋揮玉斧」從一個政治傳統，到一個文人故事，至此又有了實物，也就是在南宋中期，逐漸被朝野各種身分的人士所接受認同。

　　南宋理宗時期，祝穆撰《方輿勝覽》。作為本朝地理書，《方輿勝覽》在「黎州」「嘉定府」下四次提及「宋揮玉斧」。其中一條寫道：「建隆三年，王全斌平蜀，以圖來上，議者欲因兵威復越巂，藝祖皇帝以玉斧畫此河曰：『外此吾不有也。』」

　　至此，在加上「唐亡於南詔論」，就有了我們今天廣為流傳，「趙匡胤怕攻打大理招致亡國，於是用玉斧在地圖上以大渡河劃界，主動放棄大渡河外土地」之「宋揮玉斧」的故事了。

　　然而千百年後，誰還記得當年最早編造這個故事的宇文常，是為了阻止一位好大喜功、好高騖遠的專制皇帝胡作非為呢？

燭影斧聲考

　　燭影斧聲，趙匡胤真的是被弟弟趙光義弄死的嗎？嚴格來說，這其實是三個問題。

　　第一個，燭影斧聲是真的嗎？

　　第二個，趙光義殺了趙匡胤嗎？

第三個，趙光義是篡位嗎？

我主要說說前兩個，最後一個簡單說一句。

一、「燭影斧聲」：原版、前傳與升級版

說起燭影斧聲，稍微了解點宋史的人，第一個反應都是趙光義搞死了趙匡胤，然後篡位稱帝。可是繼續讓他把這個故事再講詳細一點，你可能就會聽到各種不同的版本。

真的，燭影斧聲的故事版本，真是太多了。我不說別的，就說說宋代的版本。

先來說說原版。原版故事記載於《續湘山野錄》裡，這部書的作者是北宋仁宗年間的和尚文瑩。故事的原文是這樣的：

「祖宗潛耀日，嘗與一道士遊於關河。無定姓名，自曰混沌，或又曰真無。每有之則探囊金，愈探愈出。三人者每劇飲爛醉。生善歌〈步虛〉為戲，能引其喉於杳冥間作清徵之聲，時或一、二句，隨天風飄下，唯祖宗聞之，曰：『金猴虎頭四，真龍得真位。』至醒詰之，則曰：『醉夢語，豈足憑耶？』至膺圖受禪之日，乃庚申正月初四也。自御極不再見，下詔草澤遍訪之。或見於轘轅道中，或嵩、洛間。

後十六載，乃開寶乙亥歲也，上巳祓禊，駕幸西沼，生醉坐於岸木陰下，笑揖太祖曰：『別來喜安。』上大喜，亟遣中人密引至後掖，恐其遁，急回蹕與見之，一如平時，抵掌浩飲。

第二編　大宋開國

上謂生日：『我久欲見汝決克一事，無他，我壽還得幾多在？』生日：『但今年十月二十日夜，晴，則可延一紀；不爾，則當速措置。』上酷留之，俾泊後苑。苑吏或見宿於木末鳥巢中，止數日不見。帝切切記其語。

至所期之夕，上御太清閣四望氣。是夕果晴，星斗明燦，上心方喜。俄而陰霾四起，天氣陡變，雪雹驟降。移仗下閣，急傳宮鑰開端門，召開封王，即太宗也。

延入大寢，酌酒對飲。宦官、宮妾悉屏之，但遙見燭影下，太宗時或避席，有不可勝之狀。飲訖，禁漏三鼓，殿雪已數寸，帝引柱斧戳雪，顧太宗曰：『好做，好做！』遂解帶就寢，鼻息如雷霆。

是夕，太宗留宿禁內，將五鼓，周廬者寂無所聞，帝已崩矣。

太宗受遺詔於樞前即位。逮曉登明堂，宣遺詔罷，聲慟，引近臣環玉衣以瞻聖體，玉色溫瑩如出湯沐。」

簡單來說，就是早年趙匡胤、趙光義兄弟曾碰到一個大仙人，這位大仙人自稱混沌，又稱真無，反正一聽就不是什麼可靠名字。混大仙人兜裡的錢永遠掏不完，還算出了趙匡胤稱帝、大宋開國的日子。所以老趙建國以後就到處找他。

十六年後，老趙去西京洛陽，終於又遇到了混大仙人，於是就問他自己還能活幾年。混大仙人就說，今年十月二十日夜，如果是大晴天，你還能活 12 年；否則趕緊安排後事吧。

到了那天夜裡，本來大放晴，老趙特別高興；結果樂著樂著，突然就陰天下大雪了。於是老趙就急命人把寶貝弟弟趙光義叫來，又把身邊的人都轟走了。然後倆人對著大喝一氣，期間光義寶貝弟弟數次表示自己喝不動了，一個勁想跑掉。因為當時宮殿裡點著蠟燭，倆人的人影就映在了窗戶上，這就是所謂的「燭影」。

這個時候已經到了三更半夜，外邊的雪已經有數寸之厚。不知道為什麼老趙突然拿著柱斧戳雪，雪在殿外，那也只能理解為老趙跑到殿外來了。一邊戳，一邊跟他的光義寶貝弟弟說：「好做！好做！」，然後就寬衣解帶，打著呼嚕睡去了。

至於這個「好做」是什麼意思，對不起，好像宋代人也沒搞清楚。現在一般理解為「好好做（皇帝）」或者「你做的好事！」嗯，完全對立的兩種理解。

當天晚上，寶貝弟弟光義一直住在宮裡。到了第二天早上，大家發現老趙已經掛了。於是光義寶貝弟弟嚎啕大哭，然後宣讀老趙的遺詔，正式登基。

怎麼樣，是不是感覺在看《聊齋》？不過這個混大仙人實在不夠分量，為了讓這個故事顯得不那麼 low，在宋神宗年間，「燭影斧聲」出現了升級 1.1 版。替趙匡胤算命的不再是名不見經傳的混大仙人，而是名聲如雷貫耳的陳摶老祖！據蔡惇《夔州直筆》記載：

第二編　大宋開國

「太祖召陳摶入朝，宣問壽數，對以丙子歲十月二十日夜或見雪，當辦行計，若晴霽須展一紀。至期前夕，上不寢。初，夜遣宮人出視，回奏星象明燦。交更，再令出視，乃奏天陰，繼言雪下，遂出禁鑰，遣中使召太宗入對，命置酒，付宸翰屬以繼位，夜分乃退。上就寢，侍寢者聞鼻息聲異，急視之，已崩。太宗於是入繼。」

這個1.1版的故事雖然沒有燭影斧聲，但故事的核心是一樣的：神仙算命，老趙要完蛋了，趕緊叫寶貝弟弟來接班。

其實燭影斧聲還有一個前傳。《楊文公談苑》是根據真宗朝詩人楊億的言行整理而成的，這部書裡寫道：

開寶中，有神降於終南道士張守真，自言：「我天之尊神，號黑煞將軍，與玄武、天蓬等列為天之三大將。」言禍福多驗，每守真齋戒請之，神必降室中，風肅肅然，聲如嬰兒，獨守真能曉之。

太祖不豫，驛召守真至闕下，館於建隆觀，令下神。神曰：「天上宮闕已成，玉鎖開，晉王有仁心。」言訖，不復降。太祖以其妖，將加誅。會晏駕，太宗即位……」

這次跳大神的換成了道士張守真，玩的是神仙附體的把戲。然後說天上的宮殿開門了，晉王有仁心。言外之意，老趙你該上天住天宮去了，地上的事兒就交給你的寶貝弟弟、晉王趙光義吧。老趙聽完就想揍人，結果真如張真人所說，上了天宮。

這個天宮故事到這裡還不算完。南宋邵博在《邵氏聞見後錄》裡也記載了天宮故事，這沒什麼稀奇的。比較嘆為觀止地是，邵博說，這故事「出《太宗實錄》、《國史‧道釋志‧符瑞志》」。

也就是說，這個天宮故事，是國家承認的國史！

與此同時，著名史學家李燾的鉅著《續資治通鑑長編》也問世了，在這部書裡，李燾集原版、1.1升級版和前傳的大成，搞出了橫空出世的「燭影斧聲」V2.0版，原文如下：

初，有神降於盩厔縣民張守真家，自言：「我天之尊神，號黑煞將軍，玉帝之輔也。」守真每齋戒祈請，神必降室中，風肅然，聲若嬰兒，獨守真能曉之，所言禍福多驗。守真遂為道士。

上不豫，驛召守真至闕下。壬子，命內侍王繼恩就建隆觀設黃籙醮，令守真降神，神言：「天上宮闕已成，玉鎖開。晉王有仁心。」言訖不復降。

上聞其言，即夜召晉王，囑以後事。左右皆不得聞，但遙見燭影下晉王時或離席，若有所遜避之狀，既而上引柱斧戳地，大聲謂晉王曰：「好為之。」

在這個版本裡，作者領會了1.1升級版的名人效應，在使用原版的「燭影斧聲」的同時，嫁接了官方承認的前傳，順便把容易引起歧義的「好做」改成了「好為之」，還把不合常理的部分（跳入神不算）改掉了，比如老趙大半夜突然出門戳雪改成了戳地，比如趙光義當天根本就沒在宮裡住一宿。

到這裡,「燭影斧聲」在宋代的進化史結束了。在民間和官方宗教界、文學界、史學界各路菁英的努力下,終於有了一個官方認可的通行版!

等等,好像哪裡不對?官方為什麼要認可趙光義殺死趙匡胤的「燭影斧聲」?

二、燭影斧聲,就是一場各取所需的人為誤會

因為直到《續資治通鑑長編》的「燭影斧聲」V2.0版,「燭影斧聲」說的根本就不是趙光義搞死趙匡胤。說「燭影斧聲」是趙光義殺趙匡胤的,有一種特別傻的說法,就是光義拿著一把大斧頭生生把他哥給砍死了。只是不知道這樣的情景,如何保留一具「玉色溫瑩如出湯沐」的屍體。

其實這是一種附會,因為「燭影斧聲」裡提到了柱斧,關於柱斧是什麼,有說禮器的,有說拂塵的,有說鎮紙的,莫衷一是。但無論如何,不會是一把砍人的斧頭。

當然,後來有聰明的人注意到了這個bug,於是毒酒說又應運而生。但所有這些說法都沒有領會「燭影斧聲」的精神:趙匡胤知道自己要死了,趕緊傳位給趙光義。傳位!這才是「燭影斧聲」的核心,也才是官方認可、宣傳這個天宮+聊齋故事的原因所在。既然是趙匡胤合法傳位,那麼燭影斧聲哪來的弒兄篡位?至於「燭影斧聲」與篡位連繫在一起,據說是明清以後小說

家做的好事。

然而「燭影斧聲」說的是篡位還是傳位，其實並不重要，因為這個故事根本就是假的！

前面梳理了半天「燭影斧聲」的進化史，就是為了讓大家看到，這個故事是如何演變成後來的版本的。我們要驗證「燭影斧聲」的真假，當然還是要求本溯源，去研究原版的故事。

首先來說，原版故事裡，除了怪力亂神跳大神，有不符合史實的地方。一個是時間。原版故事裡說，決定趙匡胤生死的是「十月二十日夜」的天氣情況。但事實是，趙匡胤在十月二十日凌晨駕崩，那麼故事裡決定他生死的夜晚應該是十月十九日夜。顯然，文瑩沒有注意到這個時間細節，這個 bug 是李燾的 V2.0 版才改正的。

另一個 bug 是趙光義的行蹤。據原版故事記載，趙光義當天就住在了宮裡，一直到天亮。但事實是趙光義當天夜裡住在自己府上，有官方史料為證（後面會詳細說），所以後面兩個升級版本都把這一條去掉了。

可是無論升級版的故事如何完善，原版就是原版，「燭影斧聲」的故事從一開始就漏洞百出。

那為什麼會漏洞百出呢？因為文瑩的初衷，根本就跟宮闈祕事無關。仔細閱讀《續湘山野錄》，就會發現很有意思的事情。

緊挨著「燭影斧聲」前面，講的是趙匡胤打北漢，北漢向宗

第二編　大宋開國

主國契丹求救。契丹的宣徽使王白能掐會算，算出趙匡胤打不下北漢，還算出10年以後北漢滅亡，宋、遼交戰等等細節。總之，這個故事的核心，是王白大仙很神。

緊挨著「燭影斧聲」後面，講的是太宗朝，文人潘閬裝神弄鬼嚇唬另一位文人柳開的故事。

總而言之，真真假假，不管是真大仙還是假扮鬼，「燭影斧聲」前後都是些怪力亂神的故事。如果把眼界放開，《湘山野錄》和《續湘山野錄》這兩部書裡，這種「聊齋故事」比比皆是。考慮到文瑩的和尚身分，和他弘揚佛法的用心，「燭影斧聲」其實就是一個宣傳混沌大仙能掐會算的業配文。

只不過，文瑩想用一個離奇的故事，宣傳宗教精神；宋代皇帝看重的，卻是趙匡胤傳位趙光義的政治合法性；到了後來的藝人、文人那裡，宮鬥殘殺成了最大的流量價值。一個「燭影斧聲」被多次綁架，最終從「合法傳位」綁成了「弒兄篡位」。

三、趙光義到底有沒有弒兄篡位

無論「燭影斧聲」是真是假，無論他的初衷是證明「傳位」還是「篡位」，其實都無法說明，趙光義是否殺了趙匡胤。

關於趙光義弒兄，其實沒有任何直接證據。但是話又說回來，可疑的行為和動機還是有的。

先來說說直接的行為。宋代官方史料裡，記載了三個人的

090

三件事。

第一人是程德玄，趙光義的親信，而且善醫術。根據宋代國史編纂而成的《宋史》，其〈程德玄傳〉記載：

「太祖大漸之夕，德玄宿信陵坊，夜有扣關疾呼趣赴宮邸者。德玄遽起，不暇盥櫛，詣府，府門尚關。方三鼓，德玄不自悟，盤桓久之。俄頃，見內侍王繼恩馳至，稱遺詔迎太宗即位。德玄因從以入，拜翰林使。」

作為趙光義的心腹，程德玄大半夜不睡覺，說有人讓進宮。於是跑到趙光義府門口等著，然後就等來了趙匡胤的傳位遺詔。你說程德玄是半夜失眠出來發神經，碰巧遇到天上掉餡餅的機率大；還是本來就知道這裡有餡餅，專門跑來等的機率大？

第二個人是馬韶，跳大神的。趙匡胤稱帝以後，禁止民間跳大神，怕這幫人成天說天命，鼓動人造反。馬韶其實是個法律邊緣的危險人物，可是程德玄居然跟他關係很好。據《宋史·馬韶傳》記載：

十月十九日，既夕，韶忽造德玄，德玄恐甚，詰其所以來，韶曰：「明日乃晉王利見之辰，韶故以相告。」德玄驚駭，止韶一室，遽入白太宗。太宗命德玄以仁防守之，將聞於太祖。及詰旦，太宗入謁，果受遺踐阼。

看見了沒有，又一個在十月十九日就知道趙匡胤要掛的。寫《續資治通鑑長編》的李燾認為這件事不可靠，因為跟〈程德

玄傳〉相矛盾。但我覺得一點都不矛盾，程德玄把馬韶關在家裡，然後再去趙光義的府上，完全來得及。

最後一個人，是王繼恩。這是個宦官，用清宮辮子戲裡大家最熟悉的角色類比，就是個「大內總管」；另外他還兼任武德使，簡單來說就是類似於明代東廠廠公的角色。

《宋史‧王繼恩傳》關於他在趙匡胤去世這天夜裡的行蹤，記錄比較簡單：「及崩夕，太宗在南府，繼恩中夜馳詣府邸，請太宗入。」

後來寫《資治通鑑》的司馬光，又從錢公輔處打聽到一個更八卦的消息：

> 太祖初晏駕，時已四鼓，孝章宋後使內侍都知王繼隆召秦王德芳，繼隆以太祖傳位晉王之志素定，乃不詣德芳，而以親事一人徑趨開封府召晉王。見醫官賈德玄先坐於府門，問其故，德玄曰：「去夜二鼓，有呼我門者，曰『晉王召』，出視則無人，如是者三。吾恐晉王有疾，故來。」繼隆異之，乃告以故，叩門，與之俱入見王，且召之。
>
> 王大驚，猶豫不敢行，曰：「吾當與家人議之。」入久不出，繼隆趣之，曰：「事久將為他人有矣。」遂與王雪中步行至宮門，呼而入。繼隆使王且止其直廬，曰：「王且待於此，繼隆當先入言之。」德玄曰：「便應直前，何待之有？」遂與俱進。
>
> 至寢殿，宋後聞繼隆至，問曰：「德芳來邪？」繼隆曰：「晉王至矣。」後見王，愕然，遽呼「官家」，曰：「吾母子之命，皆

託官家。」王泣曰：「共保富貴，無憂也。」德玄後為班行，性貪，故官不甚達，然太宗亦優容之。」

這段故事記載於《涑水記聞》，據李燾分析，《涑水記聞》是司馬光為了寫《資治通鑑後紀》而準備的資料本。錢公輔曾做過知制誥，比較接近中樞，所以司馬光從他那裡得到一些宮廷消息，可信度還是可以的。只不過程德玄和王繼恩的名字出了點問題。

我們來綜合一下。在官方正式承認的文件裡，在趙匡胤去世前夕的那個夜晚，跳大神的馬韶來找趙光義的心腹程德玄，告訴他今天晚上趙光義大吉大利；於是程德玄把馬韶關了起來，三更半夜跑到趙光義府門前等著；這時候王繼恩拿著遺詔來了，趙光義入宮繼位。而《涑水記聞》補充了一點，就是當時宋皇后想迎立趙匡胤的少子趙德芳，結果由於王繼恩的堅持，趙光義急匆匆搶著入宮繼位了。

有沒有覺得哪裡彆扭？問題就在馬韶和程德玄，怎麼就像事先知道趙匡胤會掛一樣。一個說趙光義大吉大利，一個跑來等消息，而且真的就等來了王繼恩。

所以我說，在趙匡胤去世的那個夜裡，趙光義，至少是他的黨羽，具有「可疑的行為」。「燭影斧聲」衍生出的趙光義用毒酒毒死趙匡胤，也是從這個可疑的行為變種出來的。那個程德玄不是醫生嘛，能醫人者必能殺人。

除了「可疑的行為」，趙光義對趙匡胤下手，還有一個「可疑

第二編　大宋開國

的動機」,那就是趙匡胤扶持兒子趙德昭。

這個我不細說了。就說兩點。一個是在趙氏宗族內部的官職體系中,除了趙光義,趙匡胤的四弟趙光美(就是後來的趙廷美)、大兒子趙德昭、小兒子趙德芳,他們三個人的官職,是按照年齡依次從高到底的。可是在開寶六年(西元973年),這個次序竟然被不聲不響地打破了。

當時有一種官職叫檢校官,簡單說就是一個榮譽性官職,純粹就是誰高誰好看,沒權也沒錢的一種職位。開寶六年,趙光美和趙德昭同時加檢校官,按說應該是光美高於德昭才對。可事實是,光美的檢校太保低於德昭的檢校太傅。

開寶九年(西元976年),在趙匡胤人生的最後一年裡,吳越國王錢俶入朝。以往接待諸侯或者降王的任務,都由趙光義擔任,然而這次,趙匡胤把機會給了趙德昭。

顯然,趙匡胤正在逐漸抬高趙德昭的地位,並讓趙德昭參與政事,鍛鍊能力。假以時日,趙德昭必然成為趙光義的競爭對手。

所以我說,趙光義搞死趙匡胤,具備「可疑的動機」。

但是不管行為和動機多麼可疑,也只是可疑而已。這期間到底有什麼蹊蹺,史料已經無法給予更多真相。或許來自敵國的記載,可供參考。

據《遼史・景宗本紀上》記載:「宋主匡胤殂,其弟炅自立。」

趙炅，就是趙光義繼位以後改的新名字。

因為篇幅有限，第三個問題，也就是趙光義繼位的合法性，我就不談這段細節了。不過可能會讓大家很失望，從史料來看，趙光義的繼位在程序上完全合法。理由有四個：

1. 金匱之盟。就是趙匡胤傳趙光義，趙光義傳趙光美，趙光美再傳回趙德昭。這個有爭議，問題也比較複雜。我是傾向於，有這個三傳約存在。那麼趙光義首先具備了繼位資格。

2. 親王尹京。趙光義封晉王，任開封府尹。按照唐末五代慣例，親王同時兼任首都市長，這就是合法的皇位繼承人。趙光義實際上就是合法的皇儲。

3. 太祖遺詔。以往一直都說沒有趙匡胤傳位趙光義的遺詔，不過據王育濟先生考證，其實《宋會要輯稿》裡就有傳位詔書的全文。別的地方也有原文記載，只是要麼記錯了時間，要麼過於零散，因而長期以來沒有得到人們重視。當然，你問這個遺詔是真的假的，反正現在還無法證明它是假的，估計以後也很難。

4. 搶先繼位。所以從程序上來看，趙匡胤不管是不是正常死亡，第一順位人都是趙光義。宋太后讓王繼恩去找趙德芳，這才是非法要惹事情。就算不讓趙光義繼位，趙光美、趙德昭的合法性都遠遠高於趙德芳。所以從合法程序來說，趙光義並沒有搶趙德芳的皇位，反而宋皇后和趙德芳是搶奪的一方。當然，皇位這種東西，自古以來就沒有說你的就是你的，當了皇帝的還能被拉下馬，何況趙光義只是個皇儲。所以趙光義搶先

跟著王繼恩入宮去搶奪自己合法的皇位，這一點反倒是沒什麼好吐槽的。

最後總結一下：

1.「燭影斧聲」純屬子虛烏有。和尚想用它宣傳宗教，皇帝想用「傳位」來加強合法性，藝人想用「篡位」來吸流量，大家一起用一個假故事蒙騙看戲民眾而已。

2. 在趙匡胤去世前夕，趙光義行為可疑，也具有殺人動機。因此不能完全免除他弒兄的可能性。但這也只是一種可能性，沒有任何證據證明他真的動手了。

3. 趙光義繼位在程序上完全合法，並沒有「篡位」的證據。

第三編
士大夫的黃金時代

太平興國，由亂入治

■ 燭影斧聲

從皇弟到晉王

宋太祖趙匡胤兄弟本來有5人，都是同母兄弟。太祖自己排行第二。老大趙匡濟和老五趙匡贊都不幸早夭，老三趙匡義比太祖小12歲，老四趙匡美比太祖小20歲。

宋朝建立後，為避皇帝名諱，趙匡義改名為趙光義。西元961年7月，光義出任開封府尹，成為首都開封的行政長官。按照五代慣例，宗室擔任首都行政長官，往往暗示著皇帝將他當作接班人來培養。

五代時期，中原王朝的皇帝不再冊立皇太子作為正式的皇位繼承人，大多數時候，則是任命自己屬意的皇子為首都行政長官；如果同時再冊封為王，則該皇子即被中外臣僚視為「準皇儲」。這就是「親王尹京」的制度。準皇儲不僅握有首都行政

097

權,往往還擁有部分兵權,因而有充足的機會進行政務與軍務訓練;皇帝對準皇儲的選擇,也以年齡和能力為主要標準,身分不再限於嫡長子,庶子,甚於沒有血緣關係的養子都有可能繼承皇位。不過,準皇儲並沒有法定繼承權,準皇儲要繼承皇位,仍需要皇帝在臨終前發布遺詔來確認。

從此時起,趙光義主持首都工作長達 15 年。他把大批文武人才招攬進入自己的幕府,其官屬號稱南衙。南衙的儀仗出行,蔚為壯觀,京城裡的人都稱讚道:「好一條軟秀天街。」

五代十國時期局勢混亂,年齡較長的君主更能應對複雜局勢,因此各個政權的君主在兒子年齡較小時,往往會讓年齡較長的弟弟作繼承人,「兄終弟及」盛行於大江南北。相反,小孩子繼承皇位,往往會導致改朝換代,宋朝能夠建立,一個重要原因就在於當時的皇帝是個七、八歲的小孩子。宋朝建立之初,趙光義 21 歲,而趙德昭只有 10 歲,光義確實比德昭更適合做接班人。

與此同時,趙普也於西元 964 年出任宰相。由於反對兄終弟及,趙普跟趙光義明爭暗鬥了十餘年,結果卻在西元 973 年 8 月慘遭罷相;9 月,光義進封為晉王,成為宋朝的「準皇儲」。

然而,太祖似乎對這位弟弟的儲位仍有保留。西元 976 年 2 月,吳越王錢俶入朝,太祖命長子趙德昭負責迎接工作,而此類工作過去是由光義負責的。3 月,太祖親至西京洛陽,並提出遷都於此的計畫。不少人認為,太祖遷都的原因之一,是為了

將趙光義在開封的勢力連根拔起。不過，遷都計畫最終因光義的阻撓而未能實施。

作為哥哥，太祖始終不願對自己的親弟弟下手，然而親弟弟卻一再被打草驚蛇，終於按捺不住了。

燭影斧聲

西元 976 年 10 月 19 日夜，開封突降大雪。據說當大夜裡，宋太祖突然患病，有方士預言太祖陽壽將盡。於是，太祖屏退身邊內侍，邀請晉王趙光義入宮，兄弟二人在宮中暢飲敘舊，太祖親自舉杯勸光義飲酒。席間，太祖從桌上拿起玉斧，用玉斧的斧柄不斷地戳著地板，發出「咚」、「咚」的悶響，口中不斷大聲重複著：「好做！好做！」後來，太祖入睡，鼾聲如雷。次日凌晨，太祖突然去世。這席酒宴，被後人稱為「燭影斧聲」。

「燭影斧聲」的故事最早見於北宋僧人文瑩的記載，而且後來又演化出了多個版本。這些故事的本意，是宣揚太祖去世乃是天意，太祖在臨終前決定將皇位傳給晉王趙光義，杜撰的可能性很大。但後世更多的人將「燭影斧聲」解讀為趙光義謀殺了太祖。

宋太祖去世後，皇后宋氏急命宦官王繼恩去召太祖的小兒子趙德芳進宮，王繼恩卻自作主張直奔晉王府。在晉王府的門前，王繼恩遇到了趙光義的親信程德玄，程德玄自稱是來給趙光義來看病的。兩人馬上敲開了晉王府的門，趙光義旋即與二

第三編　士大夫的黃金時代

人火速進宮。

宮中的宋皇后聽到王繼恩的聲音，不由得舒了口氣，問道：「德芳來了？」

沒想到王繼恩冷冰冰地說：「晉王來了。」

「晉王！」宋皇后倒吸了一口涼氣。面對趙光義，她只得淚眼潸然地泣道：「我母子的性命，全都託付給官家了。」

趙光義也含著淚說：「共保富貴，別擔心。」

次日，趙光義正式即位，不久改名趙炅，是為宋太宗。

順帶一提，電視劇中，我們常能見到大臣稱呼皇帝為「皇上」。其實在相當長的一段時間裡，大臣並不這樣稱呼皇帝。在正式場合，臣子稱皇帝為「陛下」。宋朝時，人們叫皇帝「主上」、「聖上」。不過，宋代皇帝還有一個專門的稱呼——「官家」。為什麼叫「官家」呢？宋太宗時，大臣們的解釋是：「三皇官天下，五帝家天下，所以皇帝又叫官家。」不過，學者們普遍認為這種解釋不可靠。有一種觀點認為，宋代是一個平民化的社會，當時有很多世俗化、職業化的稱謂，比如酒保叫「酒家」，農民叫「農家」，詩人叫「詩家」，因此皇帝作為一種職業，就被人們稱為「官家」。

金匱之盟

宋太宗即位時並沒有太祖的遺詔，而且他是以太祖弟弟的身分繼承皇位。因此從即位伊始，皇位合法性的陰影就始終籠

罩在太宗的頭頂。

西元979年，太宗親征攻滅北漢，旋即在親征遼國時戰敗。由於太宗下落不明，軍中將領一度想擁立太祖長子趙德昭為帝。這年八月，回到開封的德昭勸太宗對攻滅北漢的將領行賞，太宗怒不可遏地訓斥道：「等你自己去行賞，也不晚！」德昭知道自己受到太宗猜忌，為了避免家人受到牽連，便於當晚自盡了。西元981年，太祖的小兒子趙德芳也病死了，不少人懷疑這與太宗的迫害有關。

同一年，與太宗芥蒂頗深的趙普重返朝廷，再度出任宰相。作為交換條件，趙普號稱在太祖、太宗之母杜太后去世前夕，自己曾受顧命，寫過一份金匱之盟，盟約規定：太祖去世後，將皇位傳位給太宗。

今天，歷史文獻中記載的「金匱之盟」有兩個版本，一個叫「三傳約」，即太祖傳位給太宗，太宗傳位給趙廷美（即趙匡美，先避太祖諱改名趙光美，後避太宗諱改名趙廷美），廷美再傳位給德昭；還有一個叫「獨傳約」，即太祖傳位給太宗。關於金匱之盟是否存在、即便存在究竟是「三傳約」還是「獨傳約」，作為宮闈祕事，現在已經很難搞清楚了。但是太宗的皇位，卻因為有了趙普的「金匱之盟」之說而擁有了合法性。

太宗即位後，為了安撫皇室，曾以趙廷美為開封尹，封齊王（後改封秦王），作為自己的準皇儲。然而，隨著「金匱之盟」的出現，太宗的皇位更加穩固，廷美也成為太宗將皇位傳給兒

子的最大障礙。因此,在西元 982 年,趙廷美被羅織罪名,一貶再貶,不僅失去了準皇儲的地位,最終於兩年後病逝;而且被太宗誣衊為非杜太后所生。

在剪除趙廷美、趙德昭、趙德芳對皇位威脅的同時,太宗還屢屢竄改歷史。比如當時編纂的《太祖實錄》,太宗非常不滿意,後來要求史官一再修訂,增加了很多關於太宗對大宋開國的貢獻,以及太祖對太宗的關愛、培養的內容。又比如今天的《宋會要輯稿》和《宋大詔令集》裡,有一份太祖傳位於太宗的遺詔,然而如此重要的詔書在太宗即位時竟然沒有公布,因而大多數學者認為這份遺詔是後來補寫的。

然而,遼國的紀錄或許更接近於真相,據《遼史》記載:「宋主趙匡胤去世,他的弟弟趙炅自立為帝。」

海內一家

徹底解決藩鎮問題

按照中國歷代王朝的傳統,皇帝即位當年,一般都沿用前任皇帝的年號,要等到次年才改元(使用新的年號)。然而,宋太宗對改元卻等不及了。西元 976 年 12 月 22 日,儘管距離新年元旦僅剩 8 天,太宗還是迫不及待地改元「太平興國」。

太平興國,寄寓著太宗對未來的美好願景。他要完成太祖未竟的事業,更要超越太祖建立不世之功。這其中最重要的,

莫過於統一大業。

統一大業，首先是王朝內部的統一，也就是徹底解決藩鎮問題。太祖曾遵循趙普的「削藩三策」，一步步削弱了藩鎮的權力。然而終太祖之世，節度使依然盤踞在地方。要徹底消除藩鎮割據，還差最後關鍵的一刀。

砍下這一刀的，正是宋太宗；而挨這一刀的，卻是提出「削藩三策」的趙普。

西元973年8月，趙普罷相，出任河陽三城節度使、同平章事，以使相身分黯然離京。河陽三城節度使的會府位於孟州（今河南省孟州市），下轄懷州（今河南省沁陽市）等支郡。

宋代承襲唐末五代制度，凡是節度使、樞密使、親王、留守、檢校官兼有宰相頭銜（包括中書令、侍中、同平章事），皆稱為「使相」。其中，樞密使兼有宰相頭銜的又稱「樞相」。使相只是名義上擁有宰相的頭銜，並不實際處理宰相的事務，但歷來被武人視作至高無上的榮譽。

太宗即位後，委派與趙普關係不佳的高保寅擔任懷州知州，希望透過高保寅來牽制作為節度使、也是自己宿敵的趙普。然而，高保寅到懷州後，不但不能牽制趙普，反而被趙普故意刁難。一氣之下，他索性上奏太宗，請求廢除藩鎮統領支郡的制度。太宗雖然沒有驟然廢除支郡，但還是將懷州改為朝廷的直轄州。

懷州「支」改「直」事件，成為了新的風向標，首先捕捉到

風向的是虢州（今河南省靈寶市）刺史許昌裔。虢州是保平軍的支郡，許昌裔上奏稱，太宗的舅舅、保平軍節度使杜審進有許多工作失誤。太宗隨即派右拾遺李瀚前去巡視，李瀚彙報稱：「節度使統領支郡，多任用親信官吏掌管關津、市場，這非常不利於商業貿易，致使天下的貨物流通不暢。希望陛下不再讓節度使統領支郡，這也是削弱地方勢力、加強中央集權的強幹弱枝的辦法。」

西元977年8月，太宗接受了李瀚的建議，正式下詔將全國18個節度使的近40個支郡改為朝廷的直轄州。至此，節度使統領支郡的制度被徹底廢除，藩鎮時代終於成為了歷史。

漳泉與吳越納土

太祖時，依據「先南後北」的戰略，宋朝先後滅掉了荊南、湖南、後蜀、南漢和南唐，割據南方的僅剩漳泉（西元946～978年）和吳越（西元907～978年）兩個政權。

五代中期，南唐滅掉了盤踞在如今福建一帶的閩國。閩國原有的5個州除了福州被吳越占據外，其餘4州均被南唐吞併。可是好景不長，南唐在戰爭中損兵折將，割據泉州、漳州的留從效乘機將南唐軍驅逐出境。名義上，留從效繼續對南唐稱臣，是南唐的清源軍節度使；實際上卻是割據一方的土皇帝。

留從效死後，漳泉政權輾轉為陳洪進控制。陳洪進向宋朝稱臣，被封為平海軍節度使。南唐滅亡後，吳越國王錢俶入朝

觀見，陳洪進緊隨其後，不料還未走出福建，太祖就駕崩了。陳洪進只得返回泉州。

太宗即位後，陳洪進再度北上。西元977年八月，陳洪進抵達開封，受到了太宗的優待。次年四月，陳洪進接受屬下建議，將手中僅有的泉、漳二州獻出。漳泉政權和平併入大宋版圖。

漳泉獻土，令吳越國王錢俶壓力山大。

吳越是五代時期存在時間最長的政權。唐末，鎮海、鎮東節度使錢鏐割據今日浙江一帶。後梁建立後，錢鏐被封為吳越國王，吳越正式建國。此後，吳越不僅始終對中原王朝稱臣納貢，而且常年與割據江淮地區的吳國——南唐為敵，是中原王朝牽制江南後方的重鎮。

西元976年，即南唐滅亡的次年，吳越國王錢俶奉詔入朝，太祖對他極盡禮遇。後來，太祖放錢俶南歸，臨行前，賜給他一個黃包裹。回國後，錢俶打開包裹，才發現裡面裝的竟然是群臣請求扣留自己的奏章。錢俶百感交集，又是感動，又是後怕。

西元978年3月，錢俶帶著大量綾羅綢緞、金銀珠寶再度入朝，希望討宋太宗歡心，自己能早日歸國。沒想到一個月後，陳洪進便獻出了漳泉的土地，這令本來就忐忑不安的錢俶更加惶恐。錢俶一再上表，請求免去自己的爵位和待遇，只求能放自己回國，然而表文卻如石沉大海，了無消息。

最後，還是吳越國相崔仁冀一語點醒夢中人：「朝廷的意思已經很明確了，大王如果不趕緊獻出土地，就要大禍臨頭了。」

左右臣僚紛紛反對，崔仁冀只好厲聲道：「現在我們離國有千里之遙，已經在人家的掌控之中，除非插上翅膀才能從這裡飛回去！」

錢俶不得已，只好上表獻出了吳越國的土地。錢俶退朝後，吳越臣僚才得知獻土的消息，齊聲痛哭道：「我們的王再也回不去了！」

據說錢俶第二次入朝時，吳越的臣民都知道他將有去無回，於是自發動員修建了保俶塔，祝願他能平安歸來。可惜的是，錢俶不但沒能回歸故國，甚至可能連壽終正寢的權力都沒有。坊間流傳，錢俶和南唐後主李煜一樣，由於思念故國，最終被太宗賜毒藥而殺死。錢氏的吳越國是五代時期少有始終治理較好的政權，因而頗得民心。直到西元 1077 年，杭州人民還建立了錢王祠，用於紀念吳越錢王的功績。時至今日，保俶塔和錢王祠仍然屹立於西湖之畔，成為歷史的見證。

從漳泉納土到吳越納土，太宗不費吹灰之力，完成了宋朝對南方的統一。「先南後北」、「先易後難」，要完成全國的最終統一，太宗即將面對北方最為難啃的兩塊骨頭——北漢與遼國。

消滅北漢，亂世終結

北漢（西元 951～979 年）是十國中唯一在北方的政權。西元 951 年，後漢樞密使郭威篡位稱帝，建立後周；後漢開國皇

帝劉知遠的弟弟劉崇旋即在太原府（今山西省太原市西南）稱帝，延續後漢國祚，史稱北漢。

北漢位於山西省中部，土地貧瘠，將寡兵少，依靠遼國的支持勉強立國，宋朝對其長期實行蠶食戰略。西元968年，北漢第二任皇帝劉鈞去世，政局動盪，宋軍乘機攻漢。次年二月，宋太祖率軍親征。此役雖然沒能滅掉北漢，但漢軍銳減至不到3萬；北漢民戶也被大量遷入宋朝，境內僅餘3.5萬戶。舉全國之力，以一戶養一兵，北漢命不久矣。西元976年10月，太祖發起了對北漢的第三次北伐。北漢亡國在即，北伐卻因太祖的突然去世而中止，北漢僥倖得以苟延殘喘。

西元979年2月，一輩子沒打過仗的宋太宗，也學起了哥哥的樣子，宣布御駕親征。三月，依靠太祖朝的戰略和遺留下來的名將，宋軍首先在白馬嶺擊敗了入援的遼軍，然後迅速圍困太原城。

太宗一改文質彬彬的氣質，披堅執銳，親自冒著石林箭雨衝上前線，指揮戰鬥。左右大臣上前阻止，太宗卻毫不畏懼，凜然說：「將士們爭先恐後，奮不顧身去玩命殺敵！我怎忍心坐在一旁觀看，無動於衷！」說完，又衝了上去。

士氣高昂的宋軍越殺越勇，到了五月，終於攻破太原城，北漢最後一位皇帝劉繼元投降。

正當劉繼元帶領宋軍接收太原時，城門上突然傳來一聲巨喝：「停下！」

第三編　士大夫的黃金時代

　　所有人都嚇了一跳，大家順著聲音望去，才發現太原城頭，一個威武雄壯的中年男子，怒髮衝冠，指著宋軍的方向喝道：「不要再往前了！我主雖然歸順了，我卻不願活著投降！今日開城，與爾等決一死戰！」

　　太宗聞訊，親自來到太原城下。望著城頭那偉岸的雄姿，不禁肅然起敬！

　　此人正是曾數退遼軍，卻因為得不到漢帝信任，在宋軍面前屢戰屢敗、屢敗屢戰的劉繼業！

　　太宗不禁雄心大起，對劉繼元說：「劉繼業是忠勇兼備的虎將，朕會重用他！你快進城，一定要說服他來見我！」

　　在劉繼元的勸說下，劉繼業向北面最後叩拜了兩次，然後脫下戰甲，放下武器，隨劉繼元出城。北漢亡。

　　劉繼業是劉崇的養孫，北漢滅亡後，太宗讓他恢復了本姓 —— 楊。從此，世間再無劉繼業。後世家喻戶曉的，只有一個震古爍今的名字：楊業！

　　伴隨著北漢的滅亡，五代十國的亂世正式結束。這樣一個只有好勇鬥狠、陰謀詭計，不講仁義道德的亂世，最後卻以一位忠勇義士的故事，畫下了休止符。

　　不過，在宋朝西北，還有一個由党項族控制的定難軍政權。党項族一說源於羌族，一說源於鮮卑。唐末，党項首領拓跋思恭因鎮壓黃巢起義，被封為定難軍節度使、夏國公，賜姓李氏，

以夏州（今陝西省榆林市靖邊縣北）為會府。党項李氏世襲節度使，並先後向五代、宋朝稱臣。西元 982 年，定難軍節度使李繼捧入朝納土，其族弟李繼遷卻發起叛亂行動，並被遼國封為夏國王。李繼遷的勢力不僅成為宋朝的西北邊患，其子孫更建立了西夏。

士大夫政治的黃金時代

■ 士大夫與咸平政治

寇準：推動立儲

宋太宗曾在高梁河之戰中受傷，這些創傷在太宗晚年一再危及他的生命。因而，確立儲君，刻不容緩。

西元 994 年 9 月，太宗向頗受信任的寇準商議立儲之事。太宗問道：「朕的哪個兒子可以繼承天下？」寇準回答：「陛下為天下選擇君主，不能聽信婦人和宦官的，也不能聽信近臣的，只能選擇符合天下人意願的人來繼承皇位。」太宗低頭想了一會兒，才屏退左右，問道：「襄王怎麼樣？」寇準答道：「知子莫如父，陛下既然覺得可以，那就希望您馬上做決定。」

襄王，就是太宗的三子趙元侃。由於事關敏感，寇準並沒有直接回答太宗，但實際上已經表明了支持襄王的態度。在寇

準的支持下,太宗以趙元侃為開封尹,改封壽王;次年八月,又命元侃改名為恆,正式立其為皇太子,同時兼判開封府(兼任開封長官)。

這是自唐末以來,中原王朝近百年間首次冊立皇太子。即將舉行冊立太子大典的消息傳出,人們都非常高興。特別是首都開封的居民看到趙恆的風采後,都興奮地說:「真是社稷之主!」

然而,當時的皇后李氏因為曾收養過太宗長子趙元佐,便想立元佐為太子。李皇后聽說趙恆很得民心,就把事情告訴了太宗。太宗聞訊,果然很不高興,對已經升任參政的寇準說:「四海歸心太子,那要置我於何地?」寇準回答說:「陛下您本來就是要選一個值得託付的人,現在選了一個社稷之主,這是萬世的福氣啊!」在寇準的開導下,太宗才算消氣,還特意回到宮中,把寇準的話告訴了李皇后。

明代思想家李贄曾感慨道:「要不是寇準居中調停,誰知道會不會又發生自刎之禍!」(指趙德昭因受到太宗猜忌而自盡之事。)在冊立趙恆為太子一事上,寇準發揮了臨門一腳的作用。

寇準後來成為宋真宗(趙恆)的宰相,他是西元980年的進士。值得一提的是,他的同年(同一年考中進士的人)李沆、王旦、向敏中在真宗朝都做了宰相,前面提到的治蜀名臣張詠也是這一年的進士。因此,西元980年的科考有「龍虎榜」之稱。

呂端：大事不糊塗

太子確立後，太宗準備啟用呂端為相。有人說呂端太糊塗，當不了宰相。太宗卻回答：「呂端小事糊塗，大事不糊塗。」

西元 997 年 3 月，太宗病情惡化，呂端入宮探視，發現太子趙恆不在宮中，急忙在笏板上寫了「大漸」兩個字，暗中派親信通知趙恆立即進宮。

笏板是古代臣子覲見天子時手中所持狹長的板子。上朝面君時，大臣可以把要奏報的內容寫在笏板上，也把皇帝說的話記在笏板上。大臣根據自己的官階，使用玉、象牙或竹子製作的笏板。笏板最早見於《禮記》，到明朝仍然使用。清朝建立以後，才廢棄了笏板。

與此同時，李皇后與宦官王繼恩、參政李昌齡、翰林學士胡旦結黨，準備擁立趙元佐。（寇準曾勸太宗立太子「不能聽信婦人和宦官的，也不能聽信近臣的」，即為此。）二十九日，太宗駕崩，李皇后派王繼恩到中書府召呂端。王繼恩想故技重施，利用這個機會讓趙元佐率先登基，自己也好獲得擁戴之功。不料，呂端早就看穿了一切，他騙王繼恩說要去閣中取太宗的詔書，乘機把王繼恩鎖在裡面，自己迅速進宮。

見到呂端，李皇后說：「皇帝已經去世，立長子為皇帝，是順理成章的，你看怎麼樣？」長子，就是趙元佐。呂端反駁道：「先帝立太子，就是為了今天。哪允許有別的意見！」李皇后默

然不語。呂端派人把太子趙恆請來，立即登基。

舉行登基儀式時，趙恆坐在簾子後面，呂端作為宰相率領百官朝見，卻沒有立即行君臣參拜大禮。原來，呂端怕李皇后在背後掉包，萬一簾子後面坐著的不是趙恆，而是趙元佐或別的什麼人，到時候參拜大禮已行，君臣名分已定，一切悔之晚矣。於是，呂端請求將簾子捲起來，自己親自登上臺階，看清楚坐在寶座上的確實是趙恆，這才放心，率領百官行跪拜大禮。

這位趙恆，就是宋代的第三任皇帝宋真宗。真宗能夠順利即位，確實是應了太宗的那句話——呂端大事不糊塗。

李沆：聖相與咸平之治

宋真宗即位後不久，宰相呂端因年老辭職。繼之為相的張齊賢和李沆均為科舉進士出身。特別是李沆，真宗做太子時，他是真宗的老師，兩人結下了深厚的師生情誼。李沆成為宰相後，真宗對這位老師幾乎言聽計從。

李沆奉行清靜無為的治國方針。真宗曾問李沆：「治理國家，什麼最重要？」李沆回答說：「不用浮薄新進喜事之人，這是治理國家首先應做到的。」「浮薄新進喜事之人」，是指那些喜歡標新立異，經常輕率地提出新建議的人。

李沆的治國思路很明確：休養生息，政事從簡，減少對百姓的騷擾，讓社會在穩定中恢復發展。從唐末五代至宋初，始終戰亂不斷，李沆的休養生息政策，適應了社會的需求。

李沆對國家清靜無為，對皇帝卻積極有為。他經常向真宗彙報全國災禍民變的事情，真宗每次聽完都很憂心。同僚們勸李沆「報喜不報憂」，李沆卻說：「人主哪能有一天沒有擔憂和恐懼呢？如果沒有了擔憂和恐懼，那他什麼事都做得出來！」原來，李沆是透過向真宗灌輸危機意識，來防止真宗對政務懈怠，胡作非為。

真宗想立自己寵愛的劉氏為貴妃，於是寫了一封親筆信派人交給李沆，讓中書草擬任命詔書。沒想到李沆當著來人的面把信燒掉，還說道：「你回去就說臣李沆不同意。」這件事情後來不了了之。

西元1004年，58歲的李沆去世。真宗親自弔唁，悲痛萬分。李沆為相6年，一定程度上能夠左右真宗的決策，當時政治清明，經濟繁榮，國泰民安，時人稱李沆為「聖相」。這個時期，由於真宗使用的年號主要為咸平（西元998～1003年），故而有「咸平之治」的美譽。

從寇準到李沆，士大夫對政局的影響越來越大，在某些時候，他們甚至能夠左右皇帝，影響國家的大政方針。經過太宗朝的扶持與成長，士人大階層在真宗朝逐漸成熟起來，開始成為宋朝政治舞臺上真正的主角。

第三編　士大夫的黃金時代

■ 真、仁之際的政局

東封西祀

澶淵之盟訂立後，宋真宗本來頗為得意，對寇準越發敬重。可是王欽若卻表示，澶淵之盟不過是屈辱的「城下之盟」。深受刺激的真宗罷免了寇準，任命王欽若為參知政事。

真宗害怕「澶淵之恥」會削弱自己的權威，王欽若勸真宗：「只有舉行封禪大典，才能鎮撫四海，誇示戎狄。」封禪是古代皇帝最隆重的典禮，「封」指登上泰山祭天，「禪」指在泰山下的小丘祭地。通常，只有建立大功業的皇帝才有資格封禪。王欽若卻告訴真宗，只要偽造「天降祥瑞」，真宗同樣能夠封禪。西元1008年，真宗突然說夢見了神人降臨，並被告之將會有天書從天而降。不久，果然有臣僚奏稱天書降在皇宮。此後，真宗與王欽若又自導自演了兩次降天書事件，有了如此祥瑞，再也沒人能夠阻止真宗封禪了。

當然，封禪需要花錢，真宗也有所顧慮。他曾詢問三司使丁謂朝廷的財政狀況，丁謂奉承道：「粗算一下，朝廷的錢綽綽有餘。」這年十月，真宗率領百官帶著「天書」前往泰山封禪；西元1011年，又祭祀后土於汾陰；西元1012年，追尊編造的趙氏始祖「九天司命真君」趙玄朗為宋聖祖；同時，大興土木，修建供奉「天書」的玉清昭應宮。此後，各種狂熱的迷信活動接踵而至。由於泰山在東，汾陰在西，人們便把這個系列活動稱為「東

封西祀」。《宋史》評價說,當時「一國君臣就像瘋了一樣!」

儘管如此,由於有宰相王旦等賢臣維持,真宗後期的朝局未有大變故。然而,隨著1017年王旦去世、王欽若為宰相,以及真宗身體每況愈下,宋朝的國勢越發走向下坡路了。

為了支持真宗的東封西祀,丁謂於1007年編成《景德會計錄》。此書是宋朝第一部會計錄,它是仿照唐朝《元和國計簿》,以當時某一年為標準,編訂的全國財政收支方面的著作。自此至宋末,宋朝大多數皇帝在位期間都會編訂《會計錄》,用來掌握國家的財政收支狀況,進而尋找開源節流的辦法,促進財政的收支平衡,中國古代財務會計管理進入了黃金時期。

天禧政爭與隻日朝

天禧年間(西元1017～1021年),由於宋真宗得了重病,宋朝的政局出現了動盪。

劉氏(坊間稱她為劉娥)最受真宗寵愛,但卻始終生不出兒子。西元1010年,劉氏的侍女李氏為真宗生下一子,真宗卻對外宣稱這是劉氏的兒子,並取名趙受益。西元1012年,劉氏被真宗立為皇后,是為章獻皇后。

真宗晚年生了一場大病,身體每況愈下,時而清醒時而糊塗,朝政多委託劉皇后協助處理。西元1018年8月,在群臣的再三奏請下,真宗立趙受益為太子,並讓他改名趙禎。次年又讓寇準回朝,重新擔任宰相輔政;一同還朝的,還有被任命為

參政的丁謂。寇準視丁謂為奸佞，兩人勢同水火。

恰巧，劉皇后的家人犯法，寇準主張嚴懲。盛怒之下，劉皇后決定支持丁謂。西元 1020 年，寇準在獲得真宗授意後，準備擁立太子監國，架空劉皇后與丁謂。不料，喜歡炫耀的寇準喝醉了酒，把如此機密的事情給說漏嘴了。丁謂在劉皇后的支持下，向真宗彈劾寇準。被病痛折磨的真宗早已忘了與寇準的約定，於是在這年六月，寇準罷相。丁謂升任宰相，與劉皇后控制了朝廷。

也是在這一年，真宗的病情進一步加重，已經很難堅持每日上朝。從十月開始，真宗只能在「隻日」（單日子）上朝，雙日子不聽政；上朝的地點也從前殿轉移到後殿；加上節假日也不上朝，真宗一年上朝聽政的天數已經壓縮至不到 100 天。太宗時期的「日朝制」開始調整為「隻日朝制」。

劉太后垂簾聽政

西元 1022 年 2 月，宋真宗駕崩，年僅 13 歲的趙禎即位，是為宋仁宗。由於仁宗年幼，真宗遺命尊劉皇后為劉太后，暫時處理軍國大事。宋朝進入劉太后垂簾聽政時期。

當時丁謂權傾朝野。丁謂為人奸惡，當時的民謠說：「欲得天下寧，當拔眼中丁；欲得天下好，莫如召寇老。」劉太后也不滿丁謂擅權，於是在六月罷免了丁謂，拔掉了「眼中丁」。不過，為人強勢的劉太后，終究沒有召回同樣為人強勢的「寇

老」。西元 1023 年，寇準病逝於貶所。

劉太后聽政，一方面，倚重宦官、放縱外戚，頗受詬病；另一方面，也做了不少值得稱道的事情，表現出不俗的政治才能。

劉太后辦的第一件大事，就是聽從宰相王曾和參政呂夷簡等人的建議，將「天書」隨同真宗一同下葬，並禁止興建宮觀，徹底結束了真宗後期舉國狂熱的迷信活動。

此外，她興修水利，發展農業；完善科舉，興辦學校；嚴懲貪官汙吏，范仲淹等一批廉吏應運而生。她還繼承了真宗天禧詔書的精神，於西元 1032 年為諫院設立獨立的辦公場所，為臺諫制度進一步發揮作用奠定了基礎。最有時代特色的舉措，是於西元 1023 年發行了人類歷史上第一種由官方發行的紙幣 —— 官交子，促進了經濟發展。

劉太后曾經想效法武則天稱帝。西元 1033 年 2 月，她打算穿著皇帝的袞冕謁見太廟，受到百僚抵制；最終，她穿戴改造後的皇太后袞冕拜謁了太廟。她也曾試探性地詢問臣僚：「唐代的武后是什麼樣的女主？」以耿直著稱的魯宗道回答：「是唐朝的罪人，幾乎危及江山社稷！」又有大臣為了迎合她，獻上〈武后臨朝圖〉。劉太后知道稱帝不會獲得士大夫支持，於是將圖扔在地上，立即表態：「我不做這種背叛祖宗的事！」

劉太后與遼國的蕭太后一樣，都是當時頗有才幹的女政治家。曾經反對劉太后干政的前宰相李迪，後來卻當面表示對她

第三編　士大夫的黃金時代

心悅誠服。劉太后不僅扭轉了真宗後期的頹勢，恢復了咸平時期的發展勢頭，更為後來的「仁宗盛治」奠定了基礎。

> 【知識連結】「狸貓換太子」
>
> 在民間故事中廣為流傳著「狸貓換太子」的故事：劉妃和李妃同時懷孕，誰生下兒子誰就可能被立為皇后。李妃生下的皇子，被劉妃派人換成了狸貓，真宗以為李妃生了個妖怪，便將她打入冷宮。劉妃則因生下皇子而被立為皇后。誰料沒幾年，皇子夭折。當年被掉包的李妃之子，輾轉被八賢王收養。此時真宗無後，便將此子收為義子，並立為太子。真宗死後，太子即位，是為仁宗。李妃輾轉逃離宮中，在欽差大臣包拯的協助下與仁宗相認。劉妃陰謀敗露，驚懼而亡，包拯則被仁宗封為宰相。「狸貓換太子」只是民間故事。實際上，仁宗的生母李氏沒有被打入冷宮，而是在劉太后聽政時期病逝，並被晉封為宸妃。劉太后去世後，仁宗才知道自己是李宸妃所生。至於包拯，當時正辭官在家，自然不是「欽差大臣」，更沒當過宰相。

諫諍廢后與臺諫崛起

西元 1033 年 3 月，劉太后去世，備受壓抑的宋仁宗終於親政。仁宗的皇后郭氏，是劉太后為他選立的。出於對太后的不

滿，仁宗對郭皇后並無好感。太后剛剛去世，仁宗便起了廢后的念頭。宰相呂夷簡因與郭皇后有隙，也支持仁宗廢后。

不料臺諫卻堅決反對。御史臺與諫院合稱臺諫，是中國古代監察系統中最重要的組成部分，但是五代以來並不受重視。天禧元年（西元1017年）二月，真宗下詔，要求設立專門的御史和諫官，擔負起監察官員與諫諍君主的責任。宋代獨具特色的臺諫制度正式走上了新軌。

宋代臺諫的特權之一。臺諫官員可以根據傳聞向皇帝進諫或彈劾官員，而不必驗證傳聞的真偽。皇帝和各級官員也不能詰問傳聞的出處；即便詰問，臺諫官員也有權拒絕回答。自晉朝開始，御史就擁有風聞言事的權力，宋代沿襲了這個做法。風聞言事原則有助於提高臺諫的權威與獨立性，但也造成臺諫權力過大，一旦臺諫被宰相或皇帝左右，後果也不堪設想。

言歸正傳，自真宗頒布天禧詔書後，臺諫系統逐漸步入正軌。「臺」指御史臺，以御史中丞、侍御史知雜事為長貳，下設御史等臺官，本職工作是監察官員的違法行為。「諫」指諫院，由司諫、納言、知諫院等諫官組成，本職工作是向皇帝進諫，糾正君主的錯誤。

本來臺、諫兩個機構的職責涇渭分明，然而臺官彈劾官員，免不了規勸君主；諫官勸諫皇帝，也免不了彈劾官員。這樣，臺諫的職權漸漸合一，他們既監察百官，也勸諫皇帝，宋人索性統一稱他們為「言官」。

第三編　士大夫的黃金時代

臺諫認為，廢后是國家大事，不能仁宗一人說了算；而且郭皇后無罪，也不當被廢。因此臺諫反對廢后。仁宗只好退而求其次，準備讓郭皇后自己申請去做道姑。消息傳出，臺諫大譁。

言官們紛紛遞交奏章抗議，可是呂夷簡早已命令有關部門拒收臺諫奏章。臺諫大為不滿。以權御史中丞孔道輔和右司諫范仲淹為首的十餘名言官跑到用於上早朝的垂拱殿，拜伏在閣門（垂拱殿的殿門）前抗議，並且要求面見仁宗，當面講道理。守殿門的官員不為他們通報，孔道輔急得趴在殿門上扣動門環大呼：「皇后被廢！陛下為什麼不聽臺諫的進言！」仁宗被迫讓臺諫去找宰相理論。孔道輔和范仲淹等人又氣勢洶洶地殺到中書，老奸巨猾的宰相呂夷簡卻說：「各位自己去跟主上說吧。」

皮球在皇帝和宰相之間踢來踢去，言官們只好先回家，準備第二天上朝時公開辯論。不料呂夷簡先下手為強，他對仁宗說：「臺諫伏在閣門請對，終究不是太平時期的美事，應該將孔道輔等人定罪。」次日，孔道輔和范仲淹還沒來得及上朝，就被貶出了京城。

仁宗驅逐孔、范二人，激起了正直官員的強烈對抗。有的言官提出抗議，有的則乾脆要求把自己和孔、范二人一同貶黜。剛剛步入仕途的富弼，此時正在家居父喪，聽聞消息後也上疏抗議，甚至還明確指出：「臣不是為一個范仲淹惋惜，臣是為陛下犯下的錯惋惜！」

諫諍廢后事件是宋代臺諫與宰相、皇帝第一次集體性、大

規模的正面交鋒。儘管最後仁宗固執己見,驅逐言官,將郭皇后降為淨妃,但正如著名宋史學者王曾瑜先生所說:「諫諍廢后事件就宋代政治史而言,算不得什麼大事,而就古代監察制度史而論,卻是大事,表明了臺諫權發展到一個新的高度,敢公開和皇權、相權作某種程度的對抗。」這是士大夫出於責任感和主體意識,第一次聯合起來對抗皇帝與宰相的強權。

慶曆新政

從「養兵」到「冗兵」

宋、夏戰爭暴露出宋朝在軍事方面存在嚴重缺陷。除了軍事指揮體制和指揮水準外,軍隊自身戰鬥力也有問題,而這又與宋朝的兵制有關。

宋朝以前,為朝廷服兵役是老百姓的義務。老百姓平時種田交稅,戰時參軍入伍。戰爭期間,朝廷為參戰人員提供犒賞和補給;戰爭結束,普通士兵解甲歸田,繼續務農,朝廷不承擔任何費用。

宋朝卻不同,實行募兵制。士兵是直接招募而來,以打仗訓練為生的職業軍人。因此,無論戰爭還是和平年代,朝廷都要為士兵支付「薪資」。與前代相比,宋朝多了一項巨大的財政開支——養兵。

按說花重金打造的職業軍隊,戰鬥力應該更強才對,可是

宋軍戰鬥力為何不強呢？原因很多，其中之一是 —— 養兵不僅為了打仗。

早在宋初，太祖就發現一個祕密：如果遇到災荒，農民吃不上飯，就可以招募他們來當兵，由朝廷供養，如此可以防止他們造反。太祖曾驕傲地說：「養兵可為百代之利！」可是這樣一來，那些不符合招兵標準的人也進了軍隊，當然會影響軍隊戰鬥力。

在「養兵」的指導思想下，宋軍規模越來越大。太祖晚年，宋軍總共才不到 38 萬人，其中禁軍 19 萬餘，廂軍 18 萬餘。而到太宗晚年，軍隊兵額已經激增到 66 萬餘；真宗晚年，再漲到 91 萬。仁宗對夏用兵的慶曆年間（西元 1041～1048 年），軍隊總數突破百萬，達到近 126 萬；皇祐年間（西元 1049～1054 年），更達到 141 萬的巔峰，占全國人口的 6.32%。

這 141 萬人的吃穿住行，都靠朝廷的財政支持；偏偏這 141 萬的軍隊，禁軍打仗打不贏，廂軍只負責雜役。久而久之，在宋人眼裡，這支龐大的軍隊儼然成了累贅。「養兵」養出的「冗兵」，嚴重困擾著宋朝的君臣。

慶曆危機

除了冗兵，宋人還經常提到冗官和冗費。

冗官，是指朝廷有大量多餘的官。在宋真宗澶淵之盟前後，宋朝有官員 1 萬人；到了仁宗中期，已達 2 萬人。40 餘年

間,翻了一倍。

造成冗官問題的原因之一,是北宋的官制。北宋前期實行官職差遣制度,機構臃腫,疊床架屋。比如管禮樂的,就有禮部、太常寺、禮儀院和太常禮院;管司法的,又有刑部、大理寺和審刑院。另外,皇帝生日、祭天大典甚至官員退休、死亡,官員都可以為子孫乃至門客求得一官半職,這些稱為「蔭補」,由此也產生了大量冗官。

養兵要花錢,養官同樣要花錢,這些花費對朝廷的財政形成了巨大壓力,進而又出現了冗費問題。宋朝僅養兵一項就能花掉財政收入的80%,養官又花掉20%,再加上土木工程、皇室揮霍等,冗費造成的入不敷出可見一斑。

冗兵、冗官、冗費合稱「三冗」。針對三冗問題,有識之士一直在提醒皇帝和朝廷注意。早在西元997年,知制誥王禹偁就向真宗上書,主張「減冗兵,併冗吏」;仁宗親政的西元1033年,右司諫范仲淹也明確提出「銷冗兵,削冗吏,禁遊惰,省工作(指各種土木工程)」的要求。結果三冗問題還沒解決,宋、夏戰爭就爆發了,捉襟見肘的財政更是雪上加霜,偏偏士兵和飢民也來湊熱鬧。西元1043年五月,京東路(今山東、江蘇一帶)發生王倫兵變,王倫一度自立稱帝。到了七月,好不容易擊敗了王倫,京西、陝西又爆發了張海等人領導的民變。八月,荊湖南路(今湖南一帶)的瑤民也展開變亂。

遍地的變亂,反映出社會矛盾日益尖銳,同時也表現出宋

朝吏治的腐敗。變軍所過州縣，官吏不是投降就是逃跑。比如王倫打到高郵軍（今江蘇省高郵市），知軍晁仲約貼出告示，要求官民拿出金帛牛酒犒勞叛軍；張海進入鄧州順陽縣（今河南省南陽市淅川縣南），縣令甚至敲鑼打鼓迎接義軍，大擺宴席款待。

財政吃緊，變亂四起，吏治腐敗，慶曆年間的北宋危機重重，改革迫在眉睫，已經拖不起了。

慶曆新政

面對內憂外患，宋仁宗開始頻繁進行人事任免，將大量支持改革的官員引入朝廷中樞，其中包括樞密使杜衍，參政賈昌朝、范仲淹，樞密副使韓琦、富弼，諫官歐陽脩、余靖、蔡襄等。

西元1043年9月，仁宗詢問治國方略，范仲淹提交了自己的改革綱領——〈答手詔條陳十事〉，並明確提出10項改革建議：明黜陟、抑僥倖、精貢舉、擇官長、均公田、厚農桑、修武備、減徭役、覃恩信和重命令。十月，在仁宗支持下，慶曆新政拉開序幕，這10項建議中的9項都成為了新政的正式措施。

第一項新政內容是落實「十事」中的「擇官長」。仁宗綜合范仲淹、賈昌朝、歐陽脩等人的建議，命各路轉運使兼按察使，考察本路州府長官是否稱職，並根據政績奏請升遷、留任或罷免；同時，知州（府）也對縣官進行考察。

接著,新政又發表了「明黜陟」的具體辦法。自真宗後期始,官員只要在三、五年的任期內沒犯大錯,就可以循序升遷。由此導致官員普遍因循守舊,碌碌無為者照例升官,有所作為的反被視為異類。新政推出了更加嚴格的政績考察辦法,在延長一般官員升遷年限的同時,又規定政績突出者可以破格升遷。

十一月中旬,朝廷又推出新的蔭補規定,對蔭補做了諸多限制,如皇帝生日不再蔭補,官員子姪的蔭補資格受到年齡限制,蔭補官員還要通過考試。這是「十事」中所說的「抑僥倖」。

此外,「十事」中規劃的其他新政也陸續頒布實施。「精貢舉」涉及科舉學校制度,對後世影響較大,我們在後文單獨說明。

「均公田」是要解決官員職田分配不公的問題。職田是朝廷頒授給官員,它的收成用來作為官員的補貼。公平分配職田,對養廉有正面意義。

「覃恩信」和「重命令」是要解決朝廷政令在中央朝令夕改、在地方推行不力的問題。

「厚農桑」與「減徭役」針對的是民生問題。前者要求各路轉運使督導州縣興修水利,促進農業生產;後者則合併了一些人口較少的縣,進而減少縣屬官吏人數,以及縣裡的雜役,進而減輕人民的負擔。

「十事」中,只有「修武備」沒有被仁宗採納。所謂「修武備」,就是在首都附近招募5萬民兵,每年春夏秋三季耕種,

冬季訓練。朝廷不用花巨資養兵，戰爭爆發時又能保證有兵可用。這條建議影響到後來的神宗和王安石。

總之，慶曆新政的核心是改革吏治，直接關係到官員的核心利益，必然阻力重重。范仲淹頗為憂慮，他曾對富弼感慨：「我和富公在這裡，同僚之中能有幾個跟我們是一心的呢？就算是主上，也不知道最終會支持哪一邊。」雖然如此，但范仲淹等人仍然義無反顧的執行下去。

精貢舉與慶曆興學

慶曆新政中還有一項重要的措施，叫「精貢舉」，它與「慶曆興學」活動一起，對宋朝及其後朝的歷史，產生了深遠影響。

五代時期，兵荒馬亂，各地學校教育凋零，至宋初尚未恢復。西元1027年，知應天府（今河南省商丘市）晏殊請范仲淹來應天府書院教書。自此，地方官員興辦學校逐漸成為風尚。最典型的當然還是范仲淹本人。他的官做到哪裡，辦學就到哪裡，蘇州、饒州、潤州、湖州，到處都有他興辦的學校。

宋朝文官多是透過科舉考試步入仕途的，總體上文化素養較高。這些士大夫出身的官員篤信儒學，相信教化民眾是自己的使命，培養人才是治國的前提，而教化和育才都離不開學校。因而，不少士大夫官員熱衷於在地方興學。

在士大夫的集體推動下，西元1044年3月，朝廷正式宣布，各州、縣都要設立學校。一時之間，州縣學校如雨後春

筒。朝廷也在國子監的基礎上興建了國家最高學府太學,聘請孫復、石介等鴻儒執教,招生人數從70人增至400人。史稱「慶曆興學」。

在大力扶持學校教育的同時,范仲淹還將學校與科舉制連繫在一起。他認為,當時的科舉考試,進士考詞賦,諸科考墨義;前者考的是吟詩作賦的文學功底,後者考的是死記硬背的經學知識。考生們為了應考,自然也不去研究治國和做人的道理。這樣的科舉考試所錄取的考生,有真才實學的人十個裡面也挑不出一、兩個來。

因此,結合慶曆興學,慶曆新政對科舉考試也做了改革。首先,在各地的學校聘請老師,教授學以致用的學問。其次,規定考生必須在學校學習300日,有人擔保其品德沒有大問題,才能參加州縣考試。再次,考試的內容也要改變,進士考試以發揮才識的策論為主,詩賦為輔;諸科考試則廢除了死記硬背的貼經墨義,改而考察對經術大義的理解。

總之,科舉改革的目的是選拔實用人才,實現這個目標的途徑是學校教育。慶曆新政對科舉和學校的改革,後來被宋神宗和王安石所繼承,並進而影響到明、清的科舉制度。

慶曆興學也與宋代的學術發展息息相關。宋朝以前,學者們對儒家經典的研究,多是考證具體章句的句義、字義,稱為「章句之學」。仁宗時期,這種學術風氣發生了重要改變。以孫復、石介、胡瑗為代表的新學者,在講授儒學時注重闡釋道理,自

己也積極參加改革活動。同時，自唐代以來，佛教、道教興起，儒家也對兩大宗教的學說有所吸收。這樣，就形成了以闡釋義理、救時行道、吸納佛道為特點的「宋學」。孫復、石介、胡瑗皆出范仲淹門下，積極參加了「慶曆興學」，同時也是宋學的先驅，史稱「宋初三先生」。

君子有黨與新政失敗

誠如范仲淹所料，改革必有阻力。但讓范仲淹想不到的是，慶曆新政的失敗，有一部分問題出在改革者自己身上。

新政實施不久，知諫院歐陽脩便上書，稱御史臺官員不稱職。這番上書殺傷力很大，被殺傷的卻是改革派。現任御史中丞王拱辰，原本不反對改革；前任御史中丞、現在的參政賈昌朝，也是改革的支持者。可是歐陽脩一下就把這兩個重量級人物，推到了改革派的對立面。

惡果隨即而來。御史臺報復性地彈劾滕宗諒貪汙。而滕宗諒向為范仲淹器重，且其行為並不構成貪汙罪，因此范仲淹不惜以辭職來維護滕宗諒；可是王拱辰也以辭職相要挾，要求按貪汙罪嚴懲滕宗諒。最終，仁宗倒向王拱辰，對滕宗諒等人貶官。

到了四月，改革派自己又吵了起來，起因是水洛城（今甘肅省平涼市莊浪縣）之爭。這裡是用於防禦西夏的邊境要塞，最初在范仲淹的連襟、陝西四路馬步軍都部署鄭戩的支持下，由邊將劉滬主持修築；修到一半，鄭戩離任，新任主管官員尹洙是

原屬韓琦的主攻派，反對修城。雙方意見不和，竟鬧到尹洙發兵拘捕劉滬的地步，最後還是靠仁宗「和稀泥」的看家本領解決了爭端。

水洛城之爭中，范仲淹、歐陽脩等站在劉滬一邊，與對方爭得臉紅耳赤。仁宗意味深長地問道：「從來都是小人結黨，君子也結黨嗎？」范仲淹卻回答：「朝廷上邪正各有其黨。一心向善的人結為朋黨，對國家有什麼害處呢？」不久，歐陽脩進獻〈朋黨論〉，主張皇帝應該罷退小人結成的「偽朋」，任用君子結成的「真朋」，這樣天下就能大治。

歐陽脩的雄文義正言辭，換來的卻是改革派的空前孤立。大臣結黨，威脅皇權，向來為皇帝所防範；何況，改革派是「君子黨」，那其他官員是否就是「小人黨」呢？一篇〈朋黨論〉，把皇帝、官員都推到了改革派的對立面。

這讓反對改革的夏竦找到了機會，他偽造信件，聲稱改革派要廢黜仁宗。消息傳出，引起改革派的不安。這一年六月，范仲淹以參政身分，宣撫陝西、河東；八月，富弼以樞密副使宣撫河北；九月，富弼的岳父晏殊罷相。儘管支持新政的杜衍升任宰相，但更多的反對派湧入中樞機構。

十月，宋、夏議和，仁宗的燃眉之急已解。到了西元1045年正月，宰相杜衍、參政范仲淹、樞密副使富弼皆被罷官；二月，開始陸續廢除新政舉措；三月，韓琦罷樞密副使；歐陽脩等人也遭到貶黜。最終，除了對官員有利的「均公田」外，其他

改革措施皆被廢除。短暫的「慶曆新政」遂告失敗。

西元 1046 年,范仲淹寫下千古名篇〈岳陽樓記〉,文章開頭提到被貶官的「滕子京」正是滕宗諒。〈岳陽樓記〉表達了范仲淹追求「不以物喜,不以己悲」的「古仁人之心」高尚志向,抒發了「先天下之憂而憂,後天下之樂而樂」的愛國愛民情懷。慶曆新政雖然失敗了,但范仲淹的浩然正氣開宋朝一代士風,後來宋、元之際人們談論宋朝的人物,皆稱「以范仲淹為第一」。

共治天下

詔書的關卡

從太后聽政的壓抑,到宋、夏戰爭的慘烈;從危機的此起彼伏,到新政的忽興忽廢;從廢后之爭,到朋黨之論,宋仁宗時代,似乎總是讓人緊揪著心。至於仁宗本人,在劉太后面前,他噤若寒蟬;在宋、夏戰爭中,他優柔寡斷;在慶曆新政中,他心志不堅。看起來這位皇帝也不行。

然而,在宋人眼中,仁宗時代是一個足可與唐代貞觀之治、開元盛世並稱的「盛治」時代,這又是為什麼呢?要真正了解宋人眼中仁宗時代的「輝煌」,就必須了解士大夫政治。我們不妨從皇帝的詔書說起。

在電視劇中,一道詔書的發布,往往是皇帝金口一開,百官跪受聖旨。似乎皇帝的話都具有法律效力,百官更不敢抗旨

不尊。而實際上,發布詔書有一套嚴密規範的流程。就宋朝而言,詔書有內制和外制之分。我們以任免官員的外制詔書為例:

首先,皇帝要與宰相經過面對面的溝通,或者書面溝通,對人事任免做出決策。接著,宰相會將決策的核心內容記錄下來,稱為「詞頭」。然後,詞頭會被送至舍人院,由值班的知制誥根據詞頭內容,撰寫詔書的草稿。宰相再對草稿進行刪改,之後將定稿交付官告院製作官告,作為官員的委任憑證;同時,由宰相簽署一份叫做「敕牒」或「宣」的命令,表示這份任命詔書是由中書門下簽發的,具有法律效力。接著,官告和敕牒經由通進銀臺司,交到被任免的官員手中。相關的文件,也會在當天抄錄副本,送到臺諫進行審議。

可以說,發布一道任免官員的外制詔書,要經過很多部門、很多官員,每一個部門、每一位官員,就是由士大夫階層掌握的關卡。皇帝的命令,隨時可能被這些士大夫卡住,而無法發布執行。

抵制內降

由此可見,無論是做出決策,還是撰寫詞頭、簽署敕牒,如果沒有宰相參與,皇帝的詔書就可能無法發布和執行。

仁宗就經常遇到這種尷尬。仁宗貴為皇帝,身邊的妃嬪、外戚、內侍、宮女,或出於本意,或受人之託,總是想方設法找他走後門。仁宗心軟,經不住屢次請求。可是這些走後門的,

第三編　士大夫的黃金時代

要麼是不夠升官資格而求加官進爵，要麼是觸犯法律而求輕刑減罪，這樣的請求，官僚士大夫往往不同意。

遇到這些情況，皇帝能怎麼辦呢？仁宗只好批條子，繞過宰相，直接送到有關部門去。有一次，皇宮的內東門檢查誥命夫人所乘的車輛，搜到了向宮中行賄的贓物，於是就將案子送到開封府審理。可是還沒等到開封知府魏瓘把案件審理清楚，仁宗便遞了條子，要求開封府放人。

這種皇帝私下遞送的條子，宋人稱之為「內降」。仁宗頻繁發布內降，有關部門不堪其擾，三司使張方平、權知開封府歐陽脩都曾提出過抗議。仁宗還時不時把未與宰相商議的命令，直接送到二府，要求宰相執行。慶曆新政期間，仁宗就曾多次下達內降至樞密院。不過，樞密使杜衍不僅一概不執行，而且還把累積的十多封內降，一股腦全退給了仁宗，以示抗議。

當然，並非所有人都能頂住壓力，抵制皇帝的內降。那位魏瓘就很聽話，把犯罪嫌疑人無罪釋放了，可是換來的卻是因諫官彈劾而貶官。原來，早在西元1033年，仁宗就曾立法，要求有關部門接到內降，不要立即執行，而要向皇帝再次請示。顯然，仁宗也知道自己耳根子軟，他不認為自己能夠不再發布內降，所以只能透過「內降覆奏法」，讓官僚士大夫加強監督。魏瓘被彈劾，正是因為他在接到內降後沒有覆奏，便立即執行了。

無論是官員抵制內降，還是仁宗頒行內降覆奏法，都展現了士大夫政治下，官僚士大夫對君權的一種制衡，也表現出皇

帝與士大夫的政治合作。這種制衡與合作,正是仁宗時期士大夫政治走向成熟的表現。

在宋代,皇帝還經常發布「手詔」。理論上,這是一種由皇帝親筆書寫,或由皇帝的祕書(內尚書省女官)書寫的詔令,實際上只要有皇帝的簽押記號或加蓋「御書之寶」的詔令文書皆可稱「手詔」。手詔與內降不同,它是按照正常的詔令頒發流程,頒布的合法文書,只不過由於名義上是皇帝親筆書寫,因此規格更高,更受朝野重視。

封還詞頭

在詔書起草過程中,皇帝和宰相占有主導地位。但宋仁宗怎麼也沒想到,自己有一天要發布詔書,還沒寫出來,就被屬於外制官的知制誥「攔胡」了。

事情是這樣的。劉太后有個姪子叫劉從德,他的妻子王氏姿色冠世。劉從德去世後,王氏受封遂國夫人,出入內庭,有人說她得到仁宗的寵幸。後來王氏獲罪,丟掉封號,一度失去覲見資格。可是數年後,不僅她又得以出入禁中,而且仁宗還要再度封她為遂國夫人。知諫院張安道數次諫評無效。西元1041年,宰相寫好了進封王氏的詞頭,已經交給了知制誥富弼。孰料,富弼不僅拒絕草詔,還將詞頭退給了宰相。

富弼不僅攪黃了王氏的進封,更創造了外制官封還詞頭的先例。多年後,宦官楊懷敏因牽涉宮裡衛士叛亂被外放到地方,

仁宗想把他召回來，可是詞頭卻被知制誥胡宿封還。仁宗不悅，問宰相文彥博：「前代有這樣的先例嗎？」文彥博答道：「唐代就有。近年來，富弼也曾經封還詞頭。」既然有先例，仁宗便拿胡宿沒辦法，只好換個人來草詔。不過，仁宗最後還是迫於臺諫的壓力，收回了成命。

胡宿封還詞頭，獲得了宰相和臺諫的支持，也獲得了仁宗的默許。這代表了外制官封還詞頭的權力，正式獲得朝廷認可。由於外制官封還詞頭是在詔令的起草過程中，因而對朝廷決策的監督作用更為及時有效。不過，皇帝也有權拒絕封還，被封還的詞頭仍然可以交給其他知制誥草擬詔書，這又使得這種監督的作用相對有限。

值得一提的是，通進司和銀臺司是宋代負責文書上傳下達的機構。西元 993 年，宋太宗將兩司搬至同一個地點辦公，並由同一位長官負責。當皇帝的詔令透過通進銀臺司下達時，如果通進銀臺司的臣僚認為詔令內容不妥，就可以封還詔書，請求修改，這個權力被稱為「封駁權」。通進銀臺司的長官一般稱知通進銀臺司事，或知通進銀臺司兼門下封駁事。太宗朝的張詠、王禹偁，真宗朝的楊億、王曾都曾數次封還詔書。然而，從仁宗開始，部分詔令已經不經由通進銀臺司下達，通進銀臺司的封駁權自然也就大打折扣。

臺諫論列

　　臺諫的威力，早在宋仁宗親政之初就領教過。他們不僅能夠監察百官，勸諫皇帝，甚至還可以逼著皇帝和朝廷修改成命。

　　仁宗上一次被臺諫教訓是因為皇后，而這一次則是因為貴妃。步入中年後，仁宗非常寵愛張貴妃。愛屋及烏，張貴妃的堂伯父張堯佐一再被破格升用。西元 1050 年閏 11 月，張堯佐被任命為宣徽南院使、淮康軍節度使、景靈宮使和同群牧制置使。

　　按照仁宗時的機制，朝廷的公文會在當日送到臺諫，以便臺諫官員及時了解朝廷動態。如果臺諫對朝廷的決策有異議，就可以發起論列，甚至要求朝廷更改成命。

　　張堯佐身兼四使，雖然並無實權，但地位過於崇高，待遇極為優厚，這引起了臺諫的不滿。御史中丞王舉正率先發難，知諫院包拯也接連上奏，彈章接踵而至。仁宗不悅，對臺諫們的奏章一概不予回覆。

　　這種冷處理，終於犯了「眾怒」。這天退朝，王舉正請百官留下，然後率領包拯、唐介等 7 名言官一同上殿。仁宗氣急敗壞地喝道：「你們是不是又要為張堯佐的事情爭辯？告訴你們，節度使就是個粗官！何必來爭這個！」這時，站在後排的唐介擠到前面說：「節度使恐怕不算粗官。當年太祖、太宗都當過。」仁宗氣得臉色都變了。迫於臺諫壓力，仁宗最後不得不收回成命，免去張堯佐的宣徽南院使和景靈宮使。

第三編　士大夫的黃金時代

　　然而，仁宗終究禁不住張貴妃的枕邊風，隔年八月，他又下詔，再度任命張堯佐為宣徽南院使，並出任判河南府（今河南省洛陽市）。知諫院包拯聞訊，面見仁宗，言辭激憤，唾沫星子都噴到仁宗臉上了。仁宗退朝回宮，張貴妃來迎，仁宗不耐煩地說：「今天包拯上殿，吐沫噴我一臉。妳只管要宣徽使、宣徽使，妳難道不知道包拯是諫官嗎！」

　　不過，鑒於張堯佐這次是掛著榮譽頭銜（宣徽使）外放地方（判河南府），臺諫總算讓了一步，沒有強力阻撓，但也有條件——仁宗發布詔書承諾：再也不幫張堯佐加官了。

　　事情本來到此為止，但御史唐介卻依然揪著不放。按照宋代規定，臺諫官員都是獨立言事的，唐介要發表意見，即便是御史中丞也無權干涉。唐介從八月一直鬧到十月，後來更將矛頭指向宰相文彥博。因為任命張堯佐的詔令畢竟是經過宰相與皇帝商議，從中書發布出來的。最終的結局是，唐介被貶到嶺南，而宰相文彥博因涉嫌巴結張貴妃，也被罷相。

　　臺諫論列，至此已經與君權、相權鼎足三分，浩然正氣的士大夫們都將臺諫視作阻止皇帝、宰相亂命的重要陣地。難怪《宋史》會說：「宋之立國，元氣在臺諫！」

仁宗之「仁」

　　在重溫了解仁宗時代前，我們先來重新了解宋仁的「仁」。

　　據說有一年春天，仁宗在後花園散步時，頻頻回頭，好像

在找什麼。回宮後,仁宗連忙讓宮女為自己取水來喝,說道:「走這一路,真是渴死了!」嬪御奇怪地問:「官家怎麼不在外面取水,自己渴成這樣?」仁宗答:「我好幾次回頭,都沒見到隨侍奉水的人。我要是取水,管事的人還不得怪罪底下的人?所以就忍著口渴回來了。」在宋人的筆記裡,類似的故事非常多。

如果說,這些還都只是「小仁」,那麼仁宗最大的「仁」,莫過於始終保持著一顆寬容大度之心。據說有一個舉子曾獻詩給成都知府:「把斷劍門燒棧道,西川別是一乾坤。」意思是如果控制進入西川的咽喉要道劍門,那麼西川就別是一番天下了。這首詩完全可以被當作有反叛意味的詩,知府當即抓了舉子,上報給朝廷。可宋仁宗卻輕描淡寫地說:「這就是老秀才急著要當官才寫的,那就給他一個遠小州郡的司戶參軍做做吧。」

仁宗遇事能為他人著想,對待言論寬容大度,這些品德都直接或間接地對宋朝的政治制度與傳統,產生了既微妙又深遠的影響。

祖宗之法

—— 宋代寬容開明與動盪保守的共同源頭

西元 1043 年,在宋仁宗的支持下,范仲淹、富弼等人發起了一場著名的改革運動,這就是慶曆新政。但奇怪的是,在這

第三編　士大夫的黃金時代

場改革中，作為改革派的范仲淹等人居然宣稱，改革的目的是振興祖宗之法。改革，一般都是除舊布新，范仲淹他們卻要恢復舊有的價值。

究竟什麼是「祖宗之法」？為什麼改革派代表了祖宗之法呢？

祖宗之法的祖宗，最初特指宋太祖和宋太宗，後來泛指一切過世的宋代皇帝。祖宗之法，就是宋代歷任皇帝實行過的制度慣例、治國精神。宋代的統治階層又把祖宗之法稱作祖宗家法、祖宗典制、祖宗成憲等等，這是他們最愛提及的一組概念。很多人熟知的那些宋朝大事，比如杯酒釋兵權、慶曆新政、王安石變法、南宋抗金，乃至於宋朝的滅亡，無處沒有祖宗之法的影子。可以說，宋代歷史上的很多問題，矛盾中心就在祖宗之法上。

▎祖宗之法的形成

宋代的祖宗之法，並不是皇帝和朝廷下一道命令宣布確立的；而是在日常政治實踐中逐漸形成的。在這個過程中，有兩種人發揮了重要的作用。一種是皇帝，另一種是作為臣僚的士大夫。

先來看皇帝是如何奠定祖宗之法的。

作為宋朝最初的兩位皇帝——宋太祖和宋太宗，對祖宗之法的奠定功不可沒。

祖宗之法

宋太祖奠定祖宗之法，與北宋的立國背景息息相關。唐朝滅亡後，歷史進入五代十國時期。在短短的 54 年間，中原地區先後出現 5 個王朝、14 位皇帝。每個王朝平均只維持不到 11 年，每位皇帝平均在位不及 3 年。那時，直屬於中央的精銳部隊稱為禁軍。禁軍將領手握重兵，頻繁進行兵變，顛覆朝廷。

西元 960 年，後周的禁軍統帥趙匡胤發起陳橋兵變，建立宋朝。對當時的人來說，人們並沒有理由相信，這個由禁軍將領發起兵變而建立的王朝，能夠存活 320 年之久。

為了避免宋朝淪為五代之後第六個短命小王朝，宋太祖趙匡胤進行了一系列制度變革，核心環節就是改革統兵體制。

在宋朝剛建立的最初兩年內，太祖先後分三次，解除了 8 位禁軍高級將領的兵權。最後一次，就是著名的「杯酒釋兵權」。太祖以金銀、田宅、官爵和婚姻為代價，用和平的方式，將這些宿將的兵權收回自己手中。然後，用威望和官階遠不如他們的人來接管禁軍。太祖還將原有的禁軍統兵機構拆成三個，又把調兵權交給了另一個機構樞密院，凡此種種，都是為了分散統兵將領的權力，防止他們發生兵變。

除了中央的禁軍統帥，割據地方的節度使也是太祖防範的對象。為了防止他們造反，太祖逐漸收回了節度使的司法權、行政權、財政權和兵權。這些防範舉措，都成為宋代日後的祖宗之法。

到了西元 976 年，宋太祖去世，他的弟弟宋太宗即位，更

第三編　士大夫的黃金時代

將祖宗之法推到了一個新的高度。

太宗極力加強政治防範，涵蓋了一定的個人原因。宋太宗即位過程頗受爭議，甚至自北宋當朝開始，就流傳著太宗殺兄奪權的說法。因此，他對臣僚的猜忌心極重，防範意識遠超過太祖。為了充分說明自己是太祖的合法繼承人，太宗在頒布的即位詔書中，明確提出遵循太祖的治國方略，還歸納成八個字，就是「事為之防，曲為之制」，意思是所有的事情都要做好防範，所有的細節都要有所約束。如果用一個詞來描述這套祖宗之法的終極目的，那就是防微杜漸。

這裡以宋初二府制度的變遷為例，可見一斑。宋朝建立後，在中央實行二府制。所謂二府，指的是中書門下和樞密院。在宋初，中書門下是宰輔機構，部門首長就是宰相，對軍政、民政無所不統。樞密院的長官是樞密使或知樞密院事，主要負責一般性軍政事務，比如發布調動軍隊的命令，選拔任免武官等。

可是到了宋太宗時期，樞密院的職責被重新定位為「參謀議，備事變」，意思是參與機要，防備奪權篡位。太宗要利用樞密院來防範一切對皇位的威脅。

太宗繼位之初，他的弟弟趙廷美具備皇位繼承資格；宰相盧多遜不僅權傾一時，而且與趙廷美的關係極為密切。這引起了太宗的警覺。為了消除心頭大患，太宗指使親信柴禹錫誣告趙廷美陰謀篡位，最終把趙廷美與盧多遜雙雙貶斥，兩人最後都鬱鬱而終。

柴禹錫有此功勞。被任命為樞密院的二把手，後來幾經遷轉，又出任知樞密院事。在他的主導下，樞密院暗中派出了許多密探，監視臣僚乃至老百姓的一舉一動。樞密院成為皇帝防範臣下的特務工具，這是以前沒有的功能。

除了直接偵察，太宗還利用樞密院制衡宰輔機構的權力。宋太祖曾任命自己的心腹趙普擔任宰相，從國家的各項改革，到對外用兵，太祖都要跟趙普商量，趙普一度權傾朝野。太宗初年的宰相盧多遜，權勢和趙普也差不多。在貶黜盧多遜後，太宗實在不想再出現一個權相了，宰輔機構必須受到制衡。制衡的方法，就是利用樞密院分奪宰相的權力。

西元986年，宋太宗展開了對遼國的北伐，史稱雍熙北伐。這是宋代建立以來，規模最大的一場戰爭。整場戰爭的作戰計畫，都是太宗單獨與樞密院的官員制定的。宰相不但失去了軍事決策權，甚至對前線的戰況都了解不到，知情權相對被樞密院奪走了。

直到太宗晚年統治穩定，樞密院「備事變」的功能才逐漸淡化，但讓樞密院和宰輔機構彼此制衡的做法，卻透過制度固定下來。到了西元990年，太宗正式規定，宰輔機構只負責民政事務，樞密院專門掌管軍政事務，這種二府分工、對掌握軍國大政的格局，作為一種「祖宗之法」，延續到宋朝滅亡。

由此可見，無論出於鞏固政權，還是對臣僚的猜忌，宋太祖和宋太宗採取一系列的防範措施，奠定了「祖宗之法」的根基。

第三編　士大夫的黃金時代

　　再來看士大夫如何參與祖宗之法的形成。

　　在宋代，士大夫是指經由科舉制度進入國家官僚體系的官員。宋初，太祖提出「宰相須用讀書人」，太宗又大力推廣科舉制度，這讓士大夫的力量日益壯大。

　　宋朝的第三位皇帝是太宗之子宋真宗。真宗是宋朝開國以來第一位「太平天子」，他擔負著「守祖宗基業」的沉重責任，卻缺乏太祖、太宗掌握政治局勢的能力，因而不得不更加倚重士大夫。在這樣的背景下，士大夫對祖宗之法的進一步形成發揮了巨大作用，其中最重要的兩個人，分別是李沆和王旦。

　　李沆是真宗做太子時的老師，兩人關係十分密切。真宗即位後，李沆擔任宰相，真宗對他幾乎言聽計從。

　　李沆對祖宗之法的第一個貢獻，是確立了士大夫遵守祖制的思想。

　　李沆施政的最大特點是沉著穩重。他堅持「不用浮薄新進喜事之人」，也就是不用那些喜歡標新立異，總想破壞祖宗舊制、輕率地提出新建議的人。在李沆看來，宋朝的各項制度已經相當完備，妄加變動，必然要對社會產生損害。

　　這種完全遵照祖宗舊制的做法，在宋朝獲得了極高的評價，甚至李沆本人也被尊稱為「聖相」。這是因為在真宗朝，朝廷最大的任務，是將立國 40 年間出現的政務處置方式規範化、制度化，使其成為從容有序的運作模式。這對於祖宗之法的形

成極為重要。

李沆對祖宗之法的第二個貢獻，是樹立了士大夫牽制皇權的典範，而且這個典範本身也演變成了祖宗之法的一部分。

李沆特別注意對真宗個人行為的引導規範，「引燭焚詔」是其中最經典的例子。真宗曾想立自己寵愛的劉氏為貴妃，於是寫了一封親筆信交給李沆，讓他草擬任命詔書。李沆卻當著來人的面把信燒掉，並說道：「你回去就說，臣李沆不同意。」

李沆的這些做法，後來被宋朝的士大夫們頻繁仿效。比如宋英宗繼位之初，與曹太后關係不融洽。曹太后命使者帶給宰相韓琦一封信，信上寫的都是英宗在宮中的過失，隱隱有廢黜英宗的意思。韓琦讀罷，當著使者面，把書信燒了，並對使者說：「太后總是說皇帝心神不寧，這些舉動又有什麼奇怪的。」顯然，韓琦在模仿李沆的「引燭焚詔」，明顯參照了祖宗舊制。

李沆對祖宗之法的貢獻，更多的是在指導思想和行為模式方面。王旦則為士大夫牽制皇權，尋找到一條確實可行的途徑，這條途徑就是到祖制裡挖掘政治資源。

西元1005年，宋、遼訂立了澶淵之盟。此後，為了向兩國證明自己是唯一的真命天子，真宗自導自演了一系列降天書、祥瑞的鬧劇，還興師動眾，在泰山舉行了封禪大典。各種狂熱的迷信活動接踵而至，國家的民力和財力被迅速掏空，以至於《宋史》評價說：「一國君臣就像瘋了一樣！」

第三編　士大夫的黃金時代

　　這個時期，王旦擔任宰相。他不像李沆那樣，是皇帝的老師，因而始終不敢對真宗的行為強做干涉。不過，王旦仍然設法糾正真宗的亂政。他開始篩選祖宗典故，以此作為對抗真宗的有力武器。

　　當時，人們將朝中的 5 位奸臣合稱為「五鬼」。五鬼之首，就是勸真宗大搞天書神降的王欽若。真宗多次想讓王欽若當宰相，都被王旦阻止了。王欽若是南方人，因此王旦給出的理由是：「祖宗朝從來沒有讓南方人主持過國政。」

　　五鬼中還有一個宦官叫劉承規，深受真宗寵信。那時，節度使是名望極高的榮譽頭銜，真宗想授予劉承規。王旦卻義正言辭地說：「陛下所堅守的是祖宗典故。可是祖宗典故裡沒有任命宦官為節度使的舊例，所以這件事恕難從命。」

　　李沆和王旦的政治實踐，為祖宗之法增添了新的維度，從此以後，祖宗之法不僅反應皇帝的統治意願，也是士大夫約束皇帝、規範統治的合理方式。士大夫借重於祖宗的權威性，來影響甚至懾服皇帝；藉助於祖宗朝的成規定法，來規範統治行為、協調統治步調。這可以說是士大夫版的「事為之防，曲為之制」。

　　不過，李沆和王旦的行為，還都屬於個人行為。到了仁宗初年，士大夫才開始作為一個群體，集體自覺地運用起祖宗之法來。

　　西元 1022 年宋真宗駕崩。年僅 13 歲的仁宗即位。真宗遺命，讓自己的皇后劉氏為皇太后，暫時處理軍國大事。

垂簾聽政的劉太后既有政治才幹，也有政治野心。為了防止再出現一個武則天，士大夫們越來越多徵引祖宗舊制。當時的副宰相王曾甚至公開提出：「天下，是太祖、太宗和先帝的天下，不是陛下的天下！」實際是警告劉太后，不要越雷池半步。最後，劉太后不得不以「趙家老婦」的身分自居，擔負起保守宋朝祖宗基業的責任。

從真宗朝到劉太后垂簾聽政時期，無論皇帝、人后和士大夫出於何種動機，恪守祖宗成規、遵守祖宗舊制始終是朝廷公開宣布的信條。

1033年，劉太后去世，宋仁宗親政，士大夫首次明確提出「祖宗法」的概念。對此耳濡目染的宋仁宗非常認同，他積極回應道：「祖宗法，不可壞。」從此，祖宗之法的概念正式定型，遵行「祖宗之法」成為朝堂上不倒的大旗。

在皇帝和士大夫的共同作用下，祖宗之法正式形成。此後，它對宋代政治產生了深遠的影響，這其中既有正面的，也有負面的。

祖宗之法增強了士大夫的政治話語權

祖宗之法對士大夫政治話語權的提高，主要表現在兩個方面。

首先，士大夫更加自覺和廣泛地援引祖宗之法，來匡正皇

帝的錯誤言行。這一點在祖宗之法形成的過程中，就已經很普遍了。

其次，在祖宗之法的形成過程中，士大夫逐漸掌握了對祖宗之法的解釋權。透過塑造祖宗之法，士大夫能夠約束皇帝的思想和行為方式，進而影響政治走向。

前面講過，王旦曾挑選祖宗典故，約束真宗的行為。這種挑選工作後來被不斷系統化、規範化，最終成為編撰《寶訓》和《聖政》的活動。《寶訓》和《聖政》是一種總結宋代祖宗言行的帝王學教材。《寶訓》主要記載宋代列祖列宗遺留的寶貴訓示，類似於「語錄」；《聖政》是祖宗聖明舉措的紀錄。

這些《寶訓》和《聖政》，有的是士大夫自發編纂，有的則是官方進行編寫。無論私修官修，他們的目的都是塑造可供仿效的祖宗形象，讓政治平穩運作。因此，對於收入《寶訓》和《聖政》的內容，士大夫需要取捨潤飾。

比如仁宗親政後，學者石介編寫了一部《三朝聖政錄》，講太祖太宗真宗三代的政治情況。在正式進獻給朝廷前，石介將書交給了韓琦，讓他幫忙確認內容是否有問題。韓琦指出，書中有些故事不宜收錄。其中有一條提到，太祖曾經很寵溺一名宮女。一日早朝時，有臣僚就此事規勸太祖，太祖幡然醒悟，退朝後便趁著宮女熟睡之際將她殺死了。韓琦說：「這種事情怎麼能讓後世效法呢？」於是將書中的這一類故事全部刪除了。

在挑選故事、編成《寶訓》和《聖政》後，士大夫還要透過

經筵講讀制度,也就是定期為皇帝上課,將《寶訓》一類的內容講授給皇帝。這往往會對祖宗之法「再加工塑造」。

元祐年間,范祖禹擔任侍講,負責為年輕的宋哲宗上課。哲宗的父親就是那位主持變法的宋神宗。由於反對神宗的新法,范祖禹並不贊成凡事遵守神宗法度。但為了勸說哲宗勤奮讀書,范祖禹還是抬出了神宗做榜樣。他指出,神宗勤奮好學,堅守祖宗之法,每隔一天都要參加一次經筵。以此為基礎,范祖禹將神宗塑造成一位謹守祖宗成憲、可為後世子孫效法的楷模。

無論是韓琦還是范祖禹,他們的行為都說明,祖宗做過的事情,並不一定就是祖宗之法。只有那些符合士大夫政治需求的做法,才會被納入祖宗之法的範疇。皇帝平時要學習祖宗之法,思想在潛移默化中受到士大夫的影響,從政後還要被士大夫時時提醒,士大夫的話語權可想而知。

祖宗之法增強士大夫政治話語權的第二個表現,是它保障了士大夫人身安全。

歷史學者認為,宋代的朝政「是中國歷代王朝中最開明的」。這種開明與祖宗之法息息相關。據說宋人祖在開國之初,曾經刻了一塊誓碑,上面寫著不殺士大夫和上書言事者。這塊碑被稱為「太祖誓碑」。太祖誓碑是否真的存在,學者們向來有所爭論。但「不殺士大夫和上書言事者」的原則,卻被宋代士大夫普遍視為祖宗之法。

比如宋神宗曾因用兵失利,準備殺掉一名官員,遭到宰相

第三編　士大夫的黃金時代

蔡確的抵制。蔡確指出：「祖宗以來，沒有殺過士大夫。沒想到這種事要從陛下開始了。」神宗又打算將這名官員發配充軍，副宰相章惇反對說：「如此，還不如將他殺了。」神宗問為什麼。章惇答：「士可殺，不可辱！」神宗氣憤地說道：「痛快的事真是一件也做不得！」章惇繼續頂撞說：「像這樣的痛快事，做不得也好！」

可以說，「不殺士大夫和上書言事者」的祖宗之法，有力保障了士大夫的人身安全，是士大夫的安身立命之本。

因此，當有人想要破壞這項祖宗之法時，便會受到有識之士的抵制。南宋的孝宗就曾極力主張改變北宋以來開明的政治風氣，甚至打算誅戮罪臣。一時之間，輿論譁然，宰相史浩急忙援引太祖誓碑，用祖宗的權威，迫使孝宗收回成命。

除了皇帝，士大夫內部也有一些人主張改變寬厚的政風，但同樣會遭到反對。宋仁宗慶曆年間，一位怠忽職守的地方官受到處罰，樞密副使富弼想進一步誅殺他，卻遭到副宰相范仲淹的反對。范仲淹說：「祖宗以來，從沒有輕易誅殺過大臣。這是盛德之事，怎麼能輕易破壞！何況我與你在這裡主持新政，同僚之中能有幾人跟我們同心？就連皇帝的態度也未必堅定。我們輕易誘導皇帝誅戮大臣，明天我們自己可能也難以自保了。」

整體而言，士大夫們透過祖宗之法，政治話語權大幅度增加，這有利於他們更加積極地引導皇帝更好地治理國家。

不過，祖宗之法有正面的一端，也有負面的一端。

■ 祖宗之法的負面作用

首先一條,是祖宗之法讓北宋後期政治陷入動盪。

祖宗之法正式形成後,士大夫討論朝政,無不援引祖宗之法;皇帝也一再宣告堅守祖宗之法。然而,隨著時間的推移,宋朝一代又一代的皇帝最後都變成了祖宗。他們的做法都會加入祖宗之法的行列,這裡邊有些做法甚至相互衝突。一方面它祖宗的權威不可撼動;另一方面矛盾的做法如何選擇,又沒有明確的答案。祖宗之法的權威性和模糊性,最終釀成了北宋後期政局的動盪。

我們先以慶曆新政為例,看看祖宗之法的權威性和模糊性,帶給了北宋政治什麼困擾。

西元 1043 年,在宋仁宗的支持下,以杜衍、范仲淹、富弼、韓琦和歐陽脩為代表的一部分改革派士大夫,發起了改革運動,史稱慶曆新政。

在向仁宗提出的改革方案中,范仲淹明確指出,這場改革的目的是弘揚祖宗創立的制度、法律,復振祖宗之法。富弼還進一步建議,要編修太祖、太宗、真宗三朝的典故,以這些祖宗之法作為新政的施政參考。

范仲淹等人所說的振興祖宗之法,不都是虛話。這裡以慶曆新政中,限制恩蔭的改革為例。宋朝繼承前朝舊制,實行恩蔭制度,就是官員可以申請讓自己的部分子弟直接做官。恩蔭

在真宗時越來越濫，皇帝生日、祭天大典，甚至官員退休、死亡，官員都可以乘機為子孫乃至門客求得一官半職。

恩蔭氾濫必然導致官員冗餘，增加朝廷財政壓力，又影響官僚隊伍整體水準。因此，范仲淹實施新政，對恩蔭條件嚴格限制，以此來減少恩蔭子弟的數量。這確實稱得上是振興太祖、太宗時期的祖宗之法。

但問題是，導致恩蔭氾濫的真宗皇帝早已去世多年，他現在也成了祖宗。那些在新政中利益受損的士大夫，抬出真宗時期的做法。他們大肆抨擊范仲淹和富弼等人「胡亂更改制度」，聲稱新政破壞了祖宗之法，並建議仁宗「斟酌祖宗舊制，另外制定可行的制度」。

在慶曆新政期間推行其他改革措施時，范仲淹等人也遇到了相同的問題。最終，在反對派的抵制與誣陷中，慶曆新政推行不到一年半便夭折了。

這個現象令人深思。在慶曆新政期間，出現了令人深思的現象。一方面，士大夫對祖宗之法的態度存在分歧。改革派認為，祖宗之法是靈活的，需要根據實際情況不斷調整，進而解決實際問題；而反對派卻主張，祖宗之法必須嚴格遵守。

另一方面，為論證本身意見的合理性，改革派與反對派都以祖宗之法作為依據。改革派說自己要振興祖宗之法，反對派則號稱自己在維護祖宗之法。

那麼，究竟誰更能代表真正的祖宗之法呢？

沒有答案。因為祖宗之法從來都不是固定具象、條目清晰的實體。雖然它的傾向和核心非常鮮明，但內涵和外延卻含混模糊。在防微杜漸、維持穩定的大原則上，祖宗之法是統轄萬物的「綱」，宋人對此有廣泛的共識；可就具體內容而言，祖宗之法又是一個包羅萬象、什麼都可以放進來的「筐」，人們根本無法對此產生共識。所以，才會出現人人都在談祖宗之法，可是談論的祖宗之法不但大不相同、甚至彼此針鋒相對的情況。

因此，祖宗之法漸漸成為一種人人都要講的政治正確。當所有士大夫都高舉著祖宗之法的旗幟時，對祖宗之法「如何解釋」的重要性，就逐漸讓位給了對祖宗之法的「如何選擇」。而這種選擇權，始終掌握在最高統治者的手裡。

慶曆新政期間，士大夫對祖宗之法的分歧只是一個小插曲。可是到了宋神宗熙豐變法以後，這種分歧卻愈演愈烈，最終導致北宋後期政局的動盪。

從仁宗後期到神宗前期，士大夫竭力抨擊苟且姑息的官場作風，紛紛提出改革方案。最具代表性的，便是司馬光與王安石。在隨後的熙豐變法中，以王安石為首的變法派，和以司馬光為代表的反對派，形成了尖銳的矛盾。

與慶曆新政相似，司馬光改革的基本思路，仍然是振舉和謹守祖宗之法。當然，這也是絕大部分士大夫的觀點。

王安石卻不同。在他看來，要改變宋朝內憂外患的境遇，

第三編 士大夫的黃金時代

關鍵不是恪守成法,而是根據具體的環境和形勢,對舊有的制度進行變革。王安石還進一步提出,將先王之法視為效法的目標。所謂先王之法,名義上是指堯、舜和夏、商、周三代之法,實際上與祖宗之法一樣,也需要士大夫根據自己的理解和需求來闡釋。王安石主張效法先王,雖然不是對宋初以來祖宗之法的公開否定,但至少已經表露出強烈希望超越本朝習行故事的傾向。

胸懷大志的宋神宗採納了王安石的建議,推行新法。變法的過程並不順利,同樣出現了改革派和守舊派的衝突。到了西元1085年,宋神宗駕崩,年幼的哲宗即位,由太后垂簾聽政。期間,太后大量任用反對變法的人士,全面廢除新法。這些舊黨士大夫,要求回歸變法前的政治路線。但他們不得不面對一個尷尬現實,那就是去世後的神宗,已經成為新的祖宗。神宗時代的新法,尤其是那些和舊體制明顯矛盾、明顯衝突的內容,也成了祖宗之法的一部分。

為了應對挑戰,舊黨將祖宗之法的解釋權發揮到了極致,范祖禹就是一個典型。他一再上書,極力稱讚仁宗,還挑選300餘件仁宗朝的典故,編纂成《仁皇聖典》,把仁宗描繪成恪守祖宗之法,締造太平盛世的明君。對神宗皇帝,他只強調神宗勤奮好學、遵守祖制的一面,盡量削弱、甚至迴避變法的事實。

當然,這種掩耳盜鈴的做法注定徒勞。西元1093年,太后去世,北宋政局再度發生逆轉。一個名叫楊畏的官員向哲宗獻

策道:「神宗皇帝改革創立的制度,足以流傳萬世。臣乞求能夠講習研究神宗新法,進而能夠繼承神宗遺志。」

面對祖宗之法中矛盾的兩面,宋哲宗最終全面恢復神宗新法。哲宗去世後,繼任的宋徽宗依然打著變法的旗號,聲稱是「神宗革新了制度,並將新制度流傳給我們這些後人。」

為什麼哲宗和徽宗更願意追隨神宗皇帝的做法呢?其中一個原因,神宗將宰相機構一分為二,使他們彼此制衡,士大夫對皇權的牽制力量遭到削弱,皇權開始不受控制與制衡。不同觀點的士大夫不再具有包容性,他們彼此黨同伐異,你死我活,成了皇帝單向掌控的工具。

西元1102年,徽宗任用新黨的蔡京為宰相。皇帝和蔡京等奸佞之臣,從神宗新法裡面尋找到滿足自己驕奢淫逸的內容。比如神宗時王安石曾提出,要為天下治理整頓財政,受到了神宗的肯定。到了徽宗時,蔡京也援引這個慣例,聲稱朝廷並不擔憂沒有錢財,只是擔憂不能整頓財政,以此作為他們君臣斂財的理論依據。神宗時曾推行過一種免役法,要求臣民繳納免役錢,同時免除他們的一些義務勞動;徽宗也號稱實行神宗的免役法,可是徵收的免役錢卻大幅提高,有些地方居然比神宗時高出70多倍!這些聚斂來的錢財,絕大多數沒有用於富國強兵,反而用於徽宗和蔡京等人的奢靡生活。

就這樣,徽宗君臣打著繼承神宗遺志的名號,橫徵暴斂、胡作非為。不聽他們擺布的士大夫,重者流放遠方、輕者革職

賦閒，他們的子弟也被限制，北宋陷入極度腐朽黑暗的時期。到了西元 1125 年，金軍南下，早已烏煙瘴氣的北宋終於在靖康之變中覆滅。

祖宗之法帶來的分歧，使北宋朝廷在後期陷入混亂，最終走向滅亡。相比之下，南宋卻走向另一個極端，也就是刻板遵循祖宗之法，祖宗之法從此脫離實際。

前面提到過，早在北宋的仁宗後期，有識之士就已經意識到一味固守祖宗之法、不知變通，必然會導致國家大政的萎靡、廢弛。因此，不僅士大夫紛紛以振興祖宗之法的名義提出改革要求，甚至王安石還明確提出應仿效先王之法，表現出了超越祖宗之法的訴求。

然而，即便是王安石本人，也始終無法超越祖宗之法對自己的傳統約束。一個最現實的問題是，先王之法的權威性遠低於祖宗之法。西元 1070 年，韓琦上奏神宗，認為新法中的青苗法嚴重擾民。他還列舉了「祖宗百年仁政」，以此來作為反對青苗法的權威性論據。面對韓琦的挑戰，王安石透過對先王之法的解釋，竭力維護青苗法的合理性。然而，在神宗眼中，先王之法是不如祖宗之法有說服力的。最終，王安石也沒有讓神宗完全信服。

到了西元 1075 年，韓琦又提出反面意見。當時宋朝推行了一種預買綢絹的制度。按照這種制度，朝廷在春天向民戶提供貸款，作為生產資金；民戶利用這筆錢生產綢絹，到了夏、秋

時間,再用綢絹償還貸款。韓琦建議暫緩預買,減輕民戶負擔。

對此,王安石堅決反對。不過他沒有再堅持先王之法,而是老老實實地援引祖宗之法作為權威的佐證。王安石指出,「自祖宗以來,從來沒有暫緩過預買」。這一次,韓琦的建議遭到了否決。

由此可見,王安石為了超越祖宗之法,不得不去遵循祖宗之法。這樣一種尷尬的境地,使超越祖宗之法的嘗試異常艱難。而伴隨著宋徽宗的亂政和北宋的滅亡,這種嘗試越發不被認可。

宋高宗在建立南宋後,將靖康之變的罪過,完全扣在熙豐變法和王安石頭上。為了表示自己的正統身分,他拋棄了神宗的變法,選擇嚴守北宋前期的成例。

舉個例子,南宋初年,朝廷在瀕臨亡國的壓力下,依靠岳飛、韓世忠等大將,擊退金軍進攻,保住了半壁江山。武將們獲得了前所未有的權力和地位,進而能夠更加靈活有效地採取軍事行動,守衛南宋的江山。

然而,即便是在這樣生死存亡的關頭,作為士大夫的代表人物,無論是主降的秦檜,主和的趙鼎,還是主戰的張浚,都抬出祖宗之法,要求對大將們進行限制。這也正中高宗下懷。

西元1141年,宋高宗任命張俊、韓世忠為樞密使,岳飛為樞密副使,將三人召至臨安,剝奪了他們的兵權,並在不久後,無恥地殘害了岳飛。這件事在本質上,可以算是宋朝的第二次杯酒釋兵權。但是,平心而論,宋太祖襟懷坦蕩,宋高宗

第三編 士大夫的黃金時代

卻陰暗奸詐。

宋高宗和士大夫們利用祖宗之法,雖然成功奪回了大將的兵權,但卻葬送了南宋收復失地的大好良機。刻板遵循祖宗之法的弊端,從南宋立國伊始便暴露無遺。

南宋的第二位皇帝宋孝宗,對祖宗之法極為尊重。他曾自豪地聲稱:「本朝家法,遠過漢唐。」不過,志在恢復中原失地的孝宗,也對祖宗之法的弊病有所了解。他曾對副宰相龔茂良說:「本朝家法,只有用兵這一項不如漢唐。」龔茂良卻回答:「漢唐之亂,或因母后專制,或因權臣擅命,或因諸侯強大,藩鎮跋扈。本朝卻都沒有這些禍亂。可見祖宗家法,足以維持萬世。」

「防弊」確實為宋代的長治久安提供了保證;可是矯枉過正的防範措施,卻極大地損耗了宋朝的活力,這從兩宋在軍事上的一敗再敗可見一斑。在外有強敵、朝廷暫安的形勢下,本來是從根本上對祖宗之法有所檢討的機會。可是南宋的絕大多數士大夫卻缺乏這樣的遠見。

當然,並非所有的士大夫都如此自我感覺良好。事功學派代表人物陳亮就曾向孝宗上書說:「現在我們如果不去思考如何對祖宗之法進行變通,那麼維持江山社稷的辦法就要窮盡了。」

另一位事功學派的代表人物葉適更直接指出:「本朝立國200餘年,我們專門以能夠矯正前朝的過失作為自己的成功之道,可是真正的成功之道卻一直棄置不用。」

理學集大成者朱熹更一針見血地說到:「本朝鑒於五代之亂,盡奪藩鎮之權。兵也收了,財也收了,賞罰刑政一切權力都收了。地方上就越來越困弱。結果靖康之變,金軍打過來,地方迅速潰散。」

然而,陳亮、葉適和朱熹畢竟是少數。宋代的祖宗之法自從不許人們輕易議論改動開始,就不可挽回地走向了它的反面。

南宋中後期,理學成為官方意識形態,士大夫把祖宗之法變成一套儒家道德說教,對祖宗之法的闡釋也越來越義理化、神聖化。祖宗之法因此變得越來越不得違背,也變得越來越不接地氣。

比如在北宋中後期,沈括曾記載了這樣一個故事。故事說,有一天,宋太祖問趙普:「天下什麼東西最大?」趙普回答:「道理最大。」這個故事的真偽無法考證,但在北宋,這個故事並未引起士大夫的太多注意。

可是到了南宋中後期,情況就不太一樣了。在理學的語境中,「道理」就是「天理」,是萬物之本。朱熹認為,天下最大的根本,就是正君心,也就是使皇帝達到極高的道德水準,不以私廢公,認為只要皇帝實行德政,問題自然迎刃而解。

因此,在北宋無人問津的「道理最大」,卻被南宋人視為祖宗之法裡最精華的部分。南宋後期,士大夫頻頻在奏章、議論中談及「道理最大」,希望以此來規範帝王的言行。這種義理化的解釋,使祖宗之法越來越具有神聖性。

第三編　士大夫的黃金時代

但這種義理化和神聖性,卻使得祖宗之法越來越脫離實際。西元1233年,宋理宗親政,著手改革朝政弊端,史稱端平更化。在此期間,金國滅亡,席捲亞、歐大陸的蒙古帝國崛起,南宋在軍事壓力倍增,經濟狀況卻急轉直下,可謂到了生死存亡的關頭。

為了擺脫統治危機,理宗重用久負盛名的理學宗師,真德秀和魏了翁,詢問他們當下最緊急重要的事務是什麼。真德秀和魏了翁卻回答:最急之務,是分辨君子、小人;而要分辨君子、小人,就要正君心。

以真德秀為代表的理學士大夫們,還提出了「祈天永命」的命題。祈天永命,意思是祈求上天讓王朝永遠存續下去,出自儒家經典《尚書》。至於如何祈天永命,士大夫們開列的辦法,無非是守家法、寬民力等老生常談。

皇帝問的是解燃眉之急的辦法,而士大夫卻空講大道理。遵循這樣的祖宗之法,當然開不出確實可行的改革良方。這些墨守成規、一心求治的士大夫,已經失去了前輩們談論祖宗之法時的銳氣與果決,也失去了對於祖宗之法的整體掌握與創新力,南宋菁英治國理政的思想資源徹底枯竭。

以防微杜漸為目標的祖宗之法,對宋朝前期政局的穩定、開明,確實發揮了巨大作用。展現了統治階層集體的政治智慧。然而,祖宗之法的權威性和模糊性,卻埋下了巨大隱憂,以至於北宋後期出現了嚴重的政治動盪;到了南宋之後,固守祖宗

之法，又使得政治脫離實際，國家政治行動僵死，最終導致南宋亡國。真可謂成也祖宗法，敗也祖宗法。

紹熙內禪

—— 理想的政變與夭折的改革

學者虞雲國先生說過：「宋代朝政在中國歷代王朝中稱得上是最開明與寬容的。」今天我們一提到宋代政治的開明，往往想到的是皇帝「不殺士大夫和上書言事者」的祖宗之法，是給舍封駁和臺諫論列的政治制度，是皇帝「與士大夫共治天下」的共識，最典型的就是宋仁宗與士大夫們的「共治時代」。

然而，宋代士大夫的一個特別風光的時刻卻往往被忽視，那就是趙汝愚和他的「道友」們。他們為了政治理想，竟然廢掉了一個不稱職的皇帝 —— 這在中國歷史上，是空前絕後的。

瘋子皇帝的「過宮風波」

紹熙五年（西元1194年）五月，南宋的「臨時」都城臨安，一片風聲鶴唳。普通人忙著搬家逃命，富豪忙著藏金埋銀，連宮裡的宮人們都在忙著分家準備跑路。一時之間，物價飛漲，人心惶惶。

不知道的，還以為是金軍又南下了。

第三編　士大夫的黃金時代

　　和安靜的宋、金邊境相比，臨安的皇宮裡卻鬧得雞飛狗跳。起因是早已退位的太上皇宋孝宗趙昚病危，而他的親兒子、已經做了五年皇帝的宋光宗趙惇固執地拒絕到太上皇所住的北內重華宮探望。

　　淳熙十六年（西元1189年），宋孝宗將皇位禪讓給宋光宗。起初，父子二人相處還算融洽，光宗還經常去北內朝見孝宗。可是後來，有關該立誰做光宗繼承人的問題，父子二人心生芥蒂。光宗似乎還患上了精神疾病，有嚴重的迫害妄想症。在猜忌、恐懼、怨恨的狀態下，他與孝宗漸行漸遠。從紹熙三年（西元1192年）正月到五年（西元1194年）正月，整整兩年間，光宗只有在四年（西元1193年）的十一月和五年的元旦朝見過孝宗。

　　正當滿朝官員一籌莫展之際，心中淒涼的孝宗終於病倒了。五月底，孝宗已經病到說不出話的地步，而光宗卻仍然不肯過宮，宰相、侍從、臺諫乃至太學生紛紛上書切諫，換來的卻只是光宗的勃然大怒。光宗的作為，不僅有悖人倫，更使人擔憂這個瘋子能否繼續處理朝政。於是，便出現了我們在前面看到的臨安城裡風聲鶴唳、人心惶惶的局面。

　　六月九日凌晨，孝宗在遺憾中駕崩，光宗這次做得更絕——連喪禮都拒絕主持。光宗的過激行為，終於激起士大夫的強烈不滿。尚書左選郎葉適甚至在私底下痛斥光宗是「獨夫」。朝中大臣紛紛向輔政大臣建議，立光宗之子、嘉王趙擴為皇太子建

國,這項建議獲得了由左丞相留正、知樞密院事趙汝愚、參知政事陳騤、同知樞密院事余端禮所組成輔政團隊的集體認可。六月十八日以後,輔政們不停向光宗上奏,最開始光宗是拒絕的,但抵不住輔政們的狂轟濫炸。到了二十四日,光宗終於在奏章中批示「甚好」二字。

二十五日,留正將擬定冊立太子的文件進呈給光宗,光宗御筆批准,並指示學士院草詔。按照流程,皇帝的祕書機構學士院將於這天夜裡草擬詔書,並於次日正式頒布。

讓生病的光宗放個長假,由太子代理國政,似乎已是板上釘釘的事。

但也只是似乎。

就在這天晚上,光宗突然批示:「歷事歲久,念欲退閒。」皇帝說,我工作時間太久了,想退休了。

留正見了批示大為震驚,光宗白天還說要立太子,怎麼晚上就鬧著要退休了?作為輔政團隊中唯一正牌的宰相,留正非常小心謹慎。他先是懷疑御筆有問題,然後請求面見光宗想當面確認,結果卻遭到了光宗拒絕。

第二天,留正並未把這八字批示告訴其他派系成員,最後在趙汝愚的一再追問下,才不得不說出了實情。輔政們只好又寫了一份立儲的奏札進呈,光宗批示道:「可,只今施行。」施行什麼?到底是施行立儲還是內禪?光宗到底是想休年假還是要退休?批示說得含糊不清,而且也沒說讓學士院草擬詔書。

第三編　士大夫的黃金時代

留正沒了主意，下臺階時竟然扭傷了腳踝。他覺得這是不祥之兆，在如此關鍵時刻居然向光宗遞了辭呈，只是光宗並未批准。

到了六月三十日，輔政們再度上奏，說立儲不能再拖。因為再過三天就要舉行孝宗的葬禮了。當晚，光宗對輔政們的奏札做了批示，不過封口上的簽押異於尋常，留正不肯啟封。直到第二天，七月一日，又是在趙汝愚的催促下，留正才不得已打開了封套，只見光宗批了十六個字，據說全是責備之語。留正嚇得臉色都變了。

次日，留正上朝時突然昏倒在地，為跑路做足最後一齣戲。

壓倒留正的最後一根稻草，不是顛三倒四的瘋子皇帝，而是他的同僚趙汝愚。因為趙汝愚提出了一個極為瘋狂的想法——逼皇帝退位。

內禪之名，政變之實

趙汝愚是宋太宗的後裔，但他做到執政，憑的不是宗室身分，而是學識與才幹。他是孝宗乾道二年（西元1166年）的狀元，在地方和中央的不少部門歷練過，被孝宗稱為文武全才。趙汝愚胸懷大志，年輕時便說出了「大丈夫留得汗青一幅紙，始不負此生！」這樣的豪言壯語。

在「過宮風波」中，排名僅次於留正的二號人物趙汝愚自然被推到了風口浪尖上。早在孝宗病危時，趙汝愚曾非常欣賞

的一位舊部屬游仲鴻就寫信給他，勸他行伊尹、周公、霍光之事，廢黜光宗。趙汝愚讀後大駭，連忙把書信燒掉。不久，游仲鴻又寫了一封信，指責趙汝愚：「大臣事君之道，苟利社稷，死生以之！既不死，曷不去！」既然不敢去死，你就應該辭職！

趙汝愚依舊沒有答覆游仲鴻，但游仲鴻的話顯然他是聽進去了。六月二十六日，當得知光宗做出「歷事歲久，念欲退閒」的批示後，趙汝愚意識到，機會來了。恰在此時，左司郎中徐誼也勸他：「自古人臣為忠則忠，為奸則奸，忠奸間雜而能成大事的，從來就沒有。你內心擔憂朝局，卻還想作壁上觀，這不就是『間雜』嘛？國家安危，在此一舉！」

在游仲鴻、徐誼等人的推動下，趙汝愚終於下定決心。

七月一日，當留正被光宗的十六字批語嚇得臉色煞白時，趙汝愚便向他建議，索性讓光宗退位，嘉王趙擴直接即位。留正表示：「現在連立儲的詔命都還沒下達，就要搞內禪，實在太倉促了。何況日後兩宮父子也很難相處。」

首相留正依然堅決立儲，而趙汝愚鐵了心要內禪。眼看朝局越來越危險，留止這才不擇手段地想要跑路。

要將一個現任皇帝「罷免」，趙汝愚必須具備兩個條件——實力與合法性。

推動內禪的實力，來自於禁軍的支持。理論上，趙汝愚是樞密院長官，擁有調兵權，可是實際上，沒有光宗的旨意，趙

汝愚對禁軍也無可奈何。起初，趙汝愚派中郎將范仲壬去遊說殿前司統帥郭杲，范仲壬使盡渾身解數，甚至最後直接搬出樞密院，郭杲都不為所動。

合法性的問題也同樣沒有進展。同為永嘉學派士人的徐誼與葉適指出，要合法讓光宗禪讓，就必須有太皇太后吳氏的支持。吳氏是宋高宗趙構的皇后，在當時有極高的政治聲望。趙汝愚最初讓徐誼找到太皇太后的姪子吳琚，希望吳琚能夠說服太皇太后。然而，為人謹慎的吳琚並沒有當面答應。

局面一時陷入僵局，趙汝愚只好透過其他人想辦法。

七月二日，留正上朝時假裝病倒，乘機回到家裡，準備風向不對就開溜。趙汝愚卻在竭盡全力為內禪做準備。當日，同為宗室的工部尚書趙彥逾來見趙汝愚，談及國事日非，兩人不禁垂淚。趙彥逾跟郭杲私交甚好，趙汝愚乘機說服趙彥逾去爭取郭杲。就在當天，郭杲終於表態，接受趙汝愚的命令。

七月三日，是孝宗的祭禮之日。當日五更天時，天都還沒亮，左丞相留正便再度遞交了辭呈，也不管光宗批不批准，一溜煙跑出了臨安城。

有了禁軍的支持，趙汝愚逼退宋光宗的計畫已經完成了一半，剩下的一半就看太皇太后的意思了。這時，葉適和徐誼向趙汝愚引薦了自己的同鄉蔡必勝。蔡必勝時任知閤門事，掌管著內廷外朝的溝通重任。更為關鍵的是，他有一位關係非常好的同事名叫韓侂胄。而這位韓侂胄，不僅也擔任知閤門事，而

且還是太皇太后的外甥。

按照宮廷規矩，韓侂胄並不能隨便見到他的這位姨母。但利用職務和身分之便，他卻能輕而易舉地找到在宮中舉足輕重的大宦官張宗尹。七月三日和四日，張宗尹接連面見太皇太后，但素來嚴謹的太皇太后就是不為所動。眼看希望落空，韓侂胄正在唉聲嘆氣之時，卻又遇到了宮中的另一位掌權宦官關禮。關禮自告奮勇，面見太皇太后，聲淚俱下，終於使她感動。而此前守口如瓶的吳琚，其實背地裡也一直在勸自己的姑姑「早決大計」。

就這樣，在七月四日這天傍晚，趙汝愚終於得到了太皇太后支持內禪的好消息。有了禁軍和太皇太后，趙汝愚終於獲得了「廢黜」宋光宗的實力與合法性。他一面向輔政勢力中的另外兩人陳騤、余端禮告知內禪的消息；一面向殿帥郭杲、步帥閻仲傳達太皇太后諭旨；一面又通知嘉王的師父彭龜年，明天一定要保證嘉王到場。

紹熙五年七月五日，是百官除去喪服的日子。嘉王趙擴在彭龜年的陪同下，由禁軍護衛著，來到了北內。趙汝愚也與另兩名執政，率領百官來到孝宗的梓宮前班列就位。不久，太皇太后宣布垂簾聽政，並命趙汝愚宣布，光宗現在病疾未癒，不能主持喪禮，現在遵照他「自欲退閒」的御筆，由皇子嘉王趙擴即位為皇帝；尊光宗為太上皇帝。

毫無準備的趙擴一時苦惱不堪，還是太皇太后親自幫他穿

上了龍袍。被蒙在鼓裡的宋光宗當第二天得知真相後，受不了精神刺激，舊病復發。

就這樣，在趙汝愚的一手謀劃之下，紹熙內禪和平完成。

■ 為了改革，廢黜獨夫

南宋初年的三位皇帝都經歷了禪讓，即所謂「內禪」。所不同的是，宋高宗、宋孝宗是主動禪位，而宋光宗明顯是被趕下皇位的。王夫之就一針見血地指出：「光宗雖云內禪，其實廢也！」

廢黜皇帝，在歷史上可謂屢見不鮮。連宋太祖趙匡胤都是透過廢黜周恭帝來登上皇位、開創大宋的。雖然廢掉皇帝不一定要改朝換代，但廢黜皇帝的人絕大多數都是大權在握的權臣。無論是作為正面宣傳的伊尹、霍光，還是作為亂臣賊子的梁冀、董卓莫不如此。而趙汝愚並非權臣，卻在數日之內就廢掉了皇帝，這在歷史上可謂空前絕後。

更為絕無僅有的是，趙汝愚廢掉皇帝，主因是皇帝不稱職！

我們都知道，在中華帝國，皇帝是不能被追責的。皇帝犯了錯，你可以吐槽他，甚至他自己可以認錯，但你就是不能換掉他。更何況，絕大多數的皇帝根本不會認錯，更不會容忍別人指斥乘輿、妄議至尊。

所以，當一個瘋子坐在皇位上時，大家也只能配合他一起表

演。演不下去時，要麼明哲保身，要麼獨善其身。前者的代表，便是留正的跑路；後者的代表，便是游仲鴻勸說趙汝愚辭職。

然而，趙汝愚卻不信這一套。皇帝是個王八蛋，為什麼辭職的卻是我？

過宮風波其實只是一個導火線，在我們今人眼裡，宋光宗的誇張行徑或許只是因為抽瘋犯病不去見他親爸爸。然而，在趙汝愚眼中，這個瘋子早就像自己的親密同袍葉適所說的那樣——是個獨夫。

獨夫其實不止光宗一個，南宋開國以來的三位皇帝，個個都是獨夫。

宋高宗在江南站穩腳跟後，一面靠對金國屈辱稱臣來保住皇位，一面靠冤殺岳飛來立威。他利用秦檜做自己的代理人，建立起高度集權獨裁的「紹興體制」。

高宗的繼任者宋孝宗立志匡復中原，有「卓然為南渡諸帝之稱首」的美譽。然而，在獨裁這一點上，孝宗比高宗堪稱有過之而無不及。他「躬攬權綱」，大權獨攬，不僅頻繁更替宰相，更大搞近習政治。為了進一步控制士大夫，他甚至極力主張改變北宋以來開明的政治風氣，一度想要廢掉「不殺士大夫及上書言事者」的祖宗之法。

在高宗、孝宗的高壓政策之下，北宋時期「與士大夫共治天下」的開明政治風氣幾乎夭折。轉折出現在淳熙八年（西元1181年），這一年，主張恢復皇權的宰相趙雄罷相，奉行皇帝無為之

第三編　士大夫的黃金時代

治的王淮出任右相。孝宗也終於改變了乾綱獨斷的做法，留出了一些執政空間給士大夫們。

這看起來是件好事，但問題卻接踵而至。孝宗前期的恢復皇權之事過於急功近利，結果導致功敗垂成；可後期實施無為之治後，朝廷上下不思進取，因循苟且之風大盛。簡言之，孝宗前期太拚，突然拚不動了，立刻擺爛，這是從一個極端走向另一個極端。

朝野上下有識之士的士大夫們對這樣的局面非常不滿，他們紛紛要求進行改革，讓朝廷重新振作，宋孝宗對此卻不聞不問。對朝政毫無興趣的宋光宗，在即位後依舊延續老爸的政治作風。有志之士失望至極。

不過，在孝宗、光宗年間，有一個團體值得特別關注，那就是信仰道學的士大夫。所謂「道學」，後來有一個我們熟知的名字，那就是理學。

宋代是儒學復興的時代。早在北宋中期，士大夫中有理想抱負的一批人，就形成了一種共識，那便是得君行道。士大夫要獲得皇帝的支持，然後將皇帝輔佐成堯、舜一樣的賢君（「致君堯舜」），在人間重建一個堯、舜、三代時曾經出現過的治世秩序（「三代之治」）。不論你信奉的是王安石的新學，還是程顥、程頤兄弟的道學，或是其他什麼學派，只要你把它真的當作一種信仰——當然嘴上說信仰，心裡卻只想著前途和錢途的士大夫（其實是絕大多數）——那麼最後都要殊途同歸，擔負起這樣

的歷史使命。

在孝宗、光宗之世,一批真正信仰道學的士大夫就是這樣一個理想主義的群體。他們在無為之治的縫隙中迅速崛起,成為朝野倡導改革的中堅力量。你可能想不到,這樣的局面與前面屢屢提及的那位留正密不可分。

留正與道學之士關係密切,他在擔任相位期間,不斷將道學之士引薦入朝廷,由此形成朝中的「道學派」。在留正支持下,他們對宋光宗的胡作非為竭力抵抗。光宗重建近習政治的企圖,就是在道學派的抵制中破產的;反對改革、在過宮風波中支持光宗的宰相葛邲,也是在道學派的彈劾中狼狽下臺的。

然而,留正領導下的道學派,也只做到這一步。要進行改革,要得君行道,關鍵還是要由最高決策者光宗拍板。當錯誤政策的代理人接二連三倒臺後,人人都知道,光宗成為改革最直接、最大的障礙。然而,皇帝是不能罷免的,留正無能為力。

趙汝愚也是道學派的一員,對於這樣的朝局自然十分不滿。他曾經長期在地方任職,對朝廷的積弊有著非常深刻的了解,因而對於改革的期望也就更為迫切。早在紹熙二年九月,趙汝愚甫一入朝擔任吏部尚書,便迫不及待地向光宗陳述改革的必要性。然而一切都石沉大海。

相比之下,同為道學中人的朱熹反倒更加冷靜。這位未來的道學集大成者,在給趙汝愚的信中表示:要改革,首先就要拿下皇帝,如果皇帝不想改革,你只能等待時機。在皇帝醒悟

第三編　士大夫的黃金時代

前，先做點力所能及的事。

趙汝愚這一等，就將近三年，直到光宗昏頭巴腦地批出「歷事歲久，念欲退閒」八個字。

天賜良機，趙汝愚何必再等！

然而，無論「內禪」看起來多麼冠冕堂皇，廢君就是廢君，明眼人都看得明白。這在「君為臣綱」的儒家統治秩序中，真的能夠實現嗎？

其實在一百多年前，道學的先行者張載已經試圖在理論上尋找突破口。我們都知道，在傳統的君臣關係中，皇帝是老天爺的兒子，故名「天子」；皇帝還是臣民的父親，故名「君父」。「君為臣綱」，「父為子綱」，以臣廢君，以子逐父，大逆不道。

但張載卻對這樣的君臣關係發起了挑戰。在他的名篇〈西銘〉中，張載以「家」為模型，建構了「人」與「天地萬物」之間的關係。張載將天比作父親，地比作母親，而天地之間的所有人——不僅是皇帝，還包括皇帝的所有臣民——都是天的兒子。換句話說，天下的人都是「天子」。皇帝是老天爺的嫡長子，是擁有繼承權的「宗子」，因而地位要高一些。但他地位再高，也不過是其他人的大哥，君臣之間不再是父子關係，而是兄弟關係。宰相是「宗子」的大管家，「宗子」還要接受師傅們的教育。張載的「宗子論」，在理論上大大削弱了皇帝的權威，為士大夫爭取了話語權。因此，無論是同時代的程頤，還是後輩晚學朱熹，都對張載的這個理論深以為然。

作為道學派的一員，趙汝愚自然不會拒絕張載的學說。既然皇帝已經成為改革的絆腳石，棄君又非棄父，這樣的皇帝，我們留著他又有何用？

■ 遙不可及的「慶元新政」

紹熙五年（西元1194年）七月五日，嘉王趙擴即位，是為宋寧宗。

作為內禪政變的發起者，也作為留正辭職後朝廷的頭號人物，趙汝愚擁有了極高的威望，理所當然成為寧宗初政的主導者。為了放手改革，趙汝愚大力援引朱熹、陳傅良、李祥、楊簡、呂祖儉等道學之士進入朝廷，「無日不收召士君子之在外者，以光初政」；葉適、徐誼、蔡必勝等永嘉諸公也依舊圍繞在他身邊出謀劃策；寧宗昔日做嘉王時的老師彭龜年、黃裳等，自然也位列朝堂；甚至連留正也在趙汝愚的斡旋下，被寧宗召回來繼續當宰相。

一時之間，廟堂之上，宰相、侍從、臺諫、給舍、經筵要職，幾乎全部控制在道學派的手中。道學派的賢士大夫在朝廷中的勢力達到了頂峰。

為了表達改革的決心，趙汝愚決定改隔年的年號為「慶元」。慶指慶曆，元指元祐。宋仁宗時曾有范仲淹主導的慶曆新政，宋哲宗時也有司馬光主導的元祐更化。對這兩個時期的朝

政,我們不以今人的眼光做過多評價,只說在南宋人眼裡,這是革新政治、君臣共治的偉大時代。趙汝愚為寧宗定下慶元的年號,其抱負可見一斑。

趙汝愚的人事安排,很讓人有一種結黨的感覺。不過在宋代,士大夫為了「行道」而「結黨」,反倒成了應有之意。早在宋太宗時,王禹偁就提出了「君子有黨」的口號;後來慶曆新政,范仲淹更是公開主張「君子有黨」,歐陽脩甚至還寫下千古奇文〈朋黨論〉。直到南宋,朱熹也仍然堅持,士君子為了行道,援引同道中人加強力量,共同實現理想,這並沒什麼不妥。

然而,臣僚結黨,管你是結黨營私還是大公無私,都是皇帝最大的忌諱。宋仁宗的寬容在整部中國王朝史中都是排的上號的,然而當范仲淹和歐陽脩公然挑戰他的底線時,還是遭到了鎮壓,慶曆新政便是以「君子」結黨之名被迫終止的。

宋寧宗能像宋仁宗一樣的寬容嗎?趙汝愚並沒有信心。事實上,他在為朝廷辛勤布局改革的同時,自己卻極力地抽身,試圖擺脫險境。宋寧宗不止一次邀請他出任宰相,可是趙汝愚都沒有答應,他只是從知樞密院略略升了官階,做了樞密使。按照趙汝愚的安排,如今朝政均掌握在道學派手中,光宗朝道學派的領袖留正完全有威望帶領這支隊伍。更關鍵的是,只要有留正在,改革路線就一定不會動搖。趙汝愚已經決定,一旦改革走上正軌,自己就離開朝廷。反正改革的最後一塊絆腳石已經被自己清除掉了,自己又何必繼續留在權力漩渦之中呢?

■「尊君」整肅

趙汝愚的擔憂並非多餘。

宋寧宗資質平庸,而且對朝政毫無興趣。然而,在防止大權旁落這方面卻可謂無師自通。

就在即位的當晚,寧宗便對自己的老師彭龜年吐槽,認為自己只要被立為皇太子監國,就足以應付過宮風波引發的危機。可是趙汝愚卻在倉促間搞了內禪,言語間多少有些驚慌與不滿。

下一個被「內禪」的會不會是自己?宋寧宗不禁要問。

然而,寧宗還來不及想明白這個問題,新的問題已經來臨。趙汝愚援引道學派掌控了朝廷各個重要且關鍵的部門,這讓他倍感壓力。這年八月二十九日,剛剛即位不到兩個月的寧宗便下詔,要求高級文官舉薦人才,其中的標準之一便是「不植黨與」。很明顯,弱智皇帝將矛頭,直接指向了趙汝愚。

為了改革能在皇帝支持下展開,也為了自己的身家性命,趙汝愚都不得不走。

可惜,他千算萬算,卻沒有算到朝中的小人。

畢竟,在這個朝廷裡,並非所有當官的都擔負著偉大使命;或者說,絕大多數人的「使命」,不過是自己升官發財。

比如韓侂冑。

就在八月,韓侂冑對留正發起攻擊,導致留正罷相。眼看

第三編　士大夫的黃金時代

道學派群龍無首,力辭再三無效後,趙汝愚被迫接受了寧宗的任命,擔任右丞相。他的計畫被韓侂冑全盤打亂,因此對韓侂冑極為憤怒。

然而,捅了婁子的韓侂冑非但沒有悔意,反而更加憤憤不平。原來,宋寧宗即位後,趙汝愚以韓侂冑是外戚為名,拒絕為他大肆封賞;類似的還有趙彥逾,也因為出身是宗室,而不論定策之功。有鑒於趙汝愚也以自己是宗室之故,拒絕封賞,韓侂冑和趙彥逾倒也說不出什麼。可是如今趙汝愚貴為宰相,自己卻狗屁都不是,韓侂冑和趙彥逾大為不滿。他們私下嘀咕:「此事都是我倆出的力,他趙汝愚不過撿了個便宜罷了。現在他自己當宰相,獨霸功勞,卻根本不把我們放在眼裡!」

趙彥逾本來覺得自己應該能當上執政,沒想到內禪之後,趙汝愚反而把自己派去了四川。經韓侂冑這麼一挑撥,他再也忍不了了,當即彈劾趙汝愚結黨。

收到趙彥逾的奏札後,寧宗顯然十分滿意。以此為契機,寧宗開始學著他的爺爺和父親,啟用近習干政,同時頻繁用御筆指揮朝政。明眼人都知道,寧宗對趙汝愚的意見非常大。事實證明,在維護起自己的威信與權力時,這位智商堪憂的皇帝一點也不傻。

皇帝的風既然已經吹出來了,自然有人做他忠實的奴僕。慶元元年(西元 1195 年)二月,遭到彈劾的趙汝愚罷相。而在寧宗面前謹小慎微的韓侂冑終於獲得了皇帝的信任。不久,韓

佗冑便露出了自己的猙獰面目。在「尊君」的政治整肅中，大批道學派士大夫被貶官流放，趙汝愚本人在遭到政治迫害後，於慶元二年（西元1196年）正月初二日，暴卒於衡州。

　　為了將趙汝愚和道學派一網打盡，韓侂冑在宋寧宗的支持下，大興黨禁，甚至一度要將趙汝愚打為廢黜君主的逆黨。為此，韓侂冑特意讓趙彥逾寫下紹熙內禪的始末，藉機誣陷趙汝愚。總算趙彥逾還是個人，他雖然與趙汝愚有私怨，但並不屑於這樣下三濫的手段。他將內禪始末一五一十地寫了下來，反而證明了趙汝愚的清白。韓侂冑只能討了個無趣。

　　經過「尊君」整肅，趙汝愚和道學派被徹底逐出朝廷。朱熹和他的弟子們遭到了禁錮，改革自然也就停滯不前。韓侂冑成為宋寧宗的代理人，執掌朝政。曾經被趙汝愚和賢士大夫們寄予厚望的「慶元新政」還未開始，就因為權力鬥爭的緣故掃進了墳墓。南宋，終究逃不脫「紹興體制」。

賢士大夫厄運的魔咒

　　在紹熙內禪前，趙汝愚是勇敢的；在紹熙內禪中，趙汝愚是聰明的；在紹熙內禪後，趙汝愚是無奈的。

　　無奈之處就在於，趙汝愚為了改革，廢掉了一個不稱職的皇帝；但他必須還要再立一個新皇帝，新皇帝就一定稱職嗎？如果不稱職，趙汝愚就能讓他稱職嗎？即便韓侂冑沒有攻擊留正，趙汝愚的如意算盤就不會落空嗎？

第三編　士大夫的黃金時代

誰也不能保證，因為從根本上講，大家對皇帝毫無辦法。如果沒有光宗的八字御批，趙汝愚又如何廢黜這個改革的最大障礙？

「得君行道」，要先「得君」才能「行道」，就像朱熹對趙汝愚說的那樣。宋朝士大夫堅信皇帝是與自己共治天下的，但「共治」不是「共享」，更不是「共有」。賢士大夫只不過是皇帝的經理人，甚至是代理人。既然是經理人、代理人，那麼當皇帝感受到來自士大夫的威脅而收拾士大夫，可比士大夫換掉皇帝容易多了。

當然，還有另一種方式，就是乾脆把皇帝的權力拿過來，做權臣。可是這樣的權臣，不過是一位沒有皇位的皇帝——「準皇帝」。大多數時候，為了保命，這些準皇帝也只能選擇篡位這一條路。當然也有特例，那就是做諸葛亮。但諸葛亮去世後，劉禪依然是皇帝，依然可以想怎麼樣就怎麼樣。

總而言之，作為個體的皇帝，權力是在不斷轉移的。但是在制度裡的皇帝，是被批次製造的。無論怎麼換掉皇帝，新的皇帝一定會出現，周而復始，無窮無極。

而賢士大夫們的道學思想，也不過是這「無限循環」之中的點綴。無論張載、程頤、朱熹等等賢士對皇帝獨斷專權多麼不滿，亦無論趙汝愚能廢掉幾個不稱職的皇帝，他們從來沒有想過廢掉「皇帝」這個職位本身。

士大夫行道的前提是得君，士大夫行道的方式是致君堯舜。

士大夫的「道」是輔佐皇帝,而不是限制皇帝。君不見,以切諫著稱的范仲淹、司馬光,卻一再主張皇帝「宸斷」。君不見,朱熹在為張載的「宗子論」舌戰群儒的同時,也發出了疾呼──你們別真的以為皇帝就只是你家裡的大哥!

歸根結柢,儒家思想源自於周代的禮儀秩序,這種秩序從一開始就是服務於天子諸侯的。因此,它關注的是輔佐君主,引導君主,它為此建構起一套繁複的政治倫理,卻從來沒有透過政治現實的觀察,去設計一套確實可行的限制措施。

千百年來,士大夫爭奪的,也不過是對儒家意識形態的解釋權。董仲舒的天人感應也好,張載的「宗子論」也好,明代百官跟嘉靖爭奪的大禮議也好,所有的所有,都是士大夫對話語權的爭奪,對解釋權的爭奪。

但即使取得解釋權有用嗎?即便是在宋代最開明的仁宗時代,當仁宗固執己見時,賢士大夫們最大的反擊武器也不過是辭職。

於是我們看到,無數的賢士大夫,在「民為重,社稷次之,君為輕」的理想中前仆後繼,但也只是前仆後繼。那些「君為重,社稷次之,民為輕」的皇帝和準皇帝們一朝想重振皇權,管你是要大有為的神宗、哲宗、孝宗,還是又蠢又壞的徽宗、高宗、光宗、寧宗,隨時都能把士大夫手裡那點可憐的權力「奪」回去。

因為皇帝從來都未曾大權旁落。

第三編　士大夫的黃金時代

第四編
文治王朝的「武功」

經略燕雲

——「高梁河車神」打不贏遼國、收不回燕雲的戰略分析

經略燕雲的「經略」，是指經營謀劃。燕雲，就是通常所說的幽雲十六州，在今天北京和河北北部一帶，這裡自五代開始，長期被遼國占據。宋初，皇帝宋太宗發起了兩次北伐，企圖收復燕雲，但都慘遭失敗。此後，宋朝不僅意圖收復燕雲的行動成為泡影，甚至在對遼關係中也長期處於下風。

傳統觀點認為，宋朝軍事失敗的原因，除了宋太宗本人軍事能力不足外，主要有兩個：一個是強幹弱枝、重文輕武等開國政策，其中包括宋太祖的杯酒釋兵權、宋朝以文臣掌兵。另一個原因，是宋朝沒有強大的騎兵部隊，在平原作戰處於劣勢。

而我們運用專業的軍事戰略理論分析，可以指出戰略是分層面的，宋朝的開國政策和缺少騎兵分屬於不同層面的戰略裡，它們並不能單獨直接決定戰場上的勝負。宋朝經略燕雲的

第四編　文治王朝的「武功」

失敗，不是因為某一個層面的做法出了問題，而是因為各個戰略層面都有問題。

宋遼兩國對峙的開始

歷史上，宋、遼兩國一南一北共存了百餘年，這個對峙的局面，從宋太祖與遼國達成雄州和議開始出現。和議的達成，與當時宋、遼兩國的大戰略息息相關。

所謂大戰略，是指一個國家最高層次的戰略，包括政治、經濟、社會、文化等各方面，它規範了國家最基本的政策和整體的努力方向。

先來看遼國的大戰略。契丹人建立的遼國興起於東北，曾積極經略中原。西元938年，中原後唐政權的大將石敬瑭叛變。為了獲得遼國支持，他將16個邊防重鎮割讓給遼國，這16個地方後來被統稱為燕雲十六州。

燕雲十六州大體可分為三個區域。第一個是太行山以東、以今北京市為核心的燕雲地區，這也是十六州中最重要的區域；第二個是位於燕雲以南、今河北省雄安新區一帶的關南地區；第三個是位於太行山以西、以今山西省北部大同市為核心的雲州地區。

燕雲十六州的地理位置極為重要，在它的北部，是太行山北支和燕山山脈，對於中原王朝來說，這裡是防禦北方民族的

天然屏障,後來明代的長城就修築在這條山脈上。遼國獲得了十六州,特別是燕雲地區,也就跨過了這道防線,契丹鐵騎在一馬平川的華北平原上縱橫馳騁,可以直接殺到黃河邊上。中原從此門戶大開。

在遼國的扶持下,石敬瑭建立後晉,取代後唐統治中原。但在他死後,遼、晉爆發戰爭,遼國滅掉後晉,占領中原,因統治不得人心,遼國很快就退回北方,後來的中原政權也開始了收復燕雲十六州的嘗試,比如西元959年,統治中原的後周展開了北伐,一舉收復了燕雲南邊的關南地區。

面對這個局面,南下是很難了,遼國不得不重新制定大戰略,放棄了征服中原的打算,轉而把長期統治燕雲地區作為核心目標。為了達成這個目標,遼國在今山西省中部扶持了一個叫北漢的小政權,以此作為自己與中原王朝的緩衝區,來阻礙中原的統一,防止出現一個強大的政權來爭奪燕雲。因此,遼國就需要維持與中原王朝的現狀,避免因燕雲問題爆發激烈衝突。

無獨有偶,剛剛開國的宋朝也希望維持現狀。西元960年,宋朝取代後周,成為新一代中原王朝。從大戰略層面說,宋初面臨著和平與統一的雙重政治目標。唐末五代軍閥混戰,民眾渴望結束戰爭。然而,宋朝要統一,早晚得收復燕雲地區。要收復燕雲,又勢必與遼國爆發大戰,這就與和平的目標產生了矛盾。

為了協調這個矛盾,當時的決策者們制定了先南後北的統

第四編　文治王朝的「武功」

一大戰略。這個戰略最初由後周重臣王朴提出，後來被宋太祖趙匡胤和他的首席謀臣趙普繼承。先南後北戰略從戰役法和大戰略兩個層面，指出中原王朝應先滅掉南方諸國，然後再消滅北漢、收復燕雲。

戰役法是指在戰役中使用的軍事手段，戰略層面低於大戰略。在戰役法層面，王朴指出，統一天下應從容易的地方突破，以軍事實力來看，進攻南方諸國要比在北方與北漢、遼國作戰容易得多。趙普則進一步指出，北漢作為緩衝區，可以將宋朝與北方民族隔絕開來。如果滅掉北漢，宋朝就要面對這些民族，到時候邊境的戰亂就會無窮無盡。

除了戰役法層面的軍事考慮，先南後北戰略還在大戰略層面上，綜合考慮了政治、經濟對統一戰爭的支持。王朴認為，只要統治者得民心，敵對政權的人民就會自願成為「帶路黨」。因此，建立一個穩定的文官政府以獲取民心，進而將民心轉變為軍事支持，是建立武功的前提。

宋太祖趙匡胤認同王朴的這個想法，並進一步指出，唐末五代，北方戰亂頻仍，對社會破壞很大，朝廷的財力也嚴重不足。相反，南方諸國相對太平，社會較為穩定。如果先攻取南方，就能獲得更大的財富來供給北方的戰爭。

總之，宋朝承續和充實了後周先南後北的統一大戰略，決定先對南方用兵。為了避免兩線作戰，在對遼關係上，宋朝也傾向於維持現狀，避免發生大規模軍事衝突。

正是宋、遼對維持現狀的共同需求，使得雙方在處理邊境衝突時都盡量保持克制。

比如遼國為了阻止宋朝滅掉北漢，多次在北漢境內與宋軍大打出手，動輒發兵6萬。可是在宋、遼直接接壤的河北北部，遼國反而不輕易派出如此規模的部隊；宋太祖則在加強河北防線的同時，將防線切割成一個一個的小防區，避免與遼軍在河北發生大規模戰爭。

然而這種克制還是險些擦槍走火。西元969年，遼穆宗去世，新即位的遼景宗為了試探宋、遼關係，於西元970年底罕見地派出6萬騎兵，進攻宋朝河北防線的重鎮定州，但卻被宋軍擊退。這是遼軍首次在河北出動6萬人規模的軍隊，代表著宋、遼衝突可能進一步升級。

看來，僅靠宋、遼雙方維持現狀的默契，脆弱的和平隨時可能消失。於是，兩國開始謀求締結條約，將雙方和平對峙的局面說清楚講明白。由此誕生了雄州和議。

雄州，就是今河北省雄安新區的雄縣，當時是宋朝在關南的邊防重鎮。西元974年3月，正在部署對南方用兵的宋太祖，為了防止遼軍乘機偷襲，主動派出使者，到遼國商議和談。這年十一月，遼國地方將領耶律琮寫了一封信給宋朝雄州長官孫全興，信中提出，自古以來，南北兩個政權共存就是常態。宋、遼兩國並非世仇，希望兩國能夠達成和平，平等共存。耶律琮還與孫全興在雄州北門外會面，磋商和議的具體細節。不久，

兩國政府都宣布承認和議有效,並互相遞交了國書。宋、遼就此達成了歷史上第一份和平條約,史稱雄州和議。

由於史料並無明確記載,雄州和議的具體內容已經不得而知。不過在和議達成後,雙方不僅在邊境上的軍事騷擾大為減少,還在節日、皇帝生日等重要日子裡互派使節道賀。一度在大戰邊緣的宋、遼兩國,被一紙協定拉了回來。

不過,雄州和議創造的和平對峙十分不穩定。宋、遼關係的核心問題是燕雲地區的歸屬,雄州和議只是擱置了雙方的爭議,並沒有從根本上解決這個問題。

在宋太祖的統一戰略中,從未放棄收復燕雲。西元976年,當全國大多數割據政權已經被宋朝消滅,群臣為宋太祖上尊號「一統太平」時,太祖並不接受。他的理由是:「燕雲還未平定,怎麼能說一統呢!」

顯然,宋朝收復燕雲、完成統一的大戰略,與遼國保有燕雲、維持現狀的大戰略存在根本衝突。

遼國占據的燕雲其實也不完整。因為關南地區早在後周時期就已經被中原王朝重新占領,遼國一直想收回。因此,遼國也有打破和議、發起戰爭的潛在動機。

另外,古代國際條約社會化很不徹底,隨時可能因為皇帝的更迭而被廢止。西元976年10月,宋太祖駕崩,宋太宗繼位,這對雄州和議的有效性是一個嚴峻考驗。

宋太祖曾制定了文統和武統兩個收復燕雲的戰略。所謂文統，是說太祖設有封樁庫，將消滅南方諸國後獲得的財富，以及自己日常節約下來的錢財都存入其中。準備在存滿500萬貫錢後，透過外交手段，用這些錢去向遼國購買燕雲地區。這個構想既協調了統一與和平兩個目標的矛盾，又盡量在雄州和議的和平框架內，尋求以外交手段解決宋、遼的核心問題。

如果屆時遼國拒絕，太祖就用這些錢財招募戰士，透過戰爭來收復燕雲。這是武統戰略。兩個戰略可以概括為：外交手段優先，但絕不放棄使用武力。

然而，隨著宋太祖的駕崩，文統戰略被束之高閣。宋太宗毫不猶豫地廢棄了雄州和議，選擇了武統。促成太宗這個轉變的，是五代時期的軍事信念。

五代的軍事信念，導致宋軍在高梁河戰役中慘敗

軍事信念，是一種在過去的實戰中累積起來的戰鬥經驗，人們往往認定這種經驗是正確的。

宋朝距五代未遠，戰略戰術深受五代時期軍事信念的影響。因此，宋初的戰爭，往往是五代式的。五代軍事信念有兩個重要特點，一個是習慣使用戰略奇襲，另一個是皇帝經常直接指揮戰術決戰。

戰術，是指在一場戰鬥中擊敗對方的方法，戰略層面低於戰役法。

第四編　文治王朝的「武功」

　　五代時期，軍人尚武，要獲得他們的擁戴，皇帝必須英勇過人。因此，新即位的皇帝往往要率軍親征，在取得軍事勝利後，才能鎮服軍隊，坐穩皇帝寶座。宋太宗越過太祖之子直接繼位，合法性頗受質疑，他急需按照五代傳統，親自指揮軍隊收復燕雲，在軍中樹立威信，特別是超越其兄宋太祖的威信。這是宋太宗毅然決定武統燕雲的深層原因。

　　不過，此前從未參與過征戰的宋太宗，軍事經驗相當薄弱，這使他更加依賴五代時期的軍事信念。宋太宗決定仿照五代的常規作戰方法，以戰略奇襲拿下燕雲。

　　戰略奇襲，就是對敵方的核心地帶展開突然襲擊，在短期內徹底擊潰敵方。

　　西元979年夏，宋太宗領兵消滅北漢後，馬上提出奇襲燕雲的設想。當時，絕大多數將領希望休整軍隊，不願立即北伐，但又不敢公然反對。公開支持太宗的，只有禁軍高級將領崔翰。崔翰認為，宋軍剛剛取得軍事勝利，乘此破竹之勢突襲遼國，攻取燕雲易如反掌，不能錯過這樣的時機。

　　在崔翰看來，宋朝有兩個優勢：首先，有了雄州和議，遼國絕不會想到宋軍會來襲擊自己。其次，剛剛消滅北漢的宋軍，是好不容易徵調出來的，此時不用，將來北伐集結人力，又得從頭再來，非常麻煩。而現在，只要糧草能夠及時運到幽州，這場戰役就可以達成突襲的效果。

　　在崔翰的支持下，宋太宗親率10萬大軍迅速向幽州突進。

六月十九日晚，宋軍先頭部隊占領了宋、遼邊境的岐溝關。正當先頭部隊的將領接收岐溝關時，宋太宗已經率主力部隊乘夜色急速過關，以至於這批先頭部隊在安排好關內駐防後，不得不向前去追趕主力部隊。由此可見宋軍精銳部隊的突進勢頭。

宋太宗本人也銳氣十足。他親率將士，位居全軍最前線。宋軍至桑乾河時，為了加速行軍，並沒有從狹窄的橋梁過河，而是在宋太宗的帶領下，直接下水渡河。

宋軍爭分奪秒的急行突破，取得了巨大成功。猝不及防的遼軍或敗或降。六月二十三日天亮前，宋太宗已率主力抵達幽州城下，而剛剛得知宋軍入境的遼景宗根本來不及派出主力增援。當天，宋太宗親率禁軍在幽州城北擊破萬餘遼軍。

兩天後宋軍開始圍攻幽州城。宋太宗安排四員大將，分別率軍從東南西北四面進攻幽州。同時，又在幽州東南面部署了一支預備隊，由宿將曹翰等人率領，伺機而動。

宋太宗將指揮部設在城西，但卻時常往來於幽州城外的不同方位，到主攻部隊中親自督戰。

在猛烈的進攻中，宋軍一度有300餘將士登上幽州城頭，幾乎就要攻克幽州，取得最後勝利。

直到此時，遼國的援軍才開始分批陸續抵達幽州。由於軍力分散，遼軍無法在幽州城下集結，只能退到幽州外圍。有的部隊甚至退到了位於今北京市遠郊居庸關附近的得勝口駐紮。

第四編　文治王朝的「武功」

　　遼軍的退縮，使宋軍完全掌握了戰役主導權。不僅幽州被宋軍圍得如鐵桶一般，附近其他州的遼國守將也紛紛率部降宋。一般軍民特別是漢人更為踴躍，甚至有些幽州百姓帶著牛和酒到前線去犒勞宋軍。宋太宗的軍事突襲產生了強烈的政治效果，遼國在幽州地區的統治近乎瓦解。

　　可見，戰略奇襲能夠成為五代宋初最流行的軍事戰略，確實有它的可取之處。五代時期，藩鎮和割據政權的體量都不大，能夠準備的戰爭資源十分有限；軍隊的士氣也很不穩定，特別容易受到政局的影響。在這樣的前提下，在戰役中遭受失敗的一方，很難再繼續動員強烈的抵抗。特別是對地方的政治重心發起突襲時，敵方一旦失敗，就再無挽回的餘地。

　　但是，遼國不是五代的藩鎮或割據政權，它的國土廣闊，具有強大的兵力和足夠的資源，這也使它有機會能夠重奪戰役的主導權。在戰役層面，戰略奇襲的效果被削弱了，宋軍的軍事風險不斷在增加，這就要求宋太宗在接下來的指揮中，必須運用更高妙的戰術盡快結束作戰、達成目標。

　　可惜，宋太宗對此毫無意識，他接連犯下的兩個戰術錯誤，葬送了這場戰役。

　　六月三十日，遼景宗與諸位大將商議，決定反擊宋軍。七月初，由耶律沙、耶律斜軫、耶律休哥等人率領的援軍全部到達幽州外圍。七月六日，耶律沙率軍自西北向幽州城挺進，正好遇上在幽州城西北方督戰的宋太宗，兩軍在這一帶的高梁河

迅速開戰。宋軍作戰相當英勇，遼軍節節敗退。

然而，耶律休哥卻乘機率領一部分遼軍從西面的山中小路，繞到了宋軍後方。這是宋太宗犯下的第一個戰術錯誤，他忽略了對山路的防範，給耶律休哥創造了可乘之機。

但這還不是最致命的，耶律休哥的偷襲，依然可能遭到宋軍截擊。宋太宗在圍城之初，部署了將領曹翰的隊伍作預備隊，正是為了應對這種突發事件的。可是太宗卻犯了第二個戰術錯誤，他為了早日占領幽州，竟將曹翰的預備隊派去攻城。

耶律休哥再無阻礙，旋即從宋軍後方展開猛攻，耶律斜軫也從側翼橫擊過來，與耶律休哥夾擊宋軍。本就疲憊不堪的宋軍將士徹底崩潰。混戰中，宋太宗身負重傷，當晚便丟下幽州城下的大軍不顧，自己南逃了。由於傷勢過重，太宗無法騎馬，被迫坐著驢車一路狂奔。同樣因為身受重傷無法騎馬的耶律休哥，則在後面駕著馬車一路狂追。最後，終究是宋太宗早跑一步，逃出生天。今天，有很多網友戲稱宋太宗為高粱河車神，原因正在於此。

幽州城下，失去皇帝的宋軍在混亂中撤退，死守幽州的遼軍乘機殺出城來，與城外遼軍裡應外合，大破宋軍。至此，宋太宗進行的第一次經略幽州之役，於宋軍在高粱河的慘敗中草草收場。

這次慘敗說明，任何一個軍事信念都是在特定時空環境下形成的，一旦這種環境發生改變，舊有的軍事信念就可能不再

第四編　文治王朝的「武功」

有效。高梁河戰役後，宋人不再迷信五代時期的戰略奇襲。在戰場上死裡逃生的宋太宗，也再沒有親自走上戰場前線。五代時期的軍事信念從此瓦解，高梁河戰役也成為最後一場五代式的戰爭。

宋軍在高梁河戰役中損失過萬，但主力精銳仍在。此戰最大的後遺症，不是宋軍不敢打了，而是宋軍的指揮系統產生了問題。宋太宗雖然不再親上前線，但也不肯把部隊指揮權交給將領。於是他索性在千里之外遙控指揮，從作戰戰略和戰術的制定，到戰區內部各部隊的戰略協調，甚至到具體部隊的布陣方法，太宗掌控所有細節。

高梁河戰役結束不久，遼軍便對宋朝發起報復性進攻，並與宋軍大戰於滿城和瓦橋關。這兩場戰役全面暴露了新指揮系統在戰術和戰略方面，帶給宋軍巨大的負面影響。

首先來看滿城會戰。滿城位於今河北省保定市西北，屬於關南地區。西元 979 年，遼國派出 10 萬大軍南征，宋朝也調動至少 8 萬的軍隊在滿城一帶布防。

大戰一觸即發之際，宋軍在布陣時卻遇到了問題。當時，宋軍將領布陣的依據並非是戰場的實際情況，而是由遠在 570 公里以外、又根本不擅長打仗的宋太宗頒賜的陣圖。按照陣圖排陣後，各部隊之間相隔過遠，極容易被遼國騎兵分割衝散，然後再分別消滅。所以宋軍士兵非常恐懼，還沒開打，就已經喪失了鬥志。

宋軍將領趙延進、李繼隆，急忙建議改變陣型，可是另一位將領崔翰卻擔心，萬一打輸了，誰來負責。好在趙延進和李繼隆都是有擔當的人，他們均表示，要是打了敗仗，自己願意獨自承擔抗旨的罪名。在二人力爭下，宋軍終於改為排列更加有效的陣型，一舉擊破了遼國的進攻。

宋太宗對前線的戰術干涉，險些導致宋軍在滿城會戰中戰敗。但宋軍並非每次都有這麼好的運氣，在瓦橋關會戰中，宋太宗的戰略遙控致使宋軍傷亡慘重。

西元980年，遼景宗率軍親征，進攻設於雄州的瓦橋關。瓦橋關附近集結了多路宋軍將領的部隊，但彼此互不統屬，誰也無法調動別人的部隊。能夠掌控全局、協調各路部隊的，只有宋太宗本人。可是宋太宗這次雖然又號稱親征，卻始終躲在後方，沒有真正到達前線。

前線總司令缺位，導致宋軍的各路人馬各自為戰，無法配合。遼景宗始終掌握著戰略主動權，而宋軍一直落後於戰局的發展。儘管宋軍發起了四次衝擊，卻屢次被遼軍擊敗。最後，靠著宋軍將士的英勇無畏，遼軍總算撤兵北返。然而，此刻的宋軍，已經是傷亡慘重，屍橫遍野。

當然，高梁河戰役的失敗，除了帶來遙控指揮的問題，還促使宋朝高層轉而支持內政為上的大戰略。內政為上的戰略，就是透過優先發展內政來增強綜合國力，然後以國力上的優勢來決定何時再次北伐。但是，由於執行的過程層層脫節，內政

第四編　文治王朝的「武功」

為上的戰略並沒有發揮實際作用，宋太宗的第二次經略燕雲甚至輸得比第一次還要慘。

■ 戰略脫節，導致宋軍在雍熙北伐中鎩羽而歸

西元 980 年，在經歷了遼國的兩次報復性南征之後，文臣張齊賢上疏，提出疆土屬於末流、人民才是根本的「先本後末」思想。宰相李昉也希望不要急於進攻幽州，現在應該養精蓄銳，等到實力充足，有把握取勝時，再對遼用兵。這些內政為上的言論，代表了宋初許多文臣的觀點，宋太宗對這些建議持基本接受的態度，再與宋太祖時期的先南後北大戰略相比，以「先本後末」為代表的內政主導大戰略，更加清晰明確地將和平置於統一之上，試圖以和平促進統一。

和先南後北的大戰略一樣，內政主導大戰略也是和平與統一兩個目標取向互相妥協的產物。但與更注重軍事的先南後北戰略相比，這個戰略的實踐要困難得多。

按照內政為上戰略的要求，宋朝應該休養生息，使國力發展能夠凌駕於遼國之上，降低後續戰爭的軍事風險。可是實際情況卻正好相反。在宋、遼短暫的休戰期間，遼國掃平了東北地區不服從自己的部族，進一步解除了後顧之憂。宋太宗卻只是忙著穩定個人權力，他迫害擁有皇位繼承資格的弟弟和姪子，打壓宋太祖生前的心腹，在朝中大力安插自己的親信；宋朝的社會經濟情況並沒有明顯的改善。休戰反而讓局面對宋朝

更加不利。

然而，宋太宗和他的親信們，卻錯把個人皇位的安穩，當成了宋朝國力的提升。西元 986 年，宋太宗索性撇開文臣，單獨和心腹近臣謀劃，展開了第二次北伐。由於當年是雍熙三年，所以史稱雍熙北伐，這也是宋太宗第二次經略燕雲。

與高梁河戰役相比，雍熙北伐有更加精密的規劃，但無論是在大戰略層面、戰役層面，還是在戰術層面，這些精密設計都出現了嚴重的戰略脫節。

首先，雍熙北伐的行動，本身就違背內政為上，衡量國力再決定戰爭時機的大戰略，這是大戰略與戰役規劃的脫節。

其次，在戰役規劃層面，雍熙北伐的戰術行動能力也跟不上來。

按照宋太宗的構想，宋軍分成東路、中路、西路共三路大軍北伐遼國。東路軍共 10 萬人，由宿將曹彬統帥，是北伐主力。開戰之初，東路軍假裝進攻幽州，但行軍務必緩慢，目的是將遼軍主力牽制在燕雲。與此同時，中路軍和西路軍乘虛攻取雲州地區，然後再向東挺近，同東路軍在幽州匯合，與遼軍主力決戰，一舉收復燕雲。

宋太宗放棄五代色彩濃厚的奇襲戰略，改而採用聲東擊西的戰略，這是戰略構想進步的部分。但是，兩路大軍的戰術配合，就成了新的難點，也暴露出大問題。

北伐之初，宋朝的中路軍和西路軍在雲州地區節節得勝，

第四編　文治王朝的「武功」

而作為誘餌的東路軍尺功未立,這引起東路軍將士的不滿,他們紛紛要求主帥曹彬加速行軍。

由於北伐之前,曹彬作為太祖舊將,曾因深得軍心而被太宗打壓,因此這次他不敢約束將士,避免遭到太宗猜疑。在曹彬的縱容下,東路軍一度突進至涿州。可是10餘日之後,糧食不濟,東路軍被迫退回雄州;隨即再度出兵,經過20餘日再克涿州。幾番折騰下來,大仗還沒打,東路軍將士已經身心俱疲,卻剛好遇上了前來涿州的遼軍主力。在外無援軍、內無糧草的東路軍被迫再次放棄涿州撤退。行至邊境的岐溝關時,宋軍被遼軍追上並攻擊,隨即大潰,數萬將士陣亡。在理想和現實、規劃和執行的層層戰略不斷地脫節當中,宋太宗精心策劃的雍熙北伐,隨著宋軍的潰敗草草收場。

過去,人們常常認為,雍熙北伐的失敗,代表了宋初主動經略燕雲的失敗。

實際上,在雍熙北伐失敗不久,宋太宗就開始醞釀第三次經略燕雲。只不過這次戰役還未打響,宋軍就遭到遼軍的猛烈攻擊,並在君子館會戰中潰敗,徹底喪失了戰略主動權。

■ 宋軍在潰敗後,被迫轉入戰略防禦

儘管在雍熙北伐中,宋軍損失了大量的兵力和物資,但仍保有相當規模的精銳部隊,士氣也未受太大影響。

基於此，在西元 986 年，也就是雍熙北伐失敗當年的十二月，宋太宗開始做第三次經略燕雲的部署。

一方面，他計劃讓將領李繼隆率軍渡過渤海，奪取榆關。榆關，就是今天的山海關，是遼東進入燕雲的必經之路。宋軍若切斷榆關大道，就可以增加東部遼軍入援燕雲的難度。另一方面，宋太宗又任命宿將劉廷讓統帥宋軍主力，北伐幽州；同時命另一個將領田重進作為策應。

與雍熙北伐相比，這次北伐的戰略明顯得到優化。儘管宋朝的國力依然不占上風，但北伐以收復幽州為目標，以奪取榆關為手段，戰役規劃明確，作戰區域集中，不需要多路協同進攻那麼複雜。

當時，宋軍上下仍瀰漫著盲目樂觀的情緒。宋太宗號稱要殲滅契丹一族；劉廷讓宣稱海、陸並進，誓取燕雲；田重進在後來捷報不斷；其他一些將領也對征服遼國志在必得。

然而，宋、遼的形勢已經發生變化，遼軍不再被動防守，而是轉向積極對宋朝用武，宋朝應當迅速從戰略進攻轉向戰略防守。可無論是宋太宗還是前方將領，都沒有意識到這種轉變的重要性。

西元 986 年 11 月，遼軍進行南征，並於十二月初尋求與宋軍主力決戰。對於統帥宋軍主力的劉廷讓來說，他的最佳方案是採取彈性防禦。

第四編　文治王朝的「武功」

彈性防禦，是在應對敵人入侵時，軍隊並不需要直接保衛國土，只要將敵軍擊敗就可以達到保衛國土的目的。彈性防禦以一支能夠迅速調動的野戰部隊為核心，尋找敵軍的破綻加以反擊。

依照這個辦法，宋軍可以由劉廷讓和李繼隆在遼軍前方正面迎敵，再讓本來負責策應的田重進部隊，繞到遼軍後方出擊，這對宋軍非常有利。不過，要採取彈性防禦，最關鍵的條件是各部隊之間必須高度協調，保持步調一致。這恰恰是劉廷讓最不具備的條件。

如同前幾次作戰一樣，宋太宗並沒有任命戰區的總司令。劉廷讓雖然掌握著宋軍主力，卻無權指揮李繼隆、田重進等人的部隊，自然也就無法組成三路協同的彈性防禦作戰。因此，劉廷讓除了說服附近的李繼隆和自己率軍正面迎敵，與遼軍決一死戰外，沒有其他選擇。

田重進的情況也類似，他確實試圖從側翼攻擊遼軍，也一度占了上風。然而，同樣無權調動其他部隊的田重進，也無法和劉廷讓協同作戰。最終，田重進的先頭部隊被遼軍擊敗，不得不撤出戰場。對遼軍的來襲劉廷讓和田重進的處境說明，宋太宗並沒有將戰略重點由進攻轉向防禦。對於遼軍來襲的反應，宋軍將領在缺乏戰略協同的前提下，仍然側重於孤立的反擊和逆襲。

宋軍以步兵為主，而遼國的主力是騎兵。在野戰中，具備

衝擊能力的騎兵更占優勢。不過,被迫用步兵正面對抗騎兵的劉廷讓,還是做出了正確的戰術部署。

首先,為了避免宋軍的步兵方陣陷入四面受敵的不利局面,劉廷讓在軍中增加了強弩等射程武器,因為強弩是對抗遼軍騎兵的有效武器,增加強弩可以減輕宋軍正面的壓力。

其次,劉廷讓在宋軍的左右兩翼和側後方配置了騎兵,形成「枴子馬」陣型,以防止遼軍從側翼或後方攻擊宋軍。

最後,也是最重要的,劉廷讓將軍隊的作戰單位沿著縱深作梯次編配,前後呼應,以此來減少被遼軍騎兵切斷後路的危險。這裡的縱深,指的是軍隊在作戰地區的縱向深度,增加縱深,可以有效提高軍隊的防禦能力。

具體的做法是,劉廷讓將軍隊分為兩部分,自己率領一部分打頭陣,吸引遼軍主力;另一部分精兵則與李繼隆的部隊混編,由李繼隆統一指揮,作為後續梯隊。當劉廷讓與遼軍主力短兵相接時,李繼隆再乘機出兵,對遼軍做決勝一擊。

遼軍的騎兵具有衝刺力,騎射具備靈活的遠端攻擊力,可是一旦與劉廷讓的部隊短兵混戰,這種戰鬥力就會大打折扣。這時李繼隆及時上前反擊,配合宋軍強弩的優勢,就能收到後發制人的效果。

這種拉長縱深的戰術,在當時的宋軍中運用相當普遍,而且非常有效。但它與彈性防禦一樣,要求先頭部隊和後續梯隊之間必須有效協調,而這恰恰是宋軍最為薄弱的環節。

第四編　文治王朝的「武功」

　　十二月十二日，劉廷讓率先頭部隊在君子館遇上遼軍。不料當天漫天大雪，氣溫驟降，宋軍將士竟被凍得拉不開弓，強弩成了擺設，宋軍步兵完全喪失了對遼軍騎兵的技術優勢。

　　天氣惡化還動搖了協同作戰。李繼隆認為，喪失技術優勢的宋軍根本不是遼軍的對手，劉廷讓敗局已定，自己再出兵支援無異於白白送命。由於李繼隆的官階與作戰許可權都與劉廷讓旗鼓相當，實際上並不受劉廷讓節制，為了保存宋軍實力，他違背了與劉廷讓的約定，率軍後退自守。

　　這使得原本就陷入困境的劉廷讓徹底變成了孤軍。此時，遼軍的援軍也到達了君子館，並對宋軍展開猛烈進攻。劉廷讓孤軍奮戰，終因寡不敵眾，全軍覆沒，死者數萬人。劉廷讓僅孤身逃回。

　　君子館會戰後，遼軍在關南縱橫劫掠，如入無人之境。整個河北士氣渙散，畏遼如虎，這是此前歷次戰敗後不曾有過的現象。

　　宋軍高層終於意識到問題的嚴重性，開始產生了慎重和避戰的想法，之前輕敵言戰的氛圍徹底消散。

　　就在擊敗劉廷讓不久，遼軍又向位於今天山西北部的代州進攻。駐守這裡的正是那位提出先本後末戰略的張齊賢。起初，張齊賢因兵力不足，派人約大將潘美從太原出兵，來代州與遼軍會戰，這仍是一副遇敵即戰的架勢。

　　然而，張齊賢派往潘美處的信使被遼軍抓獲，潘美出兵的

消息被遼軍探知。正當張齊賢擔憂潘美會受到遼軍截擊時，潘美的信使卻到了。信使說，太宗得到君子館敗報後，急令潘美不要再出擊，已經出師的潘美不得不返回太原。

張齊賢將計就計，將潘美的信使扣留，防止消息再度被遼軍探知。然後他選派 2,000 名地方軍出城，形成相互接應的防禦之勢。又命人到山頭點火，虛張聲勢。遼軍見到火光，以為是潘美的援軍到來，驚惶地向北撤去。行至土磴寨，遭到張齊賢埋伏於此的宋軍伏擊，大敗而歸。

土磴寨之戰雖然規模不大，但卻反映了宋軍指揮層的心理變化。面對持續惡化的形勢，宋朝最終放棄了積極北伐的大戰略，轉而採取防禦大戰略。在這個戰略的指導下，宋太宗委派資深將領主持河北城池的修復工作，加強防禦力量。宋軍逐漸恢復了士氣，還打贏了幾場防禦戰，但始終不敢輕易出戰，再沒有君子館會戰以前的銳意好戰了。

那麼後續的歷史會如何發展呢？遼國又有怎樣的舉動？原來，宋、遼戰爭期間，燕雲的百姓常表現出投靠宋朝之心。對遼國來說，當務之急是保住燕雲，鞏固自己在這片核心區域的統治，這就決定了遼國征宋的目的，僅僅是軍事威懾和劫掠財富。因此，君子館之戰後，遼國並沒有繼續南下，深入宋朝腹地，而是在一番劫掠後揚長而去，見好就收。

這樣，在軍事上，宋、遼誰也吃不掉誰；在大戰略上，雙方都以鞏固現有地區的統治為目標。宋、遼兩國實際上又進入

第四編　文治王朝的「武功」

此前維持現狀的對峙局面。此後，儘管兩國邊境的衝突時有發生，可強度始終不大。在相持將近 20 年之後，到了西元 1005 年，宋、遼兩國終於締結了澶淵之盟，正式承認了這種對峙，兩國進入了和平對峙的新時期。

澶淵之盟

宋朝國力蒸蒸日上之時，雄踞北方的遼國也漸漸進入全盛時期。

當年遼太宗駕崩於回國的路上，遼國先後經歷遼世宗、遼穆宗的統治時期。西元 969 年，穆宗遇刺，世宗的次子耶律賢即位，是為遼景宗。景宗勤於政務，任用契丹人蕭思溫、漢人韓匡嗣等名臣，終於扭轉了太宗以來遼國動盪的政局。

景宗的皇后蕭綽，小字燕燕，是蕭思溫之女。景宗自幼得病，常年不能視朝，許多大事都由蕭綽協助處理。西元 982 年，年僅 35 歲的景宗去世，他與蕭綽的長子耶律隆緒即位，是為遼聖宗。聖宗只有 12 歲，蕭綽便以承天太后的身分攝政。遼國皇后都選自蕭姓貴族，楊家將故事裡的那位蕭太后，指的就是蕭綽。

這時的蕭太后也不過 30 歲，卻展現出高超的政治能力。一方面，她重用顧命大臣韓德讓（韓匡嗣之子）和耶律斜軫，全面籠絡群臣；另一方面，大膽啟用漢人，積極推行漢化政策。西元 988 年，遼國首開科舉，雖然只錄取 1 人，但卻由此開創了

漢人進入遼國統治階層的科舉仕途。

蕭太后還改革了司法。遼國舊例，契丹人與漢人共案同罪時，重處漢人，輕罰契丹人。蕭太后打破舊規，逐步推行契丹人與漢人同罪同判的司法原則。此外，她還改革了部族制、賦稅制，將大量奴隸身分改為平民，推動了遼國社會的發展。

傳說蕭太后小時候曾被許配給韓德讓。攝政以後，蕭太后與韓德讓重歸於好。韓德讓手握軍政大權，位極人臣，竭心盡力輔佐蕭太后與聖宗。蕭太后去世後，聖宗始終敬侍韓德讓如父。在蕭太后、韓德讓與聖宗的努力下，遼國進入了全盛時期。在此期間，遼、宋關係也有了新的發展。

宋真宗即位不久，曾派使者至遼國講和，卻遭到拒絕。此後，遼軍依舊時常騷擾宋境。西元1004年，聖相李沆去世，畢士安和寇準成為宰相。

這年閏九月，蕭太后與遼聖宗率軍20萬大舉南下，兵鋒直指開封。宋廷君臣人心惶惶。參知政事王欽若是江南人，建議真宗到金陵（今江蘇省南京市）避難；簽署樞密院事陳堯佐是四川人，建議真宗遷往成都。對此，寇準堅決反對，他決絕地對真宗說：「將獻此二策的人斬首祭旗，然後出師北伐！如果用此二策，則人心崩潰，敵騎深入，天下哪還保得住！」

當時，告急的邊報一日數次送入開封，寇準全部扣下，等累積到一定數量才一起交給真宗。真宗見這麼多的邊報都在告急，心急如焚，忙問宰相如何是好。寇準認為，真宗必須立即

御駕親征。十一月,真宗正式出征,數日後抵達澶州(今河南省濮陽市)。

澶州地跨黃河,有南、北兩城,南城較大,又在黃河南岸,因而比北城更安全;但宋軍主力都在北城布防。由於遼軍已經進抵澶州,多數朝臣都勸真宗留在南城。關鍵時刻,寇準再度力勸真宗過河,鼓舞士氣。殿前都指揮使高瓊說:「陛下如果不過河,百姓們像死了父母一樣著急!」他甚至直接命令將士護衛真宗過河。就這樣,真宗半推半就來到澶州北城。真宗的御傘黃蓋在北城城樓升起的剎那,宋軍將士歡聲雷動,高呼「萬歲!」

真宗後來回到南城,將軍隊全權交給寇準。寇準留駐北城,號令嚴密,將士畏服。為使真宗安心,寇準暢飲高歌,表現得從容不迫。真宗聞訊大喜,高興地說:「寇準如此,我還有什麼好擔憂的!」

北宋後期的陳瓘後來評價說:「當時要是沒有寇準,天下就要南北兩分了!」

遼軍進圍澶州後,智勇雙全的遼軍主將蕭撻凜在陣前視察地形,不料被宋軍的床子弩一箭射死,遼軍士氣一落千丈。

床子弩是弩的一種。大型床子弩如三弓床弩,通常配備3張弓,需要70人才能拉開弓弦,裝上弩箭。床子弩的弩箭也都是專門設計,比如三弓床弩使用的一槍三劍箭,外形比一般的箭要大得多,發射之後,威力驚人,可以一次貫穿三個人!

床子弩的射程遠、威力大。據史書記載，宋初魏丕製作的床子弩，射程可由原來的 700 步增至 1,000 步（約合 1.57 公里）。北宋時期，床子弩是城池防守的重要武器。隨著技術的進步，床子弩從南宋開始逐漸被淘汰。

蕭撻凜戰死，加之遼軍孤軍深入，明於審時度勢的蕭太后意識到，這場戰爭要依靠談判來結束了。實際上早在遼軍發兵之際，蕭太后便透過宋朝降將王繼忠，與宋朝保持著談判管道。

宋朝方面，真宗因西北有党項邊患，加上自己畏戰，故而也贊成議和。他派出曹利用前去遼營談判。臨行，真宗對曹利用交待：「領土是祖宗傳下來的基業，絕不能割讓！朕寧可拚死一戰，也不答應割地！不過遼人想要錢財的話，倒是可以考慮。」真宗還表示，只要能結束戰爭，遼人要 100 萬兩的錢財也可以接受。曹利用當即表態：「如果敵人不收回他們的非分要求，我絕不活著回來見陛下。」

寇準聽說此事後，專門找曹利用囑咐道：「雖然主上允許給 100 萬，但是你去談判，最多給 30 萬。超過 30 萬，我要你的腦袋！」

經過雙方使臣的多次往來和討價還價，宋、遼雙方最終於十二月（西元 1005 年 1 月）達成和議共識：

1. 宋朝每年給遼國白銀 10 萬兩、絹 20 萬匹，總計 30 萬兩匹；

2. 宋真宗尊蕭太后為叔母，遼聖宗尊宋真宗為兄，宋、遼結為兄弟之國，互稱南北朝；

3. 雙方各守疆界，互不侵犯；

4. 雙方不得收留對方的逃亡人員；

5. 雙方不得增建針對對方的軍事設施。

這次議和，史稱「澶淵之盟」。此後 100 多年裡，儘管宋、遼之間偶有摩擦，但和平交往已經成為兩國官方和民間的主流，這為兩國的社會發展帶來了正面影響。

宋遼貿易與草原絲綢之路

遼國慶州釋迦牟尼佛舍利塔，位於今天內蒙古自治區赤峰市巴林右旗境內。西元 1998 年至 1992 年，考古工作人員在塔刹（塔的最高處）內發現了大批沉香、乳香等香藥，這些香藥是佛教重要的供養品。契丹人當中有不少人信奉佛教，香藥對於他們來說是必備用品。

這些香藥原產於今天的東南亞各地，透過貿易進入宋朝，然後被宋人轉手賣給遼人。小小的香藥，不僅將宋朝與遼國連繫在一起，更將兩個政權與世界連繫在一起。

其實，宋、遼貿易由來已久。哪怕是兩國大打出手的宋太宗時期，互通有無的邊境貿易依然時斷時續。遼國從宋朝進口茶葉、瓷器、漆器、絲綢、香藥、珍珠、犀角，宋朝從遼國買

入羊、駱駝、布匹、馬具、北珠。

宋人很早就發現貿易對於宋、遼關係的重要性。雍熙北伐失敗後，殿中侍御史趙孚曾向宋太宗指出，貿易暢通是維持宋、遼兩國長久和平的重要籌碼。遼人對宋、遼貿易也很重視，甚至在西元1002年，主動請求宋朝開放邊境貿易。有日本學者甚至認為，10世紀末蕭太后與遼聖宗屢次襲擾宋朝，目的就是逼迫宋朝長期維持邊境貿易。

澶淵之盟訂立後，宋、遼之間的軍事對抗基本結束，不僅和平的環境促進了邊境貿易的恢復發展，邊境貿易本身也成為維持雙方和平的重要保證。因為這種貿易使兩國互惠互利，誰都不願意輕易開戰了。

根據盟約，宋朝每年需要向遼國支付10萬兩白銀和20萬匹絹（後增至20萬兩和30萬匹）的「歲幣」。不過，遼國在與宋朝進行大宗貿易時用白銀支付，由於遼國進口的商品多於宋朝，因而不少白銀又從遼國回流至宋朝。這些回流的白銀，60％進入國庫，40％流入民間。相對於需要花費鉅額軍費的戰爭，宋朝從和平的貿易中獲得了一定實惠。

遼國也從貿易中獲得了好處。透過對草原商路的經營，遼國與中國境內的西夏、高昌回鶻、于闐等政權，以及位於中亞、西亞的大食國（阿拉伯帝國），南亞的獅子國（今斯里蘭卡）等國都保持著密切的貿易往來。依靠這條「草原絲綢之路」，中亞的西瓜、中東的玻璃製品，甚至北歐的琥珀飾品，源源不斷

第四編　文治王朝的「武功」

地傳入遼國；隨後又透過宋、遼貿易流通到宋朝。

在草原絲路上，絲綢是遼國出口時的大宗商品，白銀是進口時的重要支付手段，而百餘年間，遼國僅依靠澶淵之盟的歲幣，就從宋朝直接獲得近 2,000 萬兩白銀和 3,000 餘萬匹絹，這對於遼國經營的「草原絲綢之路」具有深遠意義。

除此之外，澶淵之盟規定宋、遼是兄弟之國，地位平等，宋為南朝、遼為北朝。「南北朝」的稱呼不僅反映了兩國勢均力敵的現實，同時也表現出雙方在文化認同上的轉變。宋人開始跳出「國無二主」和「華夷之辯」的傳統思維，平等對待強大的少數民族政權，保持著一種相對開放的心態；遼國也並未將自己視為「夷狄」，而是自居「中國」，認為自己是中華文明的一員。

拓邊西北

—— 北宋後期突然吊打西夏，軍事弱國突然雄起的戰略祕密

拓邊西北的西北，指的是宋朝的西北邊疆，主要包括今天內蒙古、寧夏、陝西、甘肅、青海等省區的交界地帶。這個地區的大部分土地，長期控制在西夏手裡。

拓邊，指的是開拓邊疆。你可能很難將這個詞與宋朝連繫在一起。在傳統印象裡，崇文抑武的宋朝在軍事上總是被動挨

打的多。不僅對強悍的遼國和金國束手無策,甚至拿蕞爾小國西夏也沒有辦法。這與積極開疆拓土的漢、唐形成鮮明對比。以至於今天有不少網友,嘲笑大宋朝是大慫朝。

但從相關歷史資料的研究我們可以指出,在北宋後期,特別是倒數第三位皇帝宋哲宗親政的時候,宋朝確實一反常態,在西北邊境發起了大規模拓邊戰爭,一度將西夏逼入絕境。一個王朝末年,往往是積貧羸弱,不堪一擊,但北宋卻突然雄起,其中的祕密,就藏在西北地區的防禦戰略裡。這套防禦戰略從一開始就蘊含著攻擊因素,一旦時機成熟,便會自然演變成拓邊戰爭。

宋夏戰爭之初北宋的三大敗

党項人李繼遷自西元982年叛宋以來,勢力不斷壯大,在宋太宗、真宗時期,多次擊敗宋軍,不僅收復了定難軍故地,更攻陷靈州(今寧夏回族自治區靈武市西南),改名西平府,並遷都於此。

西元1004年李繼遷死後,其子李德明繼位。他一面與宋議和,與遼結盟,創造良好的外部環境;一面發展經濟,壯大實力;一面不失時機地開疆闢土,經略河西。到了晚年,李德明遷都興州(今寧夏回族自治區銀川市),動了稱帝的念頭,卻在西元1032年突然病逝,其子李元昊繼位。

第四編　文治王朝的「武功」

元昊繼位後，理論上仍是宋朝的臣子，但卻公然「僭越」。他自稱姓嵬名氏，改名叫曩霄；同時，將宋、遼冊封的西平王或夏王的王號廢去，而自稱「兀卒」，有自尊天子大汗之意。西元 1033 年，元昊下頒禿髮令，推行党項人的傳統髮型，規定境內 3 日不禿髮者皆可殺。同年，升興州為興慶府，改革官制、兵制和禮制，為稱帝做最後的準備。

西元 1038 年 10 月，元昊正式稱帝，國號夏，改元天授禮法延祚，是為夏景宗。他追尊祖父李繼遷為夏太祖、父親李明德為夏太宗。因夏國地處宋朝之西，故史稱西夏。澶淵之盟後的宋、遼南北朝，至此正式演變為宋、遼、夏三足鼎立。

西夏立國，宋朝朝堂鼎沸，宰相張士遜力主出兵，鄜延路副都部署劉平甚至直接寫好了《攻守之策》。只有右正言、直集賢院吳育指出，可以援引宋初太祖對待江南藩國的舊例，更改西夏國的稱謂，暫時先安撫元昊，再找機會收服他，結果卻被張士遜嘲笑為精神病。

西元 1039 年 11 月，元昊向延州（今陝西省延安市）知州兼鄜延、環慶路安撫使范雍假意求和，然後乘范雍不備，突襲保安軍（今陝西省延安市志丹縣），范雍急調劉平等馳援；元昊卻已經一舉攻下延州西北門戶金明寨（今陝西省延安市西北），殺至延州城下。范雍再度召劉平等軍回援。西元 1040 年正月二十三日晚，劉平率 1 萬餘人到達三川口（今陝西省延安市西），遇上夏軍，雙方展開激戰。劉平左耳、右頸中了流矢，仍

然鎮定指揮。後因黃德和率軍逃走，宋軍全線潰敗。劉平率千餘殘軍依然頑強抵抗夏軍，終因寡不敵眾，於次日兵敗被俘。幸好當時天降大雪，元昊見好就收，延州才不至陷落。

三川口之戰是北宋中葉宋、夏戰爭中，宋軍的首次大敗。宋廷聞訊，朝堂震驚。為了應付戰爭，仁宗徵調大量部隊、糧草到西北，還要求邊事由中書與樞密院共同商議，同時調整了人事部署：以三朝元老晏殊為知樞密院事，職掌樞密院；以老師夏竦任陝西經略安撫使，為西北前線統帥；以范仲淹和韓琦為安撫副使，分別知涇州（今甘肅省平涼市涇川縣）和延州，作為夏竦的副手。

晏殊強烈要求廢止頒授陣圖、將從中御的老傳統，給前線將領更多指揮權。而范仲淹到達延州後，改革軍制，提升延州的防禦能力。夏人幾次襲擊延州都討不到半點好處，私下裡都說：「別打延州的主意了，現在的小范老子（指范仲淹）腹中有數萬兵甲，沒當年的大范老子（指范雍）那麼好騙囉。」

然而，在對夏是攻是守的問題上，朝廷內部爭議不斷。韓琦主張集中兵力滅夏；而范仲淹認為宋軍長期邊防不修，戰鬥力不強，因此主張固守抗敵。這年底，仁宗召見韓琦，決定於次年正月發兵討夏；但當他讀了范仲淹的奏章後，又發生動搖。等韓琦回到陝西，才發現仁宗已經允許范仲淹暫緩出兵。優柔寡斷的仁宗在關鍵時刻「和稀泥」，這讓剛毅果決的元昊掌握了戰略主動。

第四編　文治王朝的「武功」

西元 1041 年 2 月，元昊率 10 萬夏軍攻宋，韓琦急命任福率 1 萬餘人截斷夏軍後路。他一再囑咐：「山間道路狹隘，肯定有埋伏。要是敵人激怒我們，或者用計謀引誘我們，都別理他。」

十二日，任福遇上夏軍，敵人一觸即潰，丟下馬、羊、駱駝就跑。任福乘勝追擊，不料一頭鑽進元昊在好水川（今寧夏回族自治區固原市隆德縣西北）設下的埋伏圈。雙方從清晨激戰到正午，任福戰死，6,000 名宋軍將士殉國。主攻的韓琦也因此遭到降級處分。

好水川大敗，終於「幫助」仁宗在攻守間做了決斷。這年十月，朝廷將西北分為四路，分別以龐籍、范仲淹、王沿、韓琦分知四路帥府所在的州，各兼本路兵馬都部署，正式轉攻為守。

可是仁宗馬上又陷入徘徊：下一步，究竟是和，還是戰？仁宗傾向於和，但「幫助」他下定決心的，卻是大宋的「兄弟之國」──遼國。

西元 1042 年正月，乘著宋、夏交戰，遼興宗屯兵於宋、遼邊界，並要求宋朝「歸還」當年被周世宗「占領」的關南之地。屋漏偏逢連夜雨，窮於應付的宋仁宗接受宰相呂夷簡的建議，派知制誥富弼兩次赴遼談判。由於富弼態度堅決，遼興宗始終無法逼迫宋朝割地。到了九月，雙方最終達成新的約定：澶淵之盟規定的歲幣數額，白銀由 10 萬兩增至 20 萬兩，絹由 20 萬匹增至 30 萬匹。宋向遼輸送歲幣，改稱為「納」。由於西元

1042 年是宋朝慶曆二年，遼國重熙十一年，因此宋人將這次修約稱為「慶曆增幣」，而遼方則稱為「重熙增幣」。

富弼在國家危難之際，兩次出使遼國，堅決捍衛宋朝的尊嚴，最終不僅避免了宋、遼開戰，也使遼國放棄了割地的無理要求。富弼第一次使遼時，恰逢女兒暴斃；第二次使遼時，又趕上兒子出生，他都不顧而行。仁宗對富弼非常欣賞，幾次要幫他升官，卻都被拒絕了。富弼說：「增加歲幣並非臣的本意，只因我們在討伐元昊，無暇與遼人較量，所以臣不敢以死與遼人相爭。現在要讓臣升官，臣怎敢接受呢！」

宋、遼修約之際，宋仁宗對西夏的態度，完成了由「守」向「和」的轉變。那麼，元昊對宋遼的和解是什麼反應呢？

西元 1042 年閏九月，宋、遼修約一個月後，元昊再度犯邊，涇源路副都部署葛懷敏率軍迎敵，在定川寨（今寧夏回族自治區固原市北）被夏軍包圍。最終，葛懷敏以下 14 員大將戰死，近萬餘士兵被俘。敗報傳入朝廷，宰相呂夷簡不禁大呼：「一戰不如一戰，可怕！」

西夏雖然在軍事上連戰連勝，在經濟上卻輸得一塌糊塗。和平年代，西夏可以從宋朝獲得大量歲賜，還可以透過邊境貿易獲得糧食、布匹、茶葉等生活必需品。現在兩國開戰，貿易停擺，商品稀缺，物價昂貴，從貴族到百姓，都吃不消了。常年征戰，又使西夏軍民死傷慘重，兵力和勞動力無法補充。特別是宋、遼修約後，西夏與兩國的關係也出現了微妙變化。事

已至此,於宋於夏,和談都是結束這場戰爭的唯一出路。

西元 1043 年,宋、夏兩國開始和談。宋朝要求西夏稱臣,元昊卻按党項風俗,在國書中自稱「兀卒」,甚至後來改寫作「吾祖」。宋朝文臣大怒,知諫院蔡襄對仁宗說:「『吾祖』,這就好像在說『我祖宗』。現在就算元昊稱臣,他上書朝廷的時候自稱『吾祖』,朝廷賜下的詔書也稱『吾祖』,這說的都是什麼話!」

當時,仁宗已經改組了二府,新上任的宰相晏殊、樞密副使范仲淹力勸仁宗答應請和;而當初主攻、如今也是樞密副使的韓琦,堅決反對議和。就像當年二府為了攻守吵了一年沒結果一樣,這一次又吵了一年,依然沒結果。

最後的結果,還得靠「契丹兄弟」來「幫忙」。就在宋、夏議和之際,遼、夏發生糾紛,關係急遽惡化。西元 1044 年,遼興宗決定伐夏,並將消息告訴了宋朝。元昊害怕遼、宋結盟,自己腹背受敵,遂急忙向宋稱臣。漫長的和談總算修成正果,這年十月,雙方約定:宋朝冊封元昊為西夏國主;宋每年賜絹 13 萬匹,銀 5 萬兩,茶 2 萬斤,其他歲時常賜銀 2 萬兩,銀器 2,000 兩,絹 2 萬匹,細衣著 1,000 匹,雜帛 2,000 匹,茶 1 萬斤;恢復邊境貿易。長達六年的宋夏戰爭,隨著慶曆和議的達成終於告一段落。

最終的結局,不過是當年那個被嘲笑為精神病的吳育所提的建議:更改西夏國號和官職稱謂的名字,找時機安撫收服元昊。

為什麼偌大的宋朝常常輸給小國西夏？

西夏是党項族建立的政權。唐末五代，党項族的一支活躍於今陝西、寧夏、內蒙古交界處的夏州一帶，割據一方。宋朝建立後，夏州党項臣服於宋朝，後來卻屢屢反叛，雙方一直打打停停。西元 1038 年，夏州党項首領李元昊正式稱帝，以今寧夏銀川市作為首都，建立西夏，隨即發重兵攻伐宋朝。宋軍雖然積極防守，卻接連慘敗。

你可能會說，宋軍就是這樣不堪一擊；但事實並非如此，勝敗的關鍵在於戰略是否得當。在《經略燕雲》一書中，作者曾指出，宋朝透過彈性防禦，能夠在河北有效抵禦遼國的進攻。彈性防禦是說，敵人入侵時，我方軍隊不必全部集中到某個軍事要塞硬碰硬，而是用能夠迅速調動、協同能力強的野戰軍部隊擊潰敵人，讓他們退兵。

按理說，宋朝只要把河北成熟的彈性防禦體系搬到西北，就能夠解決西夏問題。可是事情遠沒有這麼簡單，西北地區特有的三個不利因素，嚴重削弱了宋軍彈性防禦的效果。

第一個不利因素，是西北的地理環境分割，這也是最大的不利因素。與一馬平川的河北平原不同，西北多山谷。在西夏的寧夏平原與宋朝的關中平原之間，是大片的山脈阻隔。山中的幾條重要河谷，就成為連接兩大平原區的主要通道。為了控制山谷的進出，加強邊防，宋朝在這裡設了四個戰區，這些戰

區被稱為「路」，道路的路。

各路宋軍只能沿著山谷行軍或防守。山谷間的崇山峻嶺，割斷了不同山谷中宋軍的聯繫，使他們彼此難以支援。由於軍隊無法及時到達指定位置，宋朝只能分兵拒守各個據點，結果又造成兵力分散，每個據點的兵力都不充足。

在宋、夏第一場大戰中，地理因素就深深影響了戰況。西元1040年，西夏進犯延州，也就是今陝西延安市。宋軍在延州外圍的據點分兵拒守，被西夏集中優勢兵力各個擊破，延州危在旦夕。宋朝急忙調動西北各戰區的部隊前往支援。其中一支援軍趕到了距離延州僅五里的三川口，卻因孤軍冒進，中了西夏的埋伏，全軍覆沒。其他各路援軍則在山谷裡兜兜繞繞，直到西夏撤軍幾天後，才遲遲到達延州。要不是因為突降大雪，夏軍主動撤退，延州早就被攻陷了。

第二個不利於西北彈性防禦的因素，是邊防年久失修。在河北，宋軍往往依託牢固的城池和據點，配合野戰軍進行彈性防禦。而西北水資源匱乏，人煙稀少，天然缺乏這樣的據點，野戰軍往往在沒有掩護或補給的情況下，被迫接受西夏發起的會戰。

第三個不利因素，是作為彈性防禦核心的野戰軍，戰鬥力低下。宋朝駐紮在西北的主力是中央禁軍，可是到了北宋中期，這些駐紮西北的禁軍早已疏於訓練，打不了硬仗。這在當時幾乎是公開的祕密。

面對這些當時公認的不利因素，宋朝的軍事指揮官開始因地制宜，調整戰略，在對夏戰爭中不斷爭取戰略主動，擺脫被動挨打的局面。

■ 宋軍如何在對夏戰爭中爭取主動權

在諸多解決西夏問題的方案中，對後世影響最為深遠的，要數經略橫山計畫。這個計畫的提出者，是後來主導慶曆新政的名臣范仲淹。

宋仁宗時，范仲淹是西北一個戰區的最高軍事指揮官。他認為，鑒於西北的三大不利因素，宋朝根本無法建立起穩固的防禦體系。要建立永久防線，宋軍必須攻占西夏境內的橫山。

橫山，位於今陝西北部榆林市一帶，靠近宋、夏邊境。這條山脈不僅是一道天然的地理屏障，而且山中物產豐富，周邊遍布少數民族。占據著橫山的西夏積極籠絡當地少數民族，並利用地理優勢，將橫山打造成進攻宋朝的前線補給站。宋軍攻占橫山，不僅可以使西夏喪失地理優勢，還可以使自己擺脫山谷的束縛，利用天險建構起防線。

為此，范仲淹提出，宋朝應積極招納邊境上的少數民族；修建堡寨，鞏固邊防；訓練野戰軍，增強戰鬥力。待時機成熟時，轉守為攻，一舉拿下橫山。

經略橫山計畫雖然是防禦性戰略，但卻包含著進攻橫山的

第四編　文治王朝的「武功」

因素。正是這個因素，使宋朝在西北地區的戰略防禦，逐漸轉變成了拓邊戰爭。

11 世紀末，宋神宗授權王安石進行變法。這次變法的目標，是富國強兵。神宗透過一系列經濟措施，聚斂了大量財物，為發起拓邊戰爭累積了物質財富。另外，皇帝還沿襲了范仲淹在西北地區展開的軍事改革，有效提高了宋軍的戰鬥力。

西元 1068 年，宋神宗首先在青藏高原的東北部，也就是今甘肅與青海兩省的交界處，展開拓邊。到了 1070 年代，宋朝已經在這個地區拓地 2,000 餘里，設立了西北的第五個戰區熙河路，還與當地最大的吐蕃族政權結盟，共同對付西夏，史稱熙河開邊。宋軍雖然沒有與西夏短兵相接，但卻切斷了它與吐蕃的連繫，不僅在外交上孤立了西夏，更在軍事上繞到了西夏側翼，使西夏腹背受敵。

隨著變法的深入和熙河開邊的完成，宋神宗正式展開戰略反攻，在西元 1081 年和 1082 年，先後兩次展開大規模的伐夏戰役。雖然宋軍仍然敗多勝少，也沒能攻占橫山，但卻占領了蘭州等戰略要地，這為後面的拓邊戰爭奠定了基礎。

西元 1085 年，宋神宗去世。新即位的宋哲宗年齡太小，朝政由臨朝聽政的太皇太后決斷。這個時期，以司馬光為首的反變法派上臺執政，盡廢新法，這直接影響了西北的軍事局面。

宋朝維持西北防務，需要鉅額軍費開支。僅戍守蘭州一地，一年就要花掉 100 萬貫錢。可是新法廢除後，朝廷的財政

收入銳減,無力支持西北軍費。司馬光等人希望與西夏恢復和平,以此緩解財政壓力,也減輕老百姓的負擔。為了表達誠意,他們將神宗攻占的部分土地歸還給西夏,並提出與西夏劃定明確的國界,以此來保證兩國間的長久和平。

然而,這只是司馬光們的一廂情願。因為西夏皇帝年僅3歲,朝政都控制在攝政的梁太后手中。為了鞏固自己的權力,梁太后極力主張攻打宋朝。西元1087年,宋、夏戰爭再度爆發。到了西元1092年,梁太后更是親率大軍,悍然進攻宋朝的環慶路。

環慶路,是宋朝西北五大戰區中,比較靠東部的一個,大致相當於今天甘肅慶陽市,它以環州和慶州兩座城池為核心。其中,環州城位於慶州城的西北邊,靠近橫山。兩座州城依水而建,由同一條山谷相連。

這年十月十二日,梁太后親率20萬夏軍攻進山谷,重兵包圍環州城和周圍的堡寨,前鋒部隊更是深入山谷,屯駐在環州與慶州之間的戰略要地,以阻隔慶州方面的援軍。而駐紮於慶州城的環慶路主帥章楶,可用於抵禦的兵力僅有3萬。

面對數倍於己的敵人,章楶決定採取彈性防禦戰略。只不過與宋、夏戰爭初期相比,這時的彈性防禦已經根據宋軍和夏軍的特點做了大幅度調整,克服了它在西北水土不服的問題。

早在范仲淹時代,宋人就發現,西夏全民皆兵,軍隊人數眾多。當夏軍集中兵力進攻時,兵力分散的宋軍貿然以寡擊

眾,絕無取勝可能。不過,夏軍的行動目標往往是掠奪人口財物,掠奪完畢後,滿載而歸的西夏士兵,在撤軍過程中鬥志全無,軍隊戰鬥力嚴重下降。所以,防禦西夏進攻的最佳方式,是採取遮斷戰法,也就是避其鋒芒,在夏軍撤退的必經之路上設伏,待其撤軍時,集中兵力發起進攻。

章楶採取的正是這種遮斷戰法。西夏大軍壓境之際,章楶並沒有急於與夏軍交戰,而是派折可適領1萬野戰軍避開夏軍前鋒,直接走山路,繞到包圍環州的夏軍主力背後。十月十六日,折可適率軍進駐環州以北的洪德城,這裡是西夏退軍的必經之路,地形複雜,非常適合埋伏。

不久,夏軍的前鋒部隊北返,協助主力圍攻環州。章楶抓住時機,派出僅剩的不到2萬宋軍,從慶州日夜兼程,正面支援環州。到了十七日深夜,梁太后意識到自己可能會遭到宋軍前後夾擊,被迫從環州撤圍。

十月十八日凌晨,夏軍的前鋒經過洪德城附近,折可適放他們先行過去。到了上午,梁太后率領的中軍也抵達洪德城,在此等待多時的折可適出其不意,開門出戰,附近的伏兵也一擁而起,夏軍頓時亂作一團。

然而到了午後,西夏的後軍趕到了洪德城,實力大增。而連續作戰16個小時的宋軍早已疲憊不堪。指揮伏擊的折可適意識到形勢可能逆轉,迅速率軍入城,轉為防禦。夏軍對洪德城發起進攻,雙方又廝殺到午夜,直到三更時分,折可適才再度

開門出擊,大破夏軍。梁太后從小道逃跑,才倖免於難。

洪德城一役,宋軍惡戰一日一夜。章楶迅速捕捉戰機、採取遮斷戰法,折可適的野戰軍靈活敏銳,這是宋軍取勝的關鍵。西夏的指揮中樞在戰鬥中受到直接衝擊,以致梁太后逃回國後,立即找遼國幫忙調停,向宋朝求和。

洪德城戰役的勝利說明,在經過一系列的調整和變革後,宋軍已經能夠透過新的彈性防禦戰略,有效抵禦西夏的進攻,並具備主動進攻的實力,宋朝與西夏的停戰已無必要。

這場勝利還說明,儘管在司馬光等反對派主政期間,宋朝對西夏的國家戰略由拓邊轉變為和談,但這種變化並沒有影響到西北前線的軍事戰略。蘊含著攻擊性的彈性防禦戰略,依然被西北前線的宋軍將領貫徹執行。這意味著,一旦國家戰略發生改變,彈性防禦依然可以迅速轉變為拓邊戰爭。

■ 宋哲宗親政後,宋朝將拓邊西北的戰爭推向高潮

西元 1094 年,宋哲宗親政。他啟用變法派章惇為宰相,全面效法宋神宗,一邊恢復新法,一邊主動向西夏用兵。

在洪德城戰役中立下汗馬功勞的章楶,是章惇的親戚。有了章惇的支持,章楶在拓邊西北中的影響力越來越大。這裡就以章楶主導的進築天都山戰役為例,來看看宋朝是如何在西北全面進攻的。

第四編　文治王朝的「武功」

西元 1097 年初，章楶出任涇原路的主帥。涇原路位於環慶路西側，以今天甘肅平涼為中心，在西北五大戰區裡居於正中，是各戰區的樞紐。但是這個樞紐缺乏險要的地形，防禦能力極差。要彌補這個防線上的薄弱環節，宋軍就必須向前推進國界，抵達西夏境內的天都山，這座山位於今天寧夏海原縣。推進天都山，是經略橫山計畫的翻版。所用的手段，就是進築，前進的進，修築的築。

所謂進築，最初是指修建堡壘營寨，作為抵禦夏軍的據點，這是范仲淹針對邊防年久失修，而積極主張的軍事戰略。後來，宋人意識到，如果把堡寨修到西夏境內，宋軍就可以依託堡寨與夏軍作戰，進而蠶食西夏國土，將國界一步一步向前推進。因此，宋人乾脆將修築堡寨的行為稱為「進築」。

從涇原路出兵，沿山谷向北進築，最終抵達天都山，這一路上的地形極為複雜。所以，章楶急需一張精確的軍事地圖。雖然宋軍此前也曾繪製過這一帶的軍事地圖，但這些地圖品質粗糙，錯漏極多。

為此，章楶派出參謀官种朴，深入山谷和前線實地考察，依據考察結果，重新繪製了一幅彩色的軍事地圖，糾正了舊圖中的許多錯誤。地圖中的戰略要地，都被种朴貼上紙條，一一做了記號。

有了精確的軍事地圖，章楶就能做出更加嚴謹的軍事部署。這讓宋哲宗大為信服。他稱讚章楶說：「各個戰區在討論軍事戰

略時，大多是紙上談兵。只有章楶是根據軍事地圖來做戰略部署的。章楶的戰略，一定能夠成功！」

此外，章楶還與西北各戰區的主帥做了溝通協調，要求各大戰區積極配合進築行動，對西夏同時進行淺攻，深淺的淺，進攻的攻。

和進築一樣，淺攻本來也是一種防禦戰術。西北各戰區的宋軍受地理限制，難以在境內互相支援。鑒於此，淺攻戰術要求，當一個戰區受到攻擊時，各個其他戰區要立即發兵，就近進攻西夏邊境。一方面，這麼做可以分散西夏的注意力，減輕被攻擊戰區的壓力；另一方面，還可以破壞西夏的社會經濟，削弱其長期作戰的能力。早在橫山計畫中，范仲淹就強調了淺攻作為防禦戰略的重要性。而章楶卻將淺攻用於主動進攻。

最後，章楶集結了西北四個戰區的兵力，在準備工作全部就緒後，正式進行進築天都山戰役。整場戰役可分為四個階段。

第一階段，是進築平夏城。

西元1097年3月，西北各大戰區突然同時對西夏發起淺攻，西夏一時無法準確判斷宋朝的主要軍事目標。章楶乘機發兵，進攻西夏境內40里處的石門口。石門口是天都山的南大門，為了防止宋軍進入天都山，西夏急忙發兵前來爭奪。儘管雙方在戰鬥中互有勝負，但石門口始終牢牢控制在宋軍手裡。歷經22天，宋軍終於在這裡修築起平夏城，作為下一步軍事行動的重要據點。從城名也能看出，宋朝是鐵了心要蕩平西夏。

第四編　文治王朝的「武功」

到了四月，不甘喪失戰略要地的西夏動員10餘萬大軍，力爭平夏城，第一次平夏城之戰爆發。關於這場大戰的細節，相關的直接記載已經丟失。但章楶後來回憶說，此戰一度險象環生。夏軍曾繞到平夏城的側後方，企圖利用這裡的防線漏洞，切斷平夏城的糧道。幸虧章楶早有防備，事先配置了預備兵力防護糧道，才使得西夏的計略沒有得逞。

在取得第一次平夏城之戰的勝利後，章楶和參謀官种朴立即於五月分著手鞏固平夏城側後方的安全。進築天都山戰役進入第二階段。

在此過程中，仍由种朴實地進行精密勘察，然後章楶根據种朴的勘察報告，制定在平夏城周邊進築堡寨的計畫，再將計畫彙報給朝廷的最高軍事機構樞密院。由於計畫周密而有說服力，樞密院不僅批准了計畫，還認為落實這項計畫的優先度，應高於其他戰區的進築計畫。在樞密院的支持下，這年六月，章楶和种朴迅速完成了對平夏城周邊的進築工作，形成了一個以平夏城為中心的半月形防線，鞏固了宋軍在這個地區的軍事優勢。

此後，章楶與涇原路的宋軍進入了休整狀態。可是圍繞下一步該如何進築天都山，涇原路西側的兩個戰區，卻發生了一場不大不小的風波。

與涇原路西界比鄰的戰區是秦鳳路，再往西就是宋神宗時開拓的熙河路。西元1097年12月，兩路主帥在未經朝廷批准

的情況下，擅自對西夏發兵，取得勝利。隨即，熙河路主帥提出，希望自己從西、章楶從東，協同作戰，共同進築天都山。

這項建議很快得到樞密院的肯定。西元1098年正月，樞密院乾脆制定了一個由涇原、熙河、秦鳳三大戰區聯合進築天都山的計畫，這將大大減輕章楶的壓力，增加進築成功的機率。

然而，這個看似宏大的計畫，卻根本推行不下去。問題首先出在秦鳳路上。秦鳳路遠離天都山，在聯合進築計畫中並不擔任主力，而戰區主帥又不願淪為配角，因此根本不願意加入進築天都山的行列。

更大的問題出在熙河路上。熙河路主帥之所以積極響應進築天都山，是因為在第一次平夏城之戰後，他看到這場戰役前景光明，想來瓜分章楶的戰功。然而，當樞密院制定了聯合進築計畫後，章楶執意要掌握三大戰區聯合指揮部的最高指揮權。這引起了野心勃勃的熙河路主帥不滿。在經過面談後，熙河路主帥與章楶沒有達成任何共識。最終，三大戰區聯合進築天都山的計畫不了了之。

儘管這場風波未對進築天都山戰役產生實質性影響，但它已經顯現出，樞密院對西北前線作戰計畫的影響力，正在下降；戰區主帥之間自發的戰略協調，對拓邊戰爭的影響越來越大。

進築天都山的計畫繞了一大圈，最終又回到章楶最初的方案上來。西元1098年6月，章楶由涇原路派軍挺進天都山，開始在山中地勢險惡的峽谷中進築堡寨，以此作為進一步控制整

第四編　文治王朝的「武功」

個天都山的跳板。進築天都山戰役進入第三階段。與此同時，其他戰區的進築成果也十分顯著，宋朝各大戰區經由進築而蠶食的西夏領土，正在逐漸連成一片。

西夏的梁太后不願坐以待斃，決定以傾國之力絕地反擊，反擊的突破口就是最關鍵的平夏城。

這年七月，梁太后一面在天都山集結兵力，一面又透過外國使團向宋朝轉達和平意向。對於西夏釋放的煙霧彈和它背後的意圖，宋朝決策層保持著高度的清醒與警惕。樞密院緊急向西北各大戰區下達了名為〈劃一指揮〉的指導性文件，該文件從七個方面，強調了彈性防禦和各戰區協調作戰的重要性，還詳細列舉了訓練、紀律、計劃、後勤和修築防禦工事等九項作戰指導，要求西北各戰區加強戒備。

樞密院的判斷是正確的。此刻，梁太后正與西夏將領共同制定進攻方案。梁太后認為，平夏城是宋朝在天都山附近規模最大的防禦工事，鎮守平夏城的宋將郭成最善於用兵。因而，只要西夏攻占最難啃的平夏城，周邊的堡寨就會不戰自潰。到了十月，梁太后已經在天都山北部集結了 40 萬大軍，對外號稱 150 萬，駐地距離章楶在天都山中修築的堡寨僅 50 里。

當時，平夏城僅有守軍四、五千人，算上周邊堡寨裡的駐軍，也不過才 2 萬人。宋朝樞密院急忙調遣各大戰區入援涇原路，在平夏城的正面戰場上集結了 7 萬人以上的兵力；其他戰區也各自集結起數萬大軍，準備以淺攻牽制夏軍，緩解平夏城

的壓力。宋、夏邊境上一時陳兵數十萬，一場決定性的大戰一觸即發。

不過，直到最後關頭，梁太后仍然小心地隱瞞著自己的作戰目標。以至於宋朝樞密院一度懷疑，西夏是否會在其他地方發起進攻。正當戰爭疑雲密布之際，梁太后裹挾著西夏小皇帝，親率主力對平夏城發起空前猛烈的進攻，第二次平夏城之戰正式爆發。

30餘萬夏軍迅速包圍了平夏城和周邊的堡寨。主力大軍更是使用了雲梯、樓車等攻城器械，運用了挖地道等攻城戰術，不分晝夜地猛攻平夏城，一時之間戰火紛飛。宋將郭成率領城中僅有的四、五千士兵頑強抵抗。他們在城牆上用神臂弓、一種射程較遠的發射器，向夏軍射擊，又在深夜展開偷襲擾敵。然而寡眾懸殊，平夏城還是一度出現危機，幾乎就要守不住了。

這時，前來支援的宋軍軍官幾乎一致認為，應該不惜任何代價進攻西夏主力，以解平夏城之圍。以謀略著稱的种朴卻堅決反對。他指出，拒絕支援平夏城，並非出於膽怯，而是有更加重要的原因。平夏城中的將士們之所以能夠堅定信心守衛孤城、抵抗強敵，就是因為城外有援軍。現在相對於夏軍主力，宋朝援軍的兵力微不足道。以這點兵力去解圍，就算打贏了，也不一定能使夏軍撤圍；萬一打輸了，夏軍拿著戰利品向城中展示，守軍的士氣會立刻崩潰。直到了這步田地，還能依靠誰來守城？何況郭成最為知兵善戰，有他鎮守平夏城，大家還有

第四編　文治王朝的「武功」

什麼疑慮的？在种朴的堅持下,宋朝的援軍沒有盲目進攻圍困平夏城的夏軍主力。

种朴的想法,與章楶和郭成不謀而合。章楶認為,只有城外有可用以策應的野戰軍,城內的軍隊才敢拚命死守。郭成後來也說,他對守住平夏城唯一的憂慮,就是救援部隊可能會過早到來。

經過13天的圍攻,平夏城依舊屹然不動,宋軍依然士氣高漲。反倒是西夏士兵傷亡慘重,口糧也即將消耗殆盡。一天夜裡,平夏城外突然颳起大風,西夏的攻城器械遭強風摧毀,軍中士氣徹底崩潰,夏軍陷入恐慌與無序狀態。梁太后見狀失聲痛哭,只得趁著夜色匆忙撤軍,結果卻掉進种朴等人設下的埋伏圈,夏軍損失慘重。主帥章楶抓住戰機,命郭成與折可適率1萬輕騎兵,按照事先約定的計畫進擊天都山。在山上,宋軍不僅再度攻破夏軍主力,還生擒了西夏的兩大名將。至此,第二次平夏城之戰,隨著西夏軍隊前線指揮中樞的徹底癱瘓而結束。

究竟有多少夏軍死於此戰,史書沒有記載。據說決戰平夏後,西夏軍隊再也無法發起大規模的作戰。這種說法雖然誇張,但自第二次平夏城之戰以後,宋朝完全掌握了宋、夏戰爭的戰略主動。章楶也因此被《宋史》稱讚為在拓邊戰爭中獲得軍功最高的將領。

宋軍的空前勝利引起西夏的舉國恐慌。梁太后連續三次遣使到遼國,請求遼國再度出面調停。當時的宋、遼、夏呈三足

鼎立局面，如果宋朝消滅西夏，宋、遼間的平衡也會被打破，這並不符合遼國的戰略利益。

為了促使宋、夏實現永久和平，遼國採取了一系列外交策略。首先，遼國不但拒絕了西夏提出出兵介入的請求，而且祕密派遣使者毒死了好戰的梁太后，以此斷絕西夏繼續發起戰爭的可能。

緊接著，遼國又派出使者前往宋朝首都開封，催促宋朝歸還所有占領的西夏土地，以此來突顯遼國在兩國之上的優越地位。

最後，遼國皇帝親自率兵，在距離宋、遼邊境五至七里的地方巡視，對宋朝施壓。

自從宋初經略燕雲失敗後，宋朝在對遼關係上一直妥協退讓。然而，第二次平夏城之戰的勝利，使宋朝有了揚眉吐氣的資本。宰相章惇強硬地認為，根本無須理會遼國的調停。不過，宋哲宗在聽取了樞密院的意見後，表示不應進一步破壞宋、遼關係。

最終，宋朝許諾與西夏和談，但卻有附加條件。一方面，宋朝要求西夏呈上謝罪書，並交出兩名戰犯，作為和談的前提。另一方面，面對咄咄逼人的遼國使臣，宋朝強硬拒絕了將所得土地歸還給西夏的無理要求。

在遞交給遼國使臣的國書中，宋朝指出，遼國也曾對付西夏的入侵，現在宋朝不過是仿效遼國。何況西夏曾向宋朝稱臣，宋朝是西夏的宗主國，在法理上，西夏的領土都是宋朝授予

第四編　文治王朝的「武功」

的。如果西夏不打算投降,那麼宋朝仍保有收回這片土地統治權的最終權力。宋朝態度之強硬,讓遼使瞠目結舌。在逗留開封 35 天後,遼使只得接受國書,返回遼國覆命。

在調停期間,宋朝並沒有停止軍事行動。

平夏城的大勝,加快了宋軍進築天都山的步伐,進築戰役也進入了最後一個階段。西元 1099 年四月,章楶的涇原路戰區已經全面占領天都山,並在山上修築了大量堡寨,宋朝在這裡設立西安州,作為新的前線指揮部。

其他各戰區的進築行動也一路凱歌。在東部,宋軍成功進築橫山,將部分西夏人驅逐到山後的沙漠地帶。在西部,熙河路與涇原路實現連接,秦鳳路成為遠離戰火的大後方。

從蘭州、天都山、平夏城,再到橫山,宋朝在西北拓邊戰爭中建立起的新防線,已經連成一片。新占領的地區還密布著鹽池,每月出產的鹽價值高達 14 萬貫錢,這大大緩解了前線的軍費壓力。

西元 1099 年秋,西夏遣使謝罪,呈遞給宋哲宗的奏章中,言辭極為謙卑。到了年底,雙方終於恢復和平,重新劃定國界。當年范仲淹以攻為守、再轉為主動防禦的戰略構想,歷經近 60 年,至此完成。宋朝在西北獲得了空前的威望。

宋朝之所以能取得這樣的軍事成就,主要原因有兩個。一個是自從范仲淹調整彈性防禦戰略,提出經略橫山計畫後,西

北各戰區就始終堅持這個攻守兼備的軍事戰略,將政治對軍事的干擾降到最低。另一個原因,是在戰略的制定過程中,前線戰區主帥的作用越來越大。由於作戰日益頻繁,戰略規劃日益依靠細微的情報收集和分析,樞密院在戰略制定中的優勢,遠不如熟知前線情況的戰區主帥。傳統上中央集權由上而下的縱向決策過程,逐漸讓位給戰區主帥間的橫向協調。

宋哲宗的拓邊西北戰爭,使宋朝在戰略和戰術上全面壓制西夏。到了他的後繼者宋徽宗時期,雙方再度交戰,互有勝負。西夏靠著遼國的斡旋,勉強應付。宋朝則徹底控制了橫山,下一步是依託橫山實施積極防禦,還是進一步發兵攻滅西夏,主動權已經完全操持在宋朝手裡。

可惜的是,宋徽宗的統治昏暗腐敗,民不聊生,宋朝已經失去支持對外戰爭的基礎。西元 1127 年,北宋在靖康之變中被金國攻滅。南宋建立後,西北地區已經納入金國版圖。拓邊西北的事業就這樣無疾而終。

滿江紅

—— 南宋岳飛抗金真相

「三十功名塵與土,八千里路雲和月。」一闋〈滿江紅〉隨著岳飛悲劇的隕落成為絕響。他的豪情壯志、赫赫戰功以及悲

第四編　文治王朝的「武功」

涼無奈的結局，自兩宋之際直至今日，依然可以喚起人們對英雄的景仰和對悲劇的嘆息。在宋、金交戰的時代洪流裏挾下，不止有獵獵戰旗下的將軍，也不止有朝堂戰、和兩派的明爭暗鬥，更有無數平凡的人，或在朝，軍職不高，或在野，心繫家國，或滿懷壯志，或獨善其身。本章節內容將帶你回到兩宋之際，以全局視角深入解讀宋、金對峙的前因後果，剖開當時政治社會的層層肌理，了解不同身分、不同人員眼中靖康之難前後的世界。家國之痛，滿江皆紅，誰也不是局外人。

■ 從靖康之難到維揚之變

北宋末年，宋徽宗趙佶與金國結盟，夾攻遼國。遼滅亡後，金國轉而攻宋，一口氣殺到了北宋的首都開封。宋徽宗為了甩鍋逃命，將皇位禪讓給長子趙桓，是為宋欽宗。

在副宰相李綱的帶領下，開封軍民同仇敵愾，各地援軍陸續抵達，金軍一度撤退，形勢一片大好。可是經過宋欽宗的一連串錯誤決策後，不僅宋軍主力全軍覆沒，而且開封城也被金軍攻破了。

靖康元年十二月二日，西元 1127 年 1 月 16 日，早已經嚇破膽的宋欽宗親自來到金營遞交降表。為了保住皇位，他在金人面前低三下四，全盤接受了金國的議和條件。

可是一回到開封，欽宗立馬就拿出了皇帝的威風。他頒布嚴刑峻法，解除開封城內軍民的武裝，然後在城中全力搜刮，

以籌備繳納給金國的鉅額賠款。上到宗室親貴，下到福利院裡的老弱病殘，都被勒令繳納金銀。

但金人的賠款要求太離譜了，折算下來，有好幾億，甚至可能是十幾億兩黃金白銀，晚清最喪權辱國的《辛丑條約》連本帶利也才賠了9.8億，而且只有白銀沒有黃金，這都壓得清朝喘不過氣了。所以金國要求的賠款數額，宋朝根本賠不起。最後實在搜刮不出錢了，欽宗竟然拿城中的婦女折價，抵允金銀。

一時之間，開封城內哀鴻遍野。百姓暗中打造兵器，準備反抗，朝廷卻查封了鐵爐，還對抗金的百姓施以重刑。有個叫李寶的摔跤藝人，會集了部分百姓，揭露金軍洗劫開封的罪行，結果被朝廷以造謠的罪名，殘暴殺害。

諷刺的是，這並沒有保住宋欽宗的皇位。靖康二年，西元1127年2月，欽宗與父親徽宗一起，被金國廢為庶人。到了四月，金軍裹挾著徽、欽二帝和宋朝后妃、宗室、大臣等數千人，各色民眾十餘萬人，以及不計其數的金銀珠寶撤兵北去。由於這一年是靖康二年，故史稱「靖康之難」。

這年八月，一行人被押解到金國的國都會寧，也就是今天哈爾濱的阿城一帶，參加一種叫牽羊禮的投降儀式。

什麼是牽羊禮呢？就是俘虜，無論男女，都要赤裸上身，身披羊皮，手裡拿著一條羊皮繩，然後將繩子遞給受降人，表示自己像羊一樣溫順，任人宰割。如果受降人興起，還可以把繩子拴在俘虜脖子上牽著走。

第四編　文治王朝的「武功」

徽宗和欽宗畢竟是皇帝，金人多少留了點面子，讓他們穿著百姓的衣服參加儀式。但其他人就沒這麼好運了。管你是皇子、駙馬，還是皇妃、公主，通通赤裸上身。

牽羊禮結束後，金國皇帝上殿，將女性俘虜或貶為奴婢，或賞給侍衛。在這個過程中，女性俘虜就一直這樣赤裸上身。奇恥大辱啊！當天晚上，包括仁懷皇后在內的不少女性就自殺了。

宋徽宗和宋欽宗則被安置在五國城，也就是今天的哈爾濱依蘭縣，先後死於這個遙遠的苦寒之地，再也沒有回到他們生於斯長於斯的中原故土。

北宋滅亡後，金國逼迫原北宋宰相張邦昌做皇帝，在中原組建傀儡政權。但是張邦昌不願意，金軍一走，他馬上就把玉璽送到了康王趙構那裡。

趙構是宋徽宗的第九子、宋欽宗同父異母的弟弟，也是宋朝宗室裡唯一未被金人擄走的親王。靖康之難時，他正在相州，也就是今天的河南安陽。後來，趙構接到欽宗密詔，就任天下兵馬大元帥。各路人馬雲集響應，紛紛來歸。僅用了一個月，趙構麾下已經聚集了八萬大軍。日後南宋中興四將中的韓世忠、張俊、劉光世，都是在這個時期追隨趙構的。但是趙構並沒有救援開封，反而眼睜睜看著金軍掠走了父兄而無動於衷。

儘管如此，靖康二年，西元1127年5月，趙構仍然在百官的勸進中登上皇位，是為宋高宗。南宋，由此開始。

為了凝聚人心，宋高宗啟用了主持過開封保衛戰的李綱為

宰相，但僅僅 75 天後，主戰的李綱就被罷免。宋高宗一溜煙的逃到揚州，任由北方地區自生自滅。

當時，東京留守兼開封府尹宗澤正鎮守開封。他不僅把開封打造成北方的抗金重鎮，一舉粉碎了金國的全面攻勢；而且積極聯繫各地抗金武裝，謀劃收復失地。還是一名普通小兵的岳飛，也在幾經輾轉後投奔了宗澤，從此改變了一生。

在短短的一年裡，宗澤先後 24 次上書，請求高宗回到開封主持抗金大業，均被高宗拒絕。建炎二年，西元 1128 年 7 月，70 歲的宗澤在遺恨中溘然長逝。臨終前，他連連高呼「過河！過河！過河！」

正當宗澤在北方忘身奮戰之際，宋高宗卻躲在南方醉生夢死。隨著宗澤的去世，揚州已經門戶洞開。建炎三年，西元 1129 年 2 月 2 日，高宗正在宮中臨幸妃子，突然聽說金軍就要殺到，嚇得急忙穿衣上馬，棄城而去。由於驚嚇過度，高宗喪失了生育能力。皇帝逃跑，揚州人心大亂，駐屯揚州的十萬宋軍頃刻瓦解。第二天傍晚，只有 500 名騎兵的金軍前鋒部隊殺入揚州，燒殺劫掠。史稱「維揚之變」。

在潰逃中，上到皇帝下到官員，都在倉皇之際拚命搬運財物，甚至連宦官都能動用數十艘船搬運私財渡過長江。而揚州的廣大軍民卻因無船渡江，慘死於金軍的屠殺。

高宗的逃跑路線終於激起愛國將士的不滿。渡江後不久，宋軍就爆發了兵變，高宗一度被逼迫退位。儘管兵變很快被平

息，高宗也很快復位，但迫於朝野的主戰輿論，宋高宗不得不來到建康府，也就是今天的南京，做出要恢復中原的樣子。

面對咄咄逼人的金軍，高宗不思抵抗，反而寫信給金軍主帥求放過。在信中，高宗不敢以皇帝自居，無恥地屈稱自己是「小邦」，恭維金國是「大國」，還聲稱南宋的財富就是金國寄存在外面倉庫裡的貨物，南宋的士大夫就是金國的陪臣走卒，簡直就是「量南宋之國力，結金國之歡心」。

然而，高宗的熱臉卻貼在了金國的冷屁股上。建炎三年，西元1129年7月底，金國宗室名將完顏兀朮親率主力南下，宋軍再次一潰千里，高宗被迫南逃，後來索性登船入海。到了第二年，也就是西元1130年的2月，高宗已經逃到了遠離長江的溫州。此刻的南宋人心渙散，幾乎到了亡國的邊緣。

從靖康之難到維揚之變，徽宗、欽宗、高宗父子三人視江山社稷和官民百姓如草芥，幾乎將宋朝送上了絕路。然而，南宋又是如何力挽狂瀾、在金國的兵鋒下活下來的呢？請繼續往下看：岳飛抗金真相。

岳飛抗金真相

前一章講到，建炎四年，西元1130年2月，宋高宗在金軍的追趕下，由海路逃到了溫州，南宋幾乎就要滅亡。幸好金軍不善水戰，完顏兀朮實在追不上宋高宗逃跑的腳步，只好無奈的撤軍。一路上，金軍縱火焚城，擄掠姦淫。

滿江紅

到了三月，兀朮正準備率十萬大軍渡江北返，卻突然遭到韓世忠的 8,000 水軍截擊，被逼入黃天蕩，差一點就有去無回。金軍後來雖然突圍，但從此完顏兀朮一輩子都不敢再提過江的事情了。

這時，岳飛也從陸路率部收復了建康。為了表彰岳飛忠義的品性和高超的軍事作戰能力，宋高宗賜與他親自書寫的「精忠岳飛」的戰旗。岳飛從軍前，他的母親曾找人在他背上刺下「盡忠報國」四字。我們今天總是說岳飛「精忠報國」，其實就是把這八個字合起來說了。

高宗聽聞金軍北撤後，終於從溫州泛海北返，結束了長達四個月的海上亡命生活。到了紹興二年，西元 1132 年正月，高宗才回到臨安，以此作為駐蹕之地。與此同時，吳玠、吳璘兄弟依託秦嶺的險要地形，多次在川蜀地區擊退金軍進攻。就這樣，宋高宗初步擺脫了流亡歲月，宋、金初步形成南北對峙的格局。

不過這時的中原，金國仍然沒有直接統治，而是組建了一個偽齊傀儡政權。紹興三年，西元 1133 年，偽齊攻占了包括襄陽在內的襄漢六郡。後來南宋被元朝滅掉，一個最直接的原因就是丟掉了襄陽。由此可見偽齊對南宋的威脅有多大。

因此，南宋迅速發起反擊。紹興四年，西元 1134 年 7 月，岳飛一舉收復襄漢全境。這是南宋建立以來第一次收復大片失地的戰役。岳飛本人更是破格升遷為節度使，與宿將劉光世、

第四編　文治王朝的「武功」

韓世忠、張俊和吳玠齊名，這一年岳飛只有 32 歲，在當時是絕無僅有的。

到了紹興五年，西元 1135 年，南宋逐漸形成了五大戰區，從東到西，分別由韓世忠、張俊、劉光世、岳飛和吳玠統轄。南宋已經徹底擺脫了立國初期混亂無序的局面。又過了兩年，實在不成器的偽齊也被金國廢掉了。

然而，面對這樣的有利局面，宋高宗並沒有積極進取，反而一再向金國乞和。紹興八年，西元 1138 年 3 月，在宋高宗的全力支持下，秦檜出任宰相，全面負責與金國的和談事宜。十一月，金國使臣攜帶著金熙宗的詔書來到南宋，要求宋高宗跪拜，接受冊封。如此屈辱的要求，厚顏無恥如秦檜都感到事情不好辦。反倒是宋高宗，為了保住金人主子的厚恩，竟表示自己可以「忍辱負重」。

但是，高宗不要臉，不代表南宋的官員們全部不要臉。朝野上下反對聲此起彼落。高宗的心腹大將楊沂中甚至表示，如果軍民對此有什麼過激行為，自己根本控制不了局面。當時宋徽宗去世的消息剛剛傳入南宋，高宗只好以為徽宗守孝為由，讓秦檜去使館中接受詔書，總算沒有把大宋的臉丟乾淨。

紹興九年，西元 1139 年元旦，宋、金正式締結和議，雙方約定：兩國以黃河為界，宋朝在名義上收復陝西、河南等地；宋朝向金國稱臣，每年上供銀絹。由於這一年是宋紹興九年、金天眷二年，故史稱第一次紹興和議或天眷和議。

滿江紅

　　可是到了第二年五月，金國就撕毀和議，迅速奪回陝西、河南之地。完顏兀朮更是親至開封，隨即率主力南下征宋。宋高宗只得下令宋軍殊死抵抗。宋將劉錡率軍1萬進駐順昌府，以少勝多，大破兀朮主力十餘萬，殺敵1萬5千餘。金國大為震撼。

　　順昌大捷後，岳飛展開了以收復開封為目標的北伐。他親率主力北上，一路勢如破竹，兵鋒直抵位於今大河南漯河的郾城，同時派出偏帥駐紮附近的潁昌府，對兀朮的大本營開封形成戰略包圍。

　　七月上旬，兀朮率1萬5千名精騎直撲郾城，企圖利用平原的地形優勢，徹底消滅岳家軍。這是一場前所未有的惡戰。當天下午，岳飛長子岳雲與岳飛愛將楊再興率騎兵突入敵陣；岳飛也親率四十騎躍馬突馳。岳家軍利用巧妙的戰術，使金軍無法發揮威力。

　　兀朮眼見騎兵會戰不能取勝，又將精練的重甲騎兵「鐵浮圖」投入戰鬥，結果依舊被岳飛殺得潰不成軍，兀朮幾乎被岳家軍活捉。七月中旬，兀朮轉攻潁昌，被早有防備的岳家軍再度重創。金軍將士無不哀嘆：「撼山易，撼岳家軍難！」

　　郾城、潁昌大捷，極大地鼓舞了河北抗金義軍的士氣。由於岳飛常年的密切往來，這些義軍都積極配合岳飛北伐，大河南北捷報頻傳。岳飛也備受鼓舞，對部屬說：「這次殺金人，要一直殺到黃龍府！到時候，我與諸君痛快淋漓地飲酒！」

第四編　文治王朝的「武功」

七月十八日，岳飛再度進軍。兀朮被迫將十萬大軍屯駐於開封西南45里的朱仙鎮，以阻擋岳家軍。此時金軍的士氣已經低落到極點，據說與岳家軍前哨500鐵騎稍一交鋒，便全軍崩潰。

儘管有不少人對朱仙鎮大捷的真實性表示懷疑，但毋庸置疑，岳飛北伐確實使大河南北的形勢逆轉。被拘留在金國的宋使洪皓在家書中寫道：「順昌之敗，岳帥之來，這裡都感到十分震恐！」完顏兀朮甚至打算撤離開封。遠在幽州的金軍也開始向東北搬運珠寶，隨時準備放棄中原的土地。

面對如此大好的形勢，岳飛上書宋高宗，請求諸路大軍火速挺進。但出乎所有人的預料，岳飛在一天內，接連收到十二道用金字牌遞送的班師詔。所謂金字牌，是當時速度最快的快遞。高宗用金字牌召岳飛班師，可見他對退兵有多著急。

秦檜為了逼岳飛退軍，也命各路人馬撤退或停駐，進而使岳家軍兵力分散，孤軍深入，無法長久與金軍作戰。經過慎重考慮，七月十九日，岳飛不得不奉命從郾城退兵。他悲憤地說：「所得諸郡，一旦都休！社稷江山，難以中興！乾坤世界，無由再復！」又不禁哀嘆：「十年之力，廢於一旦！」到七月底，岳飛撤軍後，宋軍收復的中原失地被金軍迅速奪回；河北、河東的抗金義軍也在金軍的圍剿下失敗。宋高宗開始了與金國的新一輪和談。

那麼，究竟是什麼原因，使得宋高宗每次都在形勢大好時，如此執著於對金乞和呢？請看下一章節：宋高宗為什麼執著乞和？

宋高宗為什麼執著乞和？

紹興十一年，西元 1141 年 11 月，在宋高宗與秦檜的運作下，南宋與金國第二次達成和議。新和議規定，南宋對金稱臣，宋、金東以淮河中流、西以大散關一線為界，國界以北的土地全部割讓給金國，南宋向金國每年納貢銀絹。第二年的二月，高宗向金國進誓表，自稱「臣構」；金國則派出使臣冊立高宗為宋帝。至此，宋、金南北對峙的局面正式確立。由於 1141 年是南宋紹興十一年，故史稱「紹興和議」或「第二次紹興和議」。

南宋中後期的學者呂中後來痛斥道：「以前都是戰敗才求和，現在是戰勝而求和！以前都是戰敗才割地，現在是戰勝而割地！」那麼，為什麼宋高宗自從即位以來，就不顧一切地逃跑、乞和，哪怕是後來宋軍占了上風，他仍然不惜屈辱稱臣呢？

有主觀原因，也有客觀原因。

客觀原因是，南宋初建時，宋高宗確實是接手爛攤子的人。北宋滅亡後，全國的行政、軍事、財政體制全部崩潰。當時的宋高宗雖然有八萬大軍，但這些軍隊號令不一，其實是烏合之眾。打仗要花錢，宋高宗也沒有穩定的收入。

第四編　文治王朝的「武功」

但這些只能解釋南宋初建時的情況，後來形勢好轉了，宋高宗依然奉行乞和路線。這就不得不提到主觀原因，也就是宋高宗的三大心病了。

高宗的第一塊心病是金人的進攻。在金軍的窮追猛打下，高宗一路南逃，心理上嚴重恐懼金國。在高宗眼中，只有與金國達成和議，獲得金國承認，自己才能徹底擺脫險境。

高宗的另一塊心病是欽宗復位。金國廢掉偽齊以後，聲稱要讓早已被廢黜的宋欽宗在開封復位，籌建傀儡政權。這嚴重威脅了高宗帝位的合法性。在高宗看來，既然金國想在中原找代理人，與其讓欽宗來做傀儡，還不如自己捷足先登，透過向金國稱臣納貢，使宋朝間接成為金國的屬邦，進而避免欽宗在金國的扶持下來跟自己搶皇位。

最後一塊心病，也是他最大的心病，那就是武將擅權。這不僅是他的心病，也是許多文官的心病。

比如我們前面多次提到的主戰派前宰相李綱，就曾向高宗遞交過收兵權方案。還有宰相張浚、趙鼎，這是另一位文臣張浚，不是前面提到的武將。我們為了區分，就叫他文張浚。文張浚與趙鼎，儘管一個主戰，一個主守，但也都一致認為，應該收回大將兵權。滿朝文臣無論對金是何態度，都紛紛提出了收兵權的方案。

宋朝開國皇帝趙匡胤是透過兵變上臺的，所以北宋曾經有一整套抑制武將的制度和措施，比如將調兵權和統兵權分離，

用文官擔任戰區最高軍事統帥等等。只不過隨著北宋滅亡和宋、金交戰，這些制度和措施都灰飛煙滅了。

可是對於南宋朝廷來說，強敵未除，失地未復，收兵權有合理性嗎？還真有。當我們習慣用岳飛和岳家軍來討論問題時，總會忽視一個事實──岳飛只有一個。

南宋初年的軍隊，主要集中在劉光世、韓世忠、張俊、吳玠與吳璘兄弟、岳飛、楊沂中和劉錡幾個人手中。這些軍隊被稱為岳家軍、韓家軍、張家軍等等，私軍色彩濃厚，朝廷對軍隊的影響力非常弱。他們在自己的轄區內，還能影響官吏任免，這確實有割據一方的潛在威脅。比如長期控制川蜀的吳家軍，到了第三代吳曦時，就叛變投降金國了。

而且這些武將大多數私德也不太好，許多都是濫用職權的暴發戶。哪怕是像名聲很好的韓世忠，也靠著軍隊經商大發橫財。更別說張俊、劉光世這幫人，撈錢比打仗還在行。財大氣粗的諸大將不僅能夠盡情揮霍，更可以散財募兵，後果難以想像。

所以，宋高宗和宰相們始終對武將保持著警惕。最先被罷兵權的是劉光世，這人是著名的「長腿將軍」，一無是處，逃跑第一名。紹興七年，西元 1137 年，宰相文張浚就以此為由罷了他的兵權。可是由於舉措乖張，激起了淮西兵變，劉光世的大量舊部竟然因此而投敵，淮西防線幾乎崩潰，朝野震驚。

淮西兵變使高宗更清楚意識到，只有與金國達成和議，消弭戰爭威脅，才能夠放手解除大將兵權，進而消除心腹之患。

第四編　文治王朝的「武功」

　　紹興十一年，西元 1141 年，就在岳飛被召回後不久，金軍再度伐宋而又被擊退。此後金國的國策由主戰轉向主和。金國不再對高宗的皇位構成威脅，高宗終於有機會收回大將兵權了。

　　這年四月，高宗以論功行賞的名義，召韓世忠、張俊和岳飛赴臨安。韓世忠和張俊早早到達臨安，而岳飛卻遲遲未至。心懷鬼胎的秦檜格外緊張，只好先帶韓、張二大將到西湖參加酒宴，拖延時間。

　　等了六、七天，岳飛終於到了。當天，高宗繼續在西湖設宴，款待三大將；一面又召見秦檜，命他連夜起草任命三大將入樞密院的詔書。

　　就這樣，韓世忠和張俊升任為樞密使，岳飛升為副使，然而三人的兵權卻同時被剝奪了。這無異於南宋版的「杯酒釋兵權」，甚至連奪取兵權過程的「酒宴」都沒有缺席。然而，宋太祖的「杯酒釋兵權」，是一場充滿兄弟情義的喜劇；而宋高宗的「杯酒釋兵權」，則是充斥著奇恥大辱與刀光劍影的醜劇和悲劇。

　　隨著東南三大將交出兵權，再也沒有什麼能阻止高宗和秦檜的乞和。不久，屈辱的紹興和議正式達成，而岳飛的生命也進入了倒數計時。

　　宋高宗的三大心病，一言以蔽之，就是要極力保住自己從天而降的皇位和皇權。在皇位和皇權面前，什麼國仇家恨、江山社稷、黎民百姓，一文不值。

那麼,既然兵權已經收回了,和議也達成了,岳飛為什麼仍然必須死呢?

岳飛為什麼必須死?

紹興十一年,西元1141年,三大將被奪去兵權後,一心抗金的韓世忠和岳飛大為不滿。這引起了宋高宗和秦檜的嫉恨。為了防止韓世忠和岳飛聯手抵制,高宗將韓世忠留在臨安,而派張俊和岳飛到韓世忠原駐地楚州,也就是今天的江蘇淮安,去分散韓家軍,撤回江北防務。儘管岳飛極力反對,但張俊在秦檜的授意下,誣陷韓世忠謀反。總算高宗認為韓世忠還算聽話,又曾多次護駕有功,及時制止了陷害韓世忠的行為。韓世忠這才躲過一劫。

但是岳飛就沒這麼好運了。

在說岳飛冤案之前,我們先聊一個小插曲。經常有人說,岳飛被冤死,是因為他不懂政治。比如說岳飛天天嚷著要「迎還二聖」,這「二聖」指的是宋徽宗和宋欽宗。這倆活寶要是回來,宋高宗這皇帝還怎麼當?所以高宗很反感岳飛,最後把他弄死了。

這其實是千百年來老百姓的一種誤解,在歷史上,最早喊出「迎還二聖」的就是宋高宗本人。早在高宗即位的時候,他就在詔書裡高呼「同徯兩宮之復」,意思是共同等待宋徽宗和宋欽

第四編 文治王朝的「武功」

宗回到宋朝,這成為後來「迎還二聖」政治口號的最初淵源。所以當時不僅岳飛喊口號,高宗也喊,大家都喊,不喊反而變成政治不正確了。

但是宋徽宗去世以後,情況就不一樣了。宋高宗除了把徽宗的棺槨迎回來以外,基本上不再提欽宗的事了。這時候大家也都不喊「迎還二聖」了,包括岳飛。岳飛甚至在上書給高宗時,都不單獨提欽宗,只是把他和其他宗室一起,稱為「天眷」。所以說岳飛是因為喊口號死的,這個不符合歷史事實。

那為什麼岳飛還是被冤死了呢?關鍵還是岳飛與高宗在理念和人格上存在巨大差異。由於反對和議,反對向金國稱臣納貢,岳飛曾經數次頂撞宋高宗。他一度因為高宗不支持自己北伐,直接放狠話說不做了。最後一次發兵北伐時,他也是冒著抗旨的風險,率兵征戰的。在高宗眼裡,岳飛性格太強,太不聽話。而且為了防範宋欽宗可能復位帶來的危機,岳飛還建議高宗儘早立儲。但高宗無子,又喪失了生育能力,加上武人干政嚴重觸犯了宋朝的祖宗之法,高宗大為惱怒,從此與岳飛的矛盾越來越深。

岳飛不僅是高宗稱臣納貢、割地乞和的最大障礙,也是武將裡最大的威脅。高宗的三大心病集中在岳飛一人身上,岳飛的處境可想而知。

恰在此時,金國又往火堆裡添了把柴。紹興和議訂立前,金國提出一個條件。紹興十年,西元 1140 年 10 月,完顏兀朮

給秦檜寫信說：「必須先殺掉岳飛，然後才能議和。」

岳飛主張北伐，早已成為屈膝乞和的宋高宗和秦檜的眼中釘。在兀朮發出密信兩個月後，殺害岳飛的陰謀便開始緊鑼密鼓的進行。

王貴和張憲是岳飛最得力的部將。岳飛被解除兵權之後，秦檜和張俊利誘王貴，讓他誣陷岳飛謀反，王貴不肯；後來張俊掌握了王貴的一些不為人知的私事，迫使王貴不得不就範。

秦檜又派人指使岳飛舊部王俊誣告張憲。紹興十一年，西元1141年9月，王俊向王貴告發張憲想據襄陽謀反，王貴將此事報告給張俊。張憲隨即被捕，岳飛、岳雲父子也因此被捕入大理寺獄。

高宗特設詔獄審訊岳飛，由御史中丞何鑄主審。何鑄曾受秦檜指使，彈劾岳飛。但在審訊過程中，他終於被岳飛盡忠報國的精神打動，在秦檜面前力辯岳飛無辜。秦檜無奈，向他透露：「這是主上的意思！」何鑄仍不退讓，憤憤不平地說：「我哪是為了區區一個岳飛！強敵未滅，無故殺一員大將，喪失軍心，這不是能讓江山社稷長久之計！」秦檜無言以對，只好上奏高宗，改任万俟卨為御史中丞，繼續審理。

岳飛此時已經對高宗不抱任何幻想，他嘆息說：「我知道，既然落在賣國賊秦檜的手裡，我為國效力的忠心，就全都完了！」他從此任憑獄卒嚴刑拷打，也不再爭辯，只是提筆在獄案上寫了八個大字：「天日昭昭！天日昭昭！」

第四編　文治王朝的「武功」

　　當時朝野上下的正直之士，包括宗室、官員、百姓，都在紛紛上書營救岳飛。早已杜門謝客、明哲保身的韓世忠更是挺身而出，質問秦檜岳飛有什麼罪。秦檜冷冰冰地回答：「岳飛和岳雲勾結張憲謀反的事情雖然不明確，但這件事是莫須有！」——「莫須有」，翻譯過來，就是「難道沒有嗎」。韓世忠氣憤地說：「『莫須有』三字，何以服天下！」

　　儘管查無實據，但在万俟卨的深文周納下，岳飛仍被定為謀反大罪。紹興十一年十二月二十九日，西元1142年1月27日，万俟卨透過秦檜向高宗彙報，提出將岳飛處斬刑，張憲處絞刑，岳雲處三年徒刑。高宗卻當即下旨：岳飛賜死，張憲、岳雲依軍法處斬。當日，岳飛在大理寺獄中，被猛擊胸肋而死；張憲、岳雲在臨安鬧市處斬；岳飛與張憲的家屬被流放嶺南和福建。

　　在今日杭州西湖的東北角，有一座風波亭，據說是南宋大理寺獄中的亭名。在《說岳全傳》等文學故事中，岳飛在風波亭裡被迫飲下宋高宗賜下的毒酒，含冤而逝。不過，宋朝並無相關記載，此事並不可信。

　　一代抗金名將，冤死於號稱「中興」的君相之手。不久，昔日的岳家軍遭到進一步拆散、裁撤，岳飛的幕僚、部將，乃至於營救岳飛的宗室、官員、百姓都遭到了迫害，輕則貶官流放，重則有殺身之禍。

　　岳飛死後不久，高宗正式對金國稱臣，在極大的屈辱與殘

忍的陰謀中,完成了所謂的「中興大業」。

歸根結柢,所謂中興宋朝的宋高宗,與釀成靖康之難的宋欽宗一樣,關心的永遠是自己的皇位與皇權。君為貴,社稷次之,民為輕,在這樣的想法支配下,宋高宗又如何能夠帶領南宋驅逐金人,全面收復失地?

岳飛的死,實際上昭示著南宋中興的夭折。不過,秦檜和宋高宗的和議,畢竟結束了戰爭,帶給南宋一時的和平。這樣的和平,是否真的為南宋老百姓帶來了新的生機呢?

■ 秦檜是締造和平的中興名臣嗎?

紹興十一年,宋高宗奪回三大名將兵權,冤殺岳飛,與金國訂立和議,三大心病全部消除。不過在這個過程中,高宗一直躲在背後,在前面充當打手辦骯髒事的,是名聲臭到家喻戶曉的秦檜。

可是近代以來,就不斷有人為秦檜翻案。他們有的說秦檜主張收回兵權,使南宋得以立國;有的說秦檜促成紹興和議,為南宋帶來和平。讓秦檜背負千古罵名,簡直是冤枉。

那麼秦檜究竟是千古罪人還是中興名臣呢?這還得看看,秦檜到底都做了什麼。

年輕時的秦檜確實是個硬漢。靖康年間,秦檜堅決反對宋欽宗向金國割地;靖康之難後,他又反對擁立張邦昌,要求金

第四編　文治王朝的「武功」

國仍立趙氏為帝。這樣強硬的態度，自然得罪了金人。秦檜也因此被金人押送到了北方，後來被金太宗賜給了弟弟完顏撻懶。

有意思的是，秦檜在撻懶那裡，居然混得風生水起，被留下來參謀軍事，甚至連完顏兀朮都要專門宴請秦檜。建炎四年，西元 1130 年，秦檜回到南宋，據他自己說是殺了監視自己的金兵，搶了小船逃回來的。問題是，秦檜回來的時候還帶著家眷和金銀珠寶，這哪裡像逃亡回來的樣子？

因此，當時就有不少人懷疑，秦檜是撻懶放回來的奸細。而回到南宋的秦檜，確實已經「脫胎換骨」。紹興元年，西元 1131 年，秦檜首次拜相，他迫不及待地向高宗兜售「南人歸南，北人歸北」的「聳動天下」之策。只不過當時抗金呼聲正高，宋高宗也只能大怒，說「朕也是北人，要回哪裡去！」不久，秦檜罷相。

然而到了紹興八年，西元 1138 年，當高宗急需一個代理人去跟金國和談時，秦檜又一次走上了相位，並最終使南宋與金國訂立了極為屈辱的紹興和議。

在紹興和議中，金國有另一個附帶條件，要求宋高宗不得隨意更換宰相。當時的宰相只有秦檜一人，實際上是要求高宗永遠不得罷免秦檜。

紹興和議訂立後，秦檜因「功」加封太師。他倚仗金人支持，權勢熏天，獨攬大政十多年。秦檜任用親信，排除異己。哪怕是自己的黨羽，只要稍微不合秦檜之意，也動輒遭到貶逐流放。

為了箝制抗金輿論，宋高宗與秦檜不惜採取高壓手段，大

興文字獄，實行特務統治。他們嚴禁士人上書妄議朝政，只允許歌頌「太平中興聖政之美」，歌頌降金者甚至能因此升官。他們又命秦檜的養子秦熺主編官史，恣意竄改史實，並嚴禁私修史書。那時的臨安城特務密布，只要有人稍稍發表不滿言論，就會被處以毒刑。

不過客觀地說，當時確實有一些官民不想打仗了，至少是希望暫時別打了，特別是南方人。因為南宋以後，軍餉和朝廷開支都要由南方人，尤其是江南人來承擔。朝廷還經常打著抗金的旗號，在南方巧立苛捐雜稅，大肆搜刮。比如當時有一種惡政，叫預催，就是提前徵收以後的稅賦。最嚴重時，預催的稅款已經到了六年以後。問題是你今年把六年後的稅都交完了，明年還得交稅。

所以，南方的老百姓受不了了，官員地主也不幹了。秦檜一看，這簡直是奇貨可居啊。於是在第一次紹興和議的時候，他為了平息眾怒，專門推薦江南籍的官員李光來做副宰相。

不過，以李光為代表的南方官員也是有骨氣的，他們希望安定民生，休養生息。與金國的和平是手段而不是目的；和平的最終目的是自強，而絕非屈膝求和本身。由於第一次紹興和議大喪國格，秦檜甚至還要撤掉淮南的守軍，李光大失所望，憤怒地指出「和不可恃，備不可撤！」結果可想而知，李光遭到秦檜的黨羽彈劾，被迫罷政。為了維護江南人利益而議和的幌子，就這樣被秦檜自己扯破。

第四編　文治王朝的「武功」

到了第二次紹興和議的時候，秦檜連幌子都不要了。本來和平了，不打仗了，南宋老百姓的負擔應該減輕了。但宋高宗卻在臨安大興土木，不惜花費巨資擴建宮室，興建佛寺道觀。秦檜一家生活糜爛，廣置家產。本來張俊、劉光世這樣名震一時的大將，都以斂財著稱，可是連他們的府第，最終也落到了秦檜手裡。上行下效，滿朝文武紛紛營造豪華大宅，兼併土地，窮奢極欲。各地官員貪腐橫行，賄賂成風。軍中將領也以盤剝兵民為能事。

用以維持統治勢力奢侈生活的錢財，自然來自竭力搜刮的民脂民膏。秦檜甚至祕密要求各路長官，暗中增加百姓的賦稅。近20年間，秦檜一家搜刮的錢財，竟然是國庫的數倍。

秦檜自詡「太平翁翁」，絕不允許有不太平的消息傳播。當時有大批州縣遭逢洪災，數萬人民被淹死。秦檜卻隱瞞不報，誰敢走漏風聲，一律治罪。老百姓都在抱怨：「自秦太師講和，民間一日不如一日。」

說到這裡，你覺得還有必要替秦檜翻案嗎？

話說回來，秦檜做得這些好事，都離不開躲在他身後的宋高宗。

紹興二十五年，西元1155年，秦檜病死。宋高宗放出風聲，說「從今天開始，終於不用在褲腿裡帶著匕首了。」如果只聽高宗一面之詞，就好像秦檜隨時會刺殺他，一切壞事都是秦檜做的。

然而，秦檜死後，儘管朝野紛紛揭露秦檜一夥的罪惡，高宗也貶黜了一批秦檜親黨，為之前一些受誣陷打擊的官員平反。但整體而言，高宗除了接受秦檜長期獨相的教訓而頻繁更換宰相外，完全繼承了秦檜時期的政策，特別是維持屈辱的紹興和議。歸根結柢，秦檜只是宋高宗的代理人。宋高宗透過玩弄帝王統治術，將朝野對此前黑暗朝政的不滿引向了秦檜。這兩個人各懷鬼胎，簡直彼此彼此，都壞透了。

《倚天屠龍記》裡的明教教主在歷史上攪動風雲

在《倚天屠龍記》裡，金庸明確指出，搞反元起義的是明教，明教就是祆教（拜火教）、摩尼教。不過歷史上，其實反元的是彌勒教，這彌勒教、明教、摩尼教之間的關係，也非常微妙；至於祆教（拜火教），其實跟明教完全沒關係。《倚天屠龍記》裡的明教還兼有伊斯蘭教的色彩，「明教」看起來就像一個組織嚴密的大雜燴。

不過今天我們並不打算聊小說和歷史上的「明教」，而是想說說《倚天屠龍記》裡幾位教主的歷史真實事蹟。

按照《倚天屠龍記》的設定，在朱元璋稱帝、禁絕明教以前，中土明教共有35代教主，提及姓名（包括有姓無名的）一

第四編 文治王朝的「武功」

共有10位,其中前期、後期各5位。

前期的教主包括:方臘、王宗石、余五婆、張三槍,還有鍾教主(第8代);

後期的教主包括:石教主(第31代)、衣教主(第32代)、陽頂天(第33代)、張無忌(第34代)、楊逍(第35代)。

這10位教主裡,自然有金庸原創的武俠人物,但也有不少是歷史上的真人,他們曾經在東南大地上攪動風雲,把朝廷攪得天翻地覆!

方臘竟然是明教教主?

三聯版《倚天屠龍記》第十九章「禍起蕭牆破金湯」裡寫道,六大派圍攻光明頂,張無忌被說不得困在乾坤一氣袋裡,問說不得明教的宗旨。於是就有了這麼一段講述明教歷史的對話:

說不得道:「小兄弟,我明教源於波斯國,唐時傳至中土。當時稱為祆教。唐皇在各處敕建大雲光明寺,為我明教的寺院。我教教義是行善去惡,眾生平等,若有金銀財物,須當救濟貧眾,不茹葷酒,崇拜明尊。明尊即是火神,也即是善神。只因歷朝貪官汙吏欺壓我教,教中兄弟不忿,往往起事,自北宋方臘方教主以來,已算不清有多少次了。」

張無忌也聽到過方臘的名頭,知他是北宋宣和年間的「四大寇」之一,和宋江、王慶、田虎等人齊名,便道:「原來方臘是貴教的教主?」

《倚天屠龍記》裡的明教教主在歷史上攪動風雲

「原來方臘是貴教的教主？」是呀，不僅張無忌很吃驚，相信讀者看見這段對話的時候也會感到很吃驚。宋代歷史上著名的民變領袖、《水滸傳》裡幾乎讓梁山好漢全軍覆沒的方臘，竟然是明教教主！這是真的嗎？

先來簡單說一下宋代的明教。明教前身是波斯的摩尼教，大約在6、7世紀，摩尼教傳入中國新疆地區。唐代宗大曆三年（西元768年），摩尼教在長安建大雲光明寺，算是在中原地區立下根基了。可好日子不長，會昌五年（西元845年），唐武宗滅佛，摩尼教無辜躺槍，遭受致命打擊，只好轉入東南沿海地區的民間繼續傳播。南唐徐鉉的《稽神錄》裡，第一次出現了「明教」這個詞。大體上，明教就是受佛教、道教影響的中國化摩尼教，在一定程度上屬於半公開半地下的祕密宗教。

北宋時期，北方民間的祕密宗教日益活躍，到後來發展到利用祕密宗教來進行起義的程度。從真宗到徽宗，朝廷對北方祕密宗教（當時稱之為「妖教」）的管控力度越來越大，法令越來越多；但對南方民間的明教，卻一直不聞不問。究其原因，一來明教本身並非單純的地下宗教，從北宋政府後來的調查報告來看，還是有幾分排場的。甚至在真宗、仁宗年間，明教也曾爭取走上層路線，並在一定程度上得到士大夫的認可。二來南方的明教徒，也很少像北方祕密教徒那樣，聚在一起惹事情。所以南方除了「崇巫右鬼」的報告以外，也幾乎沒有提及半點祕密宗教的事。

第四編　文治王朝的「武功」

但是宋徽宗充分闡釋了什麼叫「不作不死」。看過《水滸傳》的都知道，宋徽宗大搞「花石綱」，搞得民怨沸騰。這事情還真不是子虛烏有，徽宗年間，「六賊」之一的朱勔，就負責幫徽宗在江浙地區蒐羅奇花異石，然後通通運回汴梁，把當地折騰得民不聊生。

方臘是睦州青溪（今浙江省杭州市淳安縣西）人，他發現老百姓對朝廷普遍不滿，於是就招募了一幫遊手好閒之徒，在宣和二年（西元1120年）十月突然發起民變。方臘自稱聖公，建元永樂，設立將帥體制，不到十天就聚眾數萬。到了這年十二月，方臘的部隊已經攻克了杭州、睦州、歙州，劫掠新城、桐廬、富陽等縣。東南地區各縣的變民，全奉方臘為主。方臘的軍隊先後攻下6州52縣，包括今天浙江省全境和安徽、江蘇南部，江西東北部的廣大地區，切斷了宋朝的經濟命脈。據史書記載，是「東南大震」。（《宋史‧童貫傳附方臘傳》）

不過，方臘能夠頃刻間席捲東南，除了客觀上大家太痛恨朝廷以外，主觀上靠的卻是「跳大神」。據說方臘出生的時候，有很多異常現象發生。後來他在水邊看自己的倒影，居然發現影子裡的自己穿得像個帝王，「由此自負，遂託左道以惑眾」（方勺《青溪寇軌》）；還有說他的妻子有「后妃之象」（《朱子語類》卷一三三）。

方臘起兵的時候，號稱自己「得天符牒，今其某時率兵，逢牛即殺，逢廟即燒……」（徐直之《宋譜‧方庚傳》）；打起仗

《倚天屠龍記》裡的明教教主在歷史上攪動風雲

來就更神了,「童子婦人在前,飾以丹黛,假為妖怪⋯⋯又為長人,服大衣,作機關以動,止執矛戟旗幟,飾以丹黛,為鬼神之貌,以惑官兵⋯⋯」(《宋會要輯稿・刑法二》)

大家看有沒有覺得很眼熟啊?這不還是歷代帝王生有異象、天命所歸,陳勝、吳廣跳大神那套嘛!這大神跳得多接地氣,以至於一點外國宗教的影子都找不到。

所以說方臘是明教教主,是有許多歷史學家不同意的。

方臘確實擁有明教部眾

不過話說回來,方臘是不是教主雖不一定,但方臘旗下是真的有不少明教徒,說他有一支明教部隊也不為過。當然,這些明教徒既不會聖火令武功,也不會乾坤大挪移,甚至連五行旗的本事都沒有。他們只不過是一群被朝廷逼得走投無路的老百姓。

方臘亂起,北宋朝廷的第一個反應不是派兵鎮壓,而是抓明教徒。

宋代金石三大家之一的洪适,他的父親洪皓,當時在臺州任寧海主簿,正趕上方臘造反,臺州仙居縣民眾群起響應。於是縣裡到處抓捕明教徒,甚至有一天整天下來抓了數百人,全部要砍頭。(洪适《盤洲文集》)

由於南方官員對明教暴動失察,宋徽宗勃然大怒。於是,

第四編　文治王朝的「武功」

宣和二年十一月四日，也就是方臘起義後不到一個月，一位名叫「僚」的地方官員，寫了宋代南方第一份祕密宗教調查報告，而矛頭也直指明教。(《宋會要輯稿‧刑法二》)

從這個角度來看，方臘即便不是明教教主，也和明教脫不了關係。

不過方臘雖然聲勢浩大，但畢竟是一群烏合之眾。《水滸傳》裡的方臘神通廣大，把梁山好漢殺得人仰馬翻；可是歷史上的方臘就沒有那麼大的本事了。宣和三年（西元 1121 年）正月，宋軍 15 萬主力大軍進入江浙，方臘的部隊接連敗北。到了四月，方臘和妻子兒子等人均被俘虜。次年三月，餘部也被鎮壓下去。整個民變歷時 450 日。

方臘起義以後，北宋朝廷開始針對性打擊明教。由於明教徒遵從摩尼教吃素的戒條，因而往往被稱為「菜食者」。宣和三年（西元 1121 年）閏五月七日，北宋朝廷的文書中第一次將明教稱為「吃菜事魔」。(《宋會要輯稿‧刑法二》)到後來，凡是有祕密宗教背景的動亂，朝廷一律稱為「魔亂」；再到後來，只要不是國家承認的「不根宗教」，均被扣上了「吃菜事魔」的帽子。

宋高宗紹興十一年（西元 1141 年），南宋朝廷頒布了「吃菜事魔條法」，正式透過立法確立了「邪教罪」。(《宋會要輯稿‧刑法二》)

《倚天屠龍記》裡的明教教主在歷史上攪動風雲

《倚天屠龍記》裡，說不得還提到「只因本教素來和朝廷官府作對，朝廷便說我們是『魔教』，嚴加禁止。」此外，楊逍寫了一本《明教流傳中土記》，裡面提到唐武宗會昌滅佛後，明教大衰，「自此之後，明教便成為犯禁的祕密教會，歷朝均受官府摧殘。明教為圖生存，行事不免詭祕，終於摩尼教這個『摩』字，被人改為『魔』字，世人遂稱之為魔教。」雖然不一定準確，但是明教被硬生生變成了「魔教」，這一點還是沒問題的。

而且方臘起義以後，明教想要繼續走上層路線和公開傳教的路幾乎被堵死，只好徹底淪為民間祕密宗教，與佛教、道教羈絆日深，時不時就被拿出來當成民變運動的工具。這倒是跟小說裡的明教有幾分類似，說不得把中土明教起事的歷史上溯到方臘，坊間也總有人稱方臘是《倚天屠龍記》中土明教 35 代教主裡的首任，其歷史背景就在於此。

還有一件事值得一提。我們都知道，《倚天屠龍記》裡，屠龍刀和《武穆遺書》歸了明教教主張無忌。這屠龍刀和《武穆遺書》又是從郭靖那裡傳下來的。按照《射鵰英雄傳》裡的設定，郭靖是《水滸傳》梁山泊好漢郭盛的後代。而《水滸傳》裡，郭盛又死於征討方臘。方臘又是《倚天屠龍記》裡的明教教主⋯⋯郭家和明教，還真是孽緣啊！

第四編　文治王朝的「武功」

如假包換的「教主」王宗石

在說不得與張無忌的那次對話裡，除了提到方臘，還提到了另外三位教主。據說不得說：「到了南宋建炎年間，有王宗石教主在信州起事，紹興年間有余五婆教主在衢州起事，理宗紹定年間有張三槍教主在江西、廣東一帶起事。」

那麼，小說裡王宗石、余五婆、張三槍這三位教主，在歷史上又是怎麼操弄局勢的呢？

先來說說王宗石，一說就是王念經。在宋代的史料裡，王宗石被稱為妖人、妖賊、魔賊，是饒州、信州一帶是如假包換的明教徒。宋高宗建炎四年（西元1130年）春，王宗石聚眾數萬，在信州貴溪（今江西省上饒市一帶）起事。

宋高宗先是派辛企宗去鎮壓，結果被打得大敗。最後沒辦法，又調派張浚（著名抗金嘴炮哥）、劉光世（號稱「中興四將」之一，著名臨陣逃跑哥）的部將王德去鎮壓，到了這年夏天才勉強把這場明教民變鎮壓下去。這場民變前後死了20多萬人。（《宋史》卷二十六〈高宗本紀三〉、卷三百六十八〈王德傳〉、卷三百六十九〈劉光世傳〉，《建炎以來繫年要錄》卷三十二、卷三十四）《倚天屠龍記》把王宗石列為教主，確實不冤。

如假包換的「教主」王宗石

■ 傳教拒捕的「教主」余五婆

江西的王宗石被平定不久,浙江又出現了余五婆。和王宗石一樣,余五婆被官方稱為「妖民」。不過余五婆比王宗石倒楣多了。王宗石那是真刀真槍打起來了,這余五婆一開始就只是一個「傳教士」,跟造反八竿子打不著干係。

最初,余五婆在衢州開化縣九里坑「傳習魔法」。當然,他傳的是「魔教」的教義,可不是什麼乾坤大挪移。

當時江浙一帶,像余五婆這樣的角色大有人在。「時江浙州縣溪山深僻之民更相傳教,各有土首,願為徒侶之人即輸錢上簿,聽其呼率,私置軍器,群起舉事。里正恐其累己,匿不告官,由是其徒轉熾。」(《建炎以來繫年要錄》卷六十三)大家都是明教「魔頭」,都是沒事時候跟個小綿羊一樣安心傳教,有點風吹草動就招呼教民一呼百應。明教的勢力大到「村官」都不敢管的地步。按說余五婆這種並沒有鬧事蹟象的人,是沒有什麼危險的。

結果不知道是余五婆得罪了人,還是哪個嘴欠的,總之在紹興二年(西元1133年)余五婆傳教的事情被告發了,那還了得,官府馬上抓人。幸好余五婆跑得快(不知道練了什麼輕功),從衢州一溜煙跑到了嚴州遂安縣白馬洞,投奔了繆羅。官府追到繆羅家,余五婆和繆羅這下被逼急了,於是號召廣大教眾,占據白馬源拒捕。

第四編　文治王朝的「武功」

　　結果南宋朝廷動用嚴州地方的弓手、保甲6,000多人，根本搞不定；最後沒辦法，只好讓楊沂中帶著宋高宗的3,000親兵去平叛，這才把余五婆鎮壓下去。要知道，楊沂中可是在八年後重創金兀朮、名震北方的抗金名將。（莊綽《雞肋編》、《建炎以來繫年要錄》卷六十三、六十五）

　　余五婆被鎮壓以後，江南地區明教民變仍然不斷。比如紹興十年（西元1140年）東陽縣的「魔賊」谷上元起事（《建炎以來繫年要錄》卷一三八），紹興十四年（西元1144年）宣州涇縣（今安徽宣城市一帶）的「魔賊」俞一起事，紹興二十年（西元1150年）信州貴溪（對，就是王宗石起事的那個地方）的「魔賊」起事（《建炎以來繫年要錄》卷一七六）。整個高宗年間，明教就沒停止搗亂。

■ 從「贛寇」陳三槍到「教主」張三槍

　　到了宋理宗紹定元年（西元1228年），陳三槍又於贛州（今屬江西）起事，在江西、福建、廣東一帶出沒，被稱為「贛寇」。宋廷幾次鎮壓，也沒能斬草除根。到了紹定六年（西元1233年），陳三槍占據松梓山砦，在江西、廣東一帶，跨三路數州六十砦，勢力大盛。當時陳三槍名聲在外，而民變首領其實叫張魔王。你看，又沾了「魔」字，跟明教又撇不開關係。

　　金庸大概是取了張魔王的姓，又取了陳三槍的名，於是就有了教主「張三槍」。

260

如假包換的「教主」王宗石

　　由於陳三槍勢力太大，宋知隆興府陳韡起初不想硬碰硬，可是幾次派人招降，都被陳三槍給殺了。當時南宋政治已經走下坡，地方上貪官汙吏橫行，老百姓鋌而走險也實屬走投無路。陳韡深知此中緣故，於是先彈劾了兩個貪汙最嚴重的官員。緊接著從朝廷獲得節制江西、廣東、福建三路捕寇軍馬的權力，又兼知贛州，統一管理鎮壓陳三槍的事務。

　　端平元年（西元1234年），距離陳三槍起事已經七年了，陳韡發起總攻。這年三月，宋軍攻破松梓山，陳三槍帶著少數隨從縋崖逃跑。義軍的精銳部隊卻下山與宋軍決戰，被宋軍步騎夾擊而敗潰。隨後，宋軍攀崖而上，火燒山寨，明教首領張魔王自焚而死。陳三槍在逃亡時中箭，戰鬥一敗再敗，於次日被抓，後來也被斬首。（《宋史》卷四一九《陳韡傳》）

鍾相、楊么為什麼沒成為明教教主

　　最後有關明教的故事還有一件事可以補充在此。其實無論是南宋初年的王宗石、余五婆，還是南宋後期的陳三槍、張魔王，他們起事的規模都不大。南宋民變規模最大的，當屬鍾相、楊么之亂。雖然現今的歷史資料不容易找到這兩位的事蹟，但是翻閱更早期的歷史參考書籍可以發現，他們兩位是被當作民變領袖歌頌的。

　　其實後來有學者研究，鍾相、楊么可能也跟明教有關係。按理說，這兩位的影響力不亞於方臘、王宗石等人加總，也沒

他倆出名;更何況《後水滸傳》裡,還說楊么是宋江轉世;從歷史時間上,楊么又是緊接在方臘之後的人物。《倚天屠龍記》連王宗石等人都拉來壯聲勢,怎麼就忘了鍾相、楊么呢?

從相關資料來觀察,可能鍾相、楊么和明教關係的學術觀點,在金庸寫《倚天屠龍記》時還沒有形成影響。更何況鍾相、楊么身上有致命汙點。除了「地方起義家」標準的「迅速腐化」以外,楊么最要命的一點是傳說和金國的傀儡政權偽齊勾結,夾擊南宋。而最後滅掉楊么的,正是貫穿「神鵰三部曲」的靈魂人物──岳飛!

試想一下,一個以抗擊朝廷苛政、抗擊異族入侵為己任的明教,出了一個腐敗透頂、吃裡扒外的教主,是一種怎樣說不出口的體驗……

從打死蒙古大汗到襄陽失陷

──南宋抗擊蒙古的 45 年戰爭

如果你讀過金庸的小說《神鵰俠侶》,就一定記得南宋與蒙古曾大戰襄陽。小說中,親征南宋的蒙古大汗被楊過用飛石打死;郭靖夫婦率領武林豪傑死守襄陽,壯烈犧牲。

小說自然是小說,不過在歷史上,南宋的確抵抗蒙古進攻長達 45 年之久。13 世紀,蒙古鐵騎席捲亞、歐大陸,向來被視

為軍事弱國的南宋,卻一度成為蒙古人最大的噩夢。可惜,後來南宋朝廷的一連串錯誤操作,不僅葬送了大好形勢,更將自己逼上了絕路。

南宋與蒙古如何由聯盟走向戰爭

南宋與蒙古結盟,和金國息息相關。12世紀以來,南宋與金國南北對峙,雙方不僅是世仇,南宋每年還要向金國繳納歲幣。這樣屈辱的局面,直到13世紀初才出現轉機。

西元1206年,成吉思汗建立起統一的蒙古汗國,開始對外征伐。盛極而衰的金國無力抵禦蒙古鐵騎,被迫放棄了位於今日北京市的首都中都城,南遷到黃河以南的開封,華北地區迅速被蒙古占領。

南宋很快得知金國敗退的消息,朝野上下形成兩種對立的觀點。一種主張是斷金備蒙,也就是斷絕金國、防備蒙古。這種觀點認為,金國已經衰弱不堪,南宋應該停止向金國繳納歲幣,並利用蒙、金交戰的時機收復中原,同時防範蒙古的進攻。

另一種主張是聯金抗蒙。這種觀點認為,金國雖與南宋是世仇,但卻是南宋防禦蒙古的屏障。南宋應該繼續給金國歲幣,讓他拿錢去打蒙古。如果金國滅亡,那麼唇亡齒寒,南宋就要大難臨頭。

兩種觀點對金國的態度大不相同,但對蒙古的防備卻出奇

第四編　文治王朝的「武功」

一致。顯然，南宋吸取了北宋靖康之變的教訓。當年北宋聯合金國滅掉遼國，結果自己也被金國滅掉。南宋不想重蹈覆轍。

南宋的這個態度，突出地表現在宋、蒙第一次外交活動中。西元1214年正月9日半夜，三名蒙古騎兵乘著夜色渡過南宋邊界淮河，向宋軍交上一封書信和一冊畫在絹帛上的地圖，自稱是成吉思汗的使者，希望與南宋結盟滅金。當地軍政長官聞訊後，以沒有收到上級命令為由，將蒙古使者送回淮河北岸，並命令守軍凡是遇到蒙古使者，一律驅逐。蒙古使者被拒絕入境的消息後來被彙報到南宋朝廷，朝廷的態度也同樣冷漠。

在冷處理對蒙關係的同時，南宋對金國也採取了折中方案，一面停掉了歲幣，一面又嚴令宋軍不得擅自向金國挑釁。失去歲幣的金國大為惱火，從西元1217年起連續對南宋發起戰爭，結果卻連戰連敗。南宋轉而採取了更加激進的外交政策，那就是聯蒙滅金。

西元1220年春，南宋首次主動派出使者聯絡蒙古，在西域見到了成吉思汗。成吉思汗大喜，不僅盛情款待宋使，還將征伐金國時獲得的北宋玉璽贈還給南宋。儘管這次外交活動的具體內容已不可考，但一般認為，雙方肯定討論了聯合滅金的事宜。

蒙古人的熱情給宋使留下了極好的印象。南宋上下普遍認為宋、蒙將要結盟，宰相甚至向邊將出示了宋、蒙和議的密旨。但詭異的是，西元1222年和1227年，蒙古軍竟然發兵攻擊南

宋的川陝邊境，大肆屠殺民眾。

南宋前線的將帥一頭霧水，反倒是朝中有人看穿了蒙古的伎倆。成吉思汗所謂的結盟通好並不是平等的，而是要求盟友對蒙古唯命是從，否則便是蒙古的敵人。總之，要麼投降蒙古，要麼被蒙古滅掉，沒有第三種可能。

西元 1231 年，蒙古為了繞到金國背後發起進攻，再度攻擊南宋的川陝邊境，並強行在南宋境內穿行，號稱是向南宋借道。南宋大為惱怒，宋、蒙關係跌至冰點。

可是到了兩年之後，1233 年，正在進攻金國的蒙古居然又來聯絡南宋。原來，蒙古軍習慣在敵人境內就地奪取糧食，補給軍隊，然而久經蒙古鐵騎踐踏的河南地區早已赤地千里，蒙古軍根本無糧可搶。因此，面臨斷糧風險的蒙古軍必須盡快滅掉金國，結束戰爭。但金國在河南還有不少地盤，要速戰速決，蒙古只好找南宋談合作。

儘管蒙古人劣跡斑斑，但南宋大多數朝臣仍然同意與蒙古結盟。因為在蒙古的全力打擊下，僅剩河南一地的金國，已經奄奄一息。金國皇帝甚至放棄了開封，跑到蔡州做最後的抵抗。由於有著消滅金國的共同利益和實際需求，南宋決定與蒙古暫釋前嫌。1234 年正月，宋、蒙聯軍攻破蔡州，金國滅亡。

失去了共同的敵人，宋、蒙聯盟的破裂只是時間問題。只不過這次捅破窗戶紙的是南宋。這年六月，宋軍趁著蒙山軍主力北歸、河南兵力空虛之際，迅速越過宋、蒙邊境，一個月後

收復了位於今天河南商丘的南京、位於開封的東京和位於洛陽的西京,將國界線推進至黃河。由於這一年是南宋端平元年,史稱端平入洛。

然而,在這樣輝煌的戰績背後,卻隱藏著巨大危機。首先是糧草問題。由於社會凋敝,宋軍在河南遇到了與蒙古軍同樣的問題,也無法就地補給。因此,宋軍的糧草全靠後方運輸。可是蒙古人早就破壞了這裡的堤壩,導致黃河水氾濫成災,大片地方水深到腰部甚至脖子,加上六月酷暑,宋軍連行軍都困難,別提運輸糧草了。更糟糕的是,對於是否應北上收復三京,南宋內部也沒有共識,以至於各大戰區的主帥拒絕服從朝廷支援前線的命令。

這樣,在既無糧草也無援軍的情況下,宋軍雖然收復了三京,但士氣低落,已成強弩之末,很快就在蒙古軍的反擊中狼狽撤退。

蒙古伐宋是既定國策,金國滅亡後宋、蒙戰爭不可避免,端平入洛是對這種大勢的正確判斷下做出的決策。但南宋沒有為戰爭做好準備,只是在滅金後信心膨脹,冒失北伐,結果非但沒有搶在蒙古前爭取戰略主動,反而加速了宋、蒙戰爭的全面爆發,使南宋陷入了極為不利的境地。

宋蒙戰爭初期，
南宋如何扭轉不利局面，又如何自毀長城

端平入洛失敗後，南宋自知蒙古會發兵報復，便積極在邊境構築防線，由西至東，設立了四川、京湖和兩淮三大戰區。

西元 1235 年秋，蒙古三路伐宋，宋、蒙戰爭全面爆發。四川戰區因位於長江上游，居高臨下，戰略地位尤為重要。蒙古一旦占領四川，就可以順江東下，直取京湖和兩淮。因而，四川戰區成為蒙古的主攻方向。

四川戰區包括今天的四川、重慶、陝西南部和甘肅南部。由於北面有秦嶺阻隔，這裡向來易守難攻。然而，南宋的戰區主帥懦弱昏聵，指揮失當，導致蒙古軍於西元 1236 年輕易突破秦嶺防線，長驅直入。四川本是南宋重要的財賦來源之地，可是經過蒙古軍的殺戮，人口銳減，經濟遭到致命打擊，不但無法支援其他戰區的抗蒙作戰，反而需要頻繁從各地徵調軍隊和糧餉，這使得南宋的軍力、財力、物力更加捉襟見肘。

為了扭轉不利局面，南宋於西元 1241 年改任名將余玠為四川主帥，並給予調兵、行政、徵稅等很大權力。由於作為四川軍政中心的成都已經毀於戰火，余玠便把大本營設在了川東重鎮重慶。

余玠入蜀後，最大的貢獻是建構起完整的山城防禦體系。四川多山，本來是騎兵的天然剋星，但是過去南宋並沒有好好

第四編　文治王朝的「武功」

利用這個地理優勢，只在位於今重慶市合川區的釣魚山等地，重點修築了幾座山寨。余玠到任後，加緊修建釣魚山城，並在山城裡囤積了大量糧食，用來支持長期防禦。他還力排眾議，將這個方法推廣到四川其他地區，一口氣修了十多座山城。這些占據要害的山城像棋子一樣，分布在四川各地，後來多達八十餘座。它們既是堅固的據點，彼此之間又互為支援。

余玠建構的山城防禦體系，在抗蒙戰爭中發揮了巨大作用，其中以釣魚城為代表。釣魚城所在的釣魚山位於嘉陵江、渠江、涪江的交會處，南距重慶城僅140里，海拔391公尺，山勢險絕，四周全是懸崖峭壁，三面臨江，只有一面與陸地相連。修建在山上的釣魚城居高臨下，控扼三江展開的扇形地區，屏衛重慶，易守難攻。

在余玠的舉薦下，常年對抗蒙古的將領王堅負責鎮守此城。王堅根據釣魚城的特點，制定了憑恃江險以拒敵的作戰方案。釣魚城本來已有內外兩層城牆作為防護，王堅又將城牆外的江防納入防禦體系。他在釣魚山的南北兩側，各修築起一條橫向的城牆，一直延伸到江邊，時稱一字城。江邊修築水軍碼頭，江上布置數百艘戰艦。這樣，守城的宋軍既可以依仗一字城，將蒙古軍拒於城牆之外，加大釣魚城的防禦縱深；又可以在一字城的掩護下活動於釣魚山與三條大江之間，使水軍與山城的防禦有效配合。

此後，四川戰區內大量難民來到釣魚城，最後達到十餘萬

之眾。釣魚城也就成了一座人口繁多、兵精糧足的要塞,具備長期堅守、獨立作戰的能力。

西元1258年秋,蒙古軍捲土重來,蒙古第四任大汗、成吉思汗的孫子蒙哥親率主力進攻四川,兵鋒直指重慶。第二年初,蒙哥兵臨釣魚城下,此時余玠已經去世多年,王堅擔負起守城重任。

蒙哥首先派重兵封鎖江面,包圍釣魚山,切斷釣魚城與外圍堡壘的聯繫,特別是將京湖戰區前來支援的宋軍隔絕在重慶以東。釣魚城成了一座孤城。

二月初,蒙哥展開對釣魚城的猛攻。蒙古軍兵力占優勢,士氣正盛,又是主力精銳,對宋軍造成了極大的壓力。江上,蒙古軍劫掠了數百艘宋軍的糧船戰艦;陸上,蒙古軍突破一字城,攻進了外城。不過宋軍也不是吃素的,在王堅帶領下,軍民奮戰,硬是把攻入外城的蒙古軍押了出去。

蒙哥見強攻不行,又架起了精良的攻城器械。但是釣魚城地勢過於險峻,蒙古軍的火炮、雲梯根本施展不開。見攻城器械無用,蒙哥又派出敢死隊,沿著狹窄的山路冒險強攻釣魚城,結果屍橫遍野。

就這樣,蒙古軍圍攻釣魚城達半年之久。按照蒙哥的設想,釣魚城早就該斷水斷糧,破城指日可待。沒想到這座小城依舊糧草充足。原來,為了保證城內的食物與飲水供應,王堅做了充足的準備。一方面,在釣魚城的西門內修建一座大水池、13

座小水池和92座鑿井，水池和井中的泉水四季都不會乾涸，從根本上保證釣魚城在遭到圍攻時，不會被切斷水源。另一方面，釣魚城山頂周長十餘里，平曠開闊。王堅率領城中的百姓在這裡春耕秋收，使釣魚城囤積了大量糧草，能夠自給自足。

為了向蒙古軍顯示城內的儲備和必守的信念，王堅命人對蒙古軍陣營附近發炮，只不過炮彈不是石頭與火藥，而是兩尾鮮魚和100多張蒸麵餅。麵餅裡還夾著紙條，上面寫道：你們這些北邊的大兵，可以烹飪鮮魚吃大餅。我們再守十年，你們也打不下這座城！

在「鮮魚大餅炮彈」的打擊下，本就傷亡慘重的蒙古軍士氣更加低落。到了六月，四川氣候悶溼炎熱，來自北方大草原的蒙古士兵和馬匹都出現了水土不服，軍中痢疾、霍亂橫行。蒙哥命令隨軍的西域醫生控制瘟疫蔓延，但醫生也無能為力，只是建議蒙哥讓士兵飲用烈酒來對付霍亂。如此一來，不但軍中的疫情無法控制，士兵的健康與戰鬥力反而因過量飲酒而嚴重損耗。

蒙古軍內部開始出現不同聲音。雖然不少將領邀功心切，仍主張繼續圍攻，但也有一些人提議繞過釣魚城和重慶，直接順江而下去進攻其他戰區，甚至還有人提出撤兵北返的建議。

當時，蒙哥也染上了疫病。但是對於後兩種意見，他仍無動於衷。蒙哥決定繼續圍攻釣魚城，完全是出於政治考慮。成吉思汗去世後，他的子孫們為爭奪汗位明爭暗鬥，蒙哥雖然貴為

大汗，但這個位子坐得並不穩。甚至連自己的親弟弟忽必烈，因為能征善戰、政治才能卓越，在中原有很高人望，也受到了蒙哥猜忌。在蒙哥眼裡，只有建立起超越父祖的功業，才能鞏固自己的統治。因此，蒙哥命令蒙古軍加強對釣魚城的封鎖和監視，等待入秋後天氣轉涼，繼續進攻。

為了探知城中虛實，蒙古軍在釣魚城西門外修築橋樓，監視釣魚城內的情況。七月初，橋樓建成，蒙哥親自登樓督戰，卻被宋軍的炮石擊傷。他被迫聽取意見，留3,000精兵監視釣魚城，自己率主力進攻重慶。但是還沒到重慶，蒙哥就因傷勢過重和病情加劇，病逝於軍營之中。

王堅死守釣魚城，取得了南宋自對抗蒙古以來最大的軍事勝利。蒙哥死後，蒙古在亞、歐大陸的擴張勁頭戛然而止，以至於後來歐洲人把釣魚城稱為上帝折鞭處。為爭奪汗位，蒙古內部隨即爆發了激烈的爭鬥。南宋初步扭轉了宋、蒙戰爭初期的不利局面，獲得了寶貴的戰略時間。

按照正常邏輯，南宋的下一步應該是重用名將，整頓武備，甚至揮師北伐。然而，就像立國之初冤死岳飛一樣，局面稍一穩定，南宋又一次把抑制武將的祖宗家法搬出來，開始整自己人。

為了對抗蒙古軍，南宋朝廷曾給予各戰區將帥極大的權力，但是這個決定也留下了隱憂。一方面，戰區各級將帥權力太大，嚴重挑戰了朝廷的領導權力；另一方面，這些將帥往往貪

第四編　文治王朝的「武功」

汙腐敗成風，嚴重影響了南宋的軍力和財力。

當時，南宋軍政大權掌握在權相賈似道手中。蒙古軍北撤後，賈似道於西元 1261 年在武將中實行打算法，也就是審理武將的軍費開支，追繳贓款。名義上，打算法是要整治軍中貪腐現象、減少軍費開支；但實際上，賈似道卻乘機大肆排除異己，在軍中樹立個人威信，竭力將軍權集中到自己手裡。

在打算法的打擊下，大批不願依附賈似道的南宋名將受到迫害。比如王堅就被罷去兵權，最後抑鬱而終。有不少將領鋃鐺入獄，最後死在監獄裡，這件事大大動搖了宋軍鬥志，削弱了宋軍戰鬥力。更糟糕的是，打算法還逼出了劉整降蒙事件，這對南宋產生了致命影響。

劉整是四川戰區的高級將領。他本來是金國人，金末投奔南宋，在抗蒙戰爭中屢立戰功。然而，劉整的上司嫉賢妒能，在賈似道的支持下，一再打壓劉整。西元 1261 年 4 月，南宋開始在劉整的轄區內實施打算法，為了逃過一劫，劉整重金賄賂上司，卻未被接受。眼看著比自己資歷深、軍功大的名將們一個個倒臺，劉整自知死路一條，為求自保，於六月率部投降蒙古。正是這個劉整，後來為蒙古出謀劃策，成了南宋的掘墓人。

真實的襄樊之戰如何注定了南宋的結局？

打算法從側面反映出，南宋黑暗混亂的政治，對戰爭產生了致命的影響。這裡以真實的襄樊戰役，來為大家展示南宋王

朝的落幕。

襄樊是襄陽和樊城的合稱。兩城位於長江中游江漢平原的北端，夾漢水而立，屬於南宋的京湖戰區，向來是兵家必爭之地。南宋據有襄陽，進可以攻取中原，退能夠封鎖江漢；而一旦失去襄陽，便會無險可守，門戶洞開。

宋、蒙戰爭初期，襄樊因爆發兵變，曾被蒙古占領，但並未受到重視，後來又被南宋收復。此後經過20多年的經營，襄樊成為南宋穩固的抗蒙堡壘，令蒙古望而卻步。但隨著北方社會經濟的恢復，襄樊戰役被蒙古提上了日程。

西元1264年，長期統治中原的蒙古藩王忽必烈擊敗競爭對手，成為整個蒙古汗國的大汗。忽必烈身邊聚集了大量儒生、術士和謀臣。在這些人的影響下，他比別的蒙古統治者更願意接受漢法。忽必烈將首都從遙遠的蒙古草原，遷到了位於如今北京市的大都，仿照漢人王朝，創立年號，表達自己要統一天下的意志。

忽必烈還一反蒙古人重破壞不重建設的習慣，在各地設立勸農官，大力恢復和發展農業生產。他又禁止蒙古貴族以民間的農田為牧地，輕徭薄賦，獎勵農耕。這些措施，使早已荒殘的中原重現生機。蒙古軍以前因糧草不濟，不能持久作戰的問題，至此徹底解決。

正是在這樣的背景下，劉整於西元1267年向忽必烈進獻滅宋方略。鑒於以往征伐南宋時，蒙古軍屢攻四川不克，劉整

第四編　文治王朝的「武功」

建議，將主攻方從四川轉向襄樊。忽必烈立刻批准了劉整的提案，並任命劉整擔任攻取襄樊的主帥之一。

作為南宋曾經的抗蒙名將，劉整深知攻取襄樊存在四大難題。

第一個難題，是襄樊城防堅固，易守難攻。

南宋的襄陽城用磚石修建，城牆高峻堅固，城北有湍急的漢水，城西和城南有群山環繞。樊城與襄陽隔漢水相望，遙相呼應，互為犄角。南宋還在漢水中釘入了大量粗木樁，用鐵索相連，並在上面搭建浮橋。這樣，兩城就有了相互支援的交通要道，形成極為嚴密的防禦體系，蒙古軍很難在短期內攻陷兩城。

第二個難題，是南宋守將不好惹。南宋京湖戰區的主帥呂文德是賈似道的心腹，因而能夠躲過打算法的迫害。駐守襄陽的呂文煥是呂文德的弟弟。戰區內的重要將領，要麼是呂文德的女婿，要麼是他的舊部，整個京湖戰區掌握在呂氏陣營手中。這個陣營不乏能征善戰的名將。

第三個難題，是蒙古軍不擅長水戰。襄樊地區水網密布，南宋依靠水軍優勢可以縱橫馳騁，蒙古騎兵自然相形見絀。

最後一個難題，是蒙古兩線作戰。當時，蒙古西北的藩王進行叛亂，忽必烈需要抽調大量精兵西征平叛。這造成襄陽前線的兵力相對不足，難以速戰速決。

忽必烈和劉整首先針對第三個難題為戰爭做準備。忽必烈一方面嚴禁向南宋賣馬，進而抑制南宋騎兵部隊的發展，突出蒙古鐵騎在陸上的優勢。另一方面，他命劉整籌組水軍，使蒙

古軍隊也能在漢水中游弋，彌補先天不足。

緊接著，忽必烈和劉整制定了一個長期圍困襄樊的戰略。透過在陸上修築堡寨，與水軍聯合，徹底斷絕襄樊一切外援。在長期的圍困中，逐漸耗盡襄樊的戰鬥能力，最終攻取襄樊二城。

蒙古軍共分三步推進圍困襄樊的計畫。第一步，在南宋眼皮子底下，於襄樊附近建立第一個據點，為修築堡寨做準備。為此，劉整採用了瞞天過海之計。

宋、蒙兩國在邊界上曾設有榷場，也就是官營邊境貿易市場，因為戰爭頻仍，榷場被關閉，這對兩國都不利。在劉整的提議下，忽必烈派使者面見呂文德，建議由蒙古在樊城北面的鹿門山下設立榷場，使者還特意送給呂文德一條玉帶以表誠意。鑒於對南宋、對自己都有利可圖，呂文德欣然同意。不久，蒙古又聲稱要防止榷場被盜賊侵擾，要求在榷場外修築土牆，布成士兵，呂文德也沒有反對。就這樣，蒙古輕而易舉地在襄樊附近建立起第一個據點。

圍困襄樊的第二步，是迅速在襄樊附近修築堡寨。西元1268年9月，蒙古軍在襄樊以北雲集。劉整在樊城東北的白河口修築城寨，進逼襄陽。襄陽守將呂文煥聞訊大懼，急忙向呂文德告急，呂文德卻懷疑這是假情報，不予重視。不久，蒙古軍又開始加固鹿門山榷場的土城，並發兵圍攻樊城。呂文德這才恍然大悟，看出蒙古軍要圍困襄樊的目的，不禁後悔道：「耽誤朝

第四編　文治王朝的「武功」

廷的人是我！」呂文德原本打算親自率兵與蒙古軍交戰，不料竟急火攻心，一病不起。

圍困襄樊的第三步，是清理襄樊周邊的南宋軍事力量，完成合圍。西元1269年，蒙古不斷派偏師搶掠襄陽周邊的州縣，削弱襄陽外圍的南宋軍力。同時，依託襄陽西南部的山地修築長連城。到了三月，白河城和鹿門城也相繼築造完畢。蒙古水軍也乘機進據要地，鐵鎖橫江，封鎖江面，完成了對襄樊兩城的全面包圍。

面對蒙古軍步步為營的圍困戰略，南宋竭盡全力實施解圍，主要也分為三個階段，包括守軍突圍、援軍解圍和義軍破圍。

先來看守軍突圍。在蒙古軍圍城之初，呂文煥統帥的襄樊宋軍曾竭力突圍。但由於蒙古軍搶占了戰略主動，宋軍的突圍收效甚微，萬山堡之戰就是其中最關鍵的一場戰鬥。

萬山堡，是蒙古軍在襄陽城西的萬山上修築的堡寨，用來切斷襄陽自西北至東南出入的通道。西元1270年，呂文煥集結守城的1.5萬軍隊、百餘艘戰艦，水陸並進，突襲萬山堡。蒙古軍在堡中堅守不動，宋軍數番攻擊不成，士氣驟降。萬山堡的蒙古軍主帥卻早已帶領200名騎兵繞到宋軍背後埋伏，此時一擁而起，與堡中的蒙古軍前後夾擊，宋軍潰敗。萬山堡戰敗後，襄樊守軍徹底失去突圍的可能，只能等待南宋各大戰區的援兵入援，南宋解圍襄樊進入第二階段。

南宋調集了幾乎所有能征善戰的驍將和勁卒入援襄樊，對

蒙古軍形成了巨大威脅。然而，最高決策者賈似道的昏招迭出，卻使得入援行動功敗垂成。

西元1269年底，京湖戰區主帥呂文德病逝，賈似道選用李庭芝繼任主帥之職。李庭芝雖然善戰，但並非呂氏陣營成員，指揮不動京湖的兵馬。特別是呂文德的女婿范文虎，竟然要求自己的部隊由賈似道直轄，不接受李庭芝節制。一心想對軍隊分而治之的賈似道當然毫無意見。

京湖戰區指揮不統一，嚴重削弱了宋軍的協同作戰能力。此後，范文虎奉賈似道之命，屢次率精兵入援襄陽，動輒就是10萬之眾，卻根本不理會李庭芝的招呼。由於各自為戰，范文虎幾乎每次都大敗而歸，南宋的精銳部隊被毫無意義的消耗掉了。正規軍入援襄樊解圍的希望日益渺茫。

不過，隨著戰爭時間的拖延，蒙古也出現了危機。當時，蒙古西北爆發叛亂，兩線作戰的忽必烈根本吃不消。戰爭期間，中原天災不斷，大量農業生產力又被徵調充軍，這使得剛剛有所起色的經濟又陷入困境。來自蒙古草原的戰馬也在南方水土不服，大量患病，蒙古軍戰鬥力也因此受到嚴重削弱。

與賈似道不同，面對困境，忽必烈沉著應對。他在中原繼續擴大屯田規模，保證農業生產；同時在臨近襄陽的地區建立後勤補給基地，將全國各地的戰略物資轉運到這裡儲藏，然後再運往前線。在天災最嚴重的西元1270年，來自河北的鹽、河南的糧食，仍然能夠及時運達襄陽前線。

第四編　文治王朝的「武功」

針對戰馬水土不服的問題，忽必烈在華北的太行山區建立起治療場所，並讓專業的獸醫在這裡治療患病馬匹。據統計，這座治療場所每年可治好1萬匹戰馬，進而有力保證了前方作戰的需求。

在如此長的時期內為大規模作戰提供後勤保障，對蒙古來說還是第一次。但忽必烈排程有方，使蒙古安然度過了危機，這與南宋賈似道執政的混亂無序，形成鮮明對比。

西元1271年11月，忽必烈正式按照漢人傳統，將蒙古的國號改為大元，元朝建立。忽必烈統一全國的雄心昭然若揭，襄樊戰役進入倒數計時。

這時襄樊兩城已經被圍困近4年。與外界隔絕的襄陽城中，嚴重缺乏鹽、布帛等物資，急待宋軍輸送。可是京湖主帥李庭芝早已對南宋正規軍失望，他將目光轉向了義軍。依靠義軍破圍，南宋解圍襄陽進入最後一個階段。

西元1272年，李庭芝在漢水上游打造了百餘艘輕舟，又招募了3,000名民眾組成義軍，任命張貴和他的兄弟為義軍統領。到了五月，襄樊進入雨季，漢水水位大漲，非常有利於水軍行動。李庭芝抓住時機，派兵協助義軍發兵，從水路入援襄陽。

張貴集結起上百艘輕舟，每艘船載士兵30人，每三艘船並排聯結成一舫，中間一船裝載1袋鹽、200匹布和其他物資，左右兩船去掉船艙的船底，艙面鋪上草蓆作為遮掩。船上還配備了火槍、火炮、巨斧、勁弩等武器。

二十四日深夜，船隊正式南進，衝入布滿元軍戰船的江面。宋軍一面用槍炮勁弩攻擊元船，一面揮動大斧砍斷封鎖江面的鐵索。元軍戰船急忙向宋軍以三舟連成的船舫靠近，不少元軍將士躍上船舫準備與宋軍廝殺。不料船舫左右兩側的小舟早就被掏空，大批元軍將士掉到水裡淹死。

經過一夜鏖戰，元軍死傷不計其數。到了第二天黎明，張貴率宋軍轉戰120里，終於突破封鎖線，衝至襄陽城下，將物資送入城中。襄陽守軍士氣大振。

為了進一步解開襄陽之圍，張貴又派人冒死跳出元軍封鎖，與屯駐在襄陽以南的范文虎約定，南北夾擊，打通襄陽南面的通道。

七月七日傍晚，張貴按照約定即將發兵，卻突然發現一名士兵叛逃。張貴料定計謀已洩，便放棄了原定的偷襲元軍方案，改而發炮擂鼓，率船隊大張旗鼓地衝向元軍戰船。元軍一時被嚇傻了，紛紛避讓，張貴順利突破第一道封鎖線。

此刻，劉整也獲悉了宋軍突圍的情報，急調元軍水陸並進，對張貴圍追堵截。張貴拚命死戰，衝破重重封鎖，漸漸接近與范文虎約定的接應地點。遠遠望去，戰船密布，旌旗蔽空。張貴大喜，隨即舉火為號。

對面的戰船見到火光，立即向前迎來，張貴這才看清，這些戰船全部是元軍的！原來，早在兩天前，范文虎就以風水突變為由退軍了。劉整也透過襄陽叛逃的士兵，知道了迎接地點，

在這裡預先設下埋伏。張貴所率的宋軍突圍至此，早已筋疲力盡，最終被元軍屠殺殆盡。

張貴死後，劉整將他的屍體運至襄陽城下。守城將士見狀，知道外援徹底斷絕，全都朝著南方失聲痛哭，宋軍士氣受到極大打擊。至此，南宋守軍突圍、援軍解圍、義軍破圍的行動均告失敗，此後，再也沒有宋軍能夠衝破重圍進出襄陽與樊城。

南宋無法解圍襄樊，反而耗盡軍事力量，迫於壓力，賈似道將范文虎免職。然而，活在打算法陰影中的前線諸將，只能繼續對賈似道馬首是瞻。眼見襄樊難以為繼，京湖主帥李庭芝憤而辭職。局面壞到這個地步，賈似道竟然整天泡在西湖畔的私人花園裡，帶著群妾鬥蛐蛐。

而元軍在忙什麼呢？忽必烈制定了襄樊戰役最後的總攻計畫，並遣使到波斯徵召工匠，製造能夠拋擲巨石、威力巨大的回回炮。西元 1273 年正月，元軍對樊城發起總攻。劉整首先派兵燒斷了襄陽與樊城之間的浮橋，使襄陽無法再支援樊城。然後以回回炮轟擊樊城，打開了城牆的缺口。元軍從缺口處蜂擁而入，宋軍殊死抵抗，最終不敵。正月十二日，樊城淪陷，城中軍民全部被元軍屠殺。

二月二十四日，元軍接著展開對襄陽的總攻。元軍將回回炮架在襄陽城東北角外，一炮擊中城門上的瞭望樓，聲震天地。這種無所不催的大砲，砲彈重達 150 斤，能在地上砸出七尺深的大坑。南宋軍民十分恐慌，軍心大為動搖。

二十七日，元軍向呂文煥傳達了忽必烈的旨意，褒獎呂文煥守城數年，忠義絕倫；並向呂文煥許以高官厚祿。恰在此時，又傳來城中將領出降的消息。呂文煥知大勢已去，於次日開城投降。長達五年的襄樊戰役，以元朝的全面勝利而告終。

決定這場戰役的關鍵因素，在於宋、蒙兩國的內部政治。蒙元王朝在忽必烈的治理下，社會經濟恢復發展，這為長久圍攻襄陽奠定了物質基礎。蒙元從一開始就有明確的戰略目標，集中動員了全國的兵力、人力、物力來圍攻襄樊。蒙元還訓練水軍，製造了新式武器回回炮，揚長避短，不斷尋找克制宋軍的戰術優勢。更為關鍵的是，忽必烈充分信任前線的各族將領，包括由南宋歸降的劉整等人。這使得元軍上下團結，一致對外。

反觀南宋，從賈似道到呂文德，全無深謀遠慮，在戰役之初並未傾力支援襄樊，導致襄樊陷入重圍。賈似道還玩弄馭將之術，又是打算法，又是讓各路將帥互相制衡，結果宋軍各自為戰，被元軍各個擊破，精銳力量消耗殆盡。賈似道本人更是驕奢淫逸，不理國政。南宋政治敗壞到這樣的地步，是不可能守住襄樊的。

襄樊失陷，京湖戰區被打開了一個缺口，位於如今杭州的南宋首都臨安門戶洞開。儘管朝廷終於流放了賈似道，但已無法力挽狂瀾。西元 1276 年，位於臨安的南宋朝廷向元朝投降。西元 1278 年，孤守釣魚城的宋軍將領在獲得忽必烈不屠城的承諾後投降。西元 1279 年，最後一支流亡在東南沿海的宋軍被元

第四編 文治王朝的「武功」

軍消滅。至此,立國 320 年的宋朝徹底滅亡,在經歷了 45 年的南北對峙之後,元王朝最終成為中國歷史上第一個統一全國的少數民族政權。

第五編
讀書心得

一個時代的終結

——《大宋之變》讀書心得

本書其實是一部司馬光後半生的傳記。全書的核心是北宋「異論相攪」的政治傳統和寬容的政治風氣，在英宗、神宗朝逐漸遭到破壞，而至哲宗朝時已經難於修復。

既然是司馬光的後半生，當然就離不開王安石變法。不過作者基本上沒有糾結於王安石變法本身的是非對錯，而是將目光投向了政治生態和政治傳統。司馬光是一個道德高尚的人，特別注重於秩序的穩定與傳統的延續；以這樣的視角來觀察王安石變法前後宋代的政治環境，可以清晰看到仁宗朝以來，宋代寬容的「祖宗家法」遭到嚴重破壞的過程。

宋代傳統秩序有它文明的一面。比如朝廷推崇「異論相攪」，允許不同的觀點發出聲音；又如傳說中的「太祖誓碑」，不以言殺士大夫。而王安石的「一道德」卻足反其道而行之，強調了高度的思想統一，卻將反對聲音皆視為流俗。王與司馬最根本的

分歧,恐怕都不在開源節流,而就在於此。

應該說,改革之初,統一思想是有必要的,缺乏方向的改革必然毫無出路。但是統一思想卻有「高度」與「高水準」之分。高度的思想統一,只要支持不要反對,一個皇帝,一個宰相,一個聲音,一個觀點,社會萬馬齊喑,官僚唯 KPI 是從;而高水準的思想統一,則是相容並包,透過反對的聲音,達成內省,在不斷反思中自我完善。可惜的是,王安石想要的,是前者而非後者。

神宗駕崩,司馬光重翻朝堂。在「宏大敘事」中,司馬光一派盡廢新法,雖然未必是「倒行逆施」,但顯然是從一個極端走向另一個極端。而本書的細節,則揭示了司馬光執政的另一面:司馬光與呂公著都了解和解的重要性,卻無法像王安石一樣,開動國家機器,讓「和解」的思想達成共識。被司馬光重新恢復的臺諫,卻成為司馬光消弭新舊兩派隔閡的絆腳石。

由於是以政治傳統為核心的敘事,司馬光思想裡最光輝的一面,突出的展現在我們面前,特別是司馬光親民愛民的一面,近些年坊間多有重視。而另有一些似是而非的事實,也在本書中得到澄清。比如宋神宗曾想讓司馬光領銜籌組小組,主持節流改革,遭到了司馬光拒絕。如果不了解司馬光的思想,便會認為這是司馬光臨陣逃脫。實則司馬光以為在原有的制度之外另設機構,這也是對傳統的破壞,程序非法,故不為之。這是司馬光值得敬重的一面,也是太迂腐而難成事的一面。不過,

作者也指出，司馬光的行政能力大大不足，無隊伍、無手腕，並非是一個能拯救元祐政局的理想人物。

今天看來，王安石與司馬光都是能力略顯先天不足的人物。王安石聰明，敏銳，「因天下之力以生天下之財」，在 11 世紀的中國，已經頗有現代基本的投資意識。「農田水利法」正是這個思想的反應。然而農業社會的投資報酬週期太久，王安石不能透過促進社會商業行為來「生天下之財」，而只能回歸傳統以朝廷代商人，這也是他早熟的政府投資思想最終演變成一場暴政聚斂的緣由。更糟糕的是王安石的性格。王安石並非看不到新法存在問題，但是自信與缺乏內省，終於促成了他的剛愎自用。

司馬光的政治素養顯然要好於王安石，他是允許別人說話的，特別是允許別人說不一樣的話。王安石是目標導向型，當「富國」的目標最終壓到「為民」的目標時，民間疾苦也就成為了「富國」而應有的犧牲；司馬光則不然，司馬光則將人民視為根本。這兩點是王安石不如司馬光之處。但王安石有魄力，有想法，有能力，這恰恰是司馬光所欠缺的。差役法改革，暴露了司馬光行政方面的無能。

最適合司馬光的地方，大概就是他曾經發光發熱的臺諫。司馬光有發現問題的敏銳，有提出問題的勇敢，有堅持己見的毅力，唯獨缺乏的是解決問題的方案。對於司馬光而言，作為一個監督政府、制約政府的反對派，無疑是最合適的。

王安石則適合留在地方，他有魄力，敢打破常規，又並無

自身私利之要求,在地方做政策試驗,誰為天下先,又不會為了烏紗帽而冒進,做一個知州知府,正堪其才。然而使用王安石,就必須能夠有效制止他暴走;一旦不能制止,就要準備承擔這柄雙刃劍帶來的破壞性後果。顯然,讓王安石跑到中央政府來暴走,是不合時宜的。

如果一定要讓王與司馬入朝,那麼就如他們入樞拜相前的情況一樣,待在翰林學士院做高參顧問,再往上,從歷史結果來看,已非其可駕馭也。

歸根結柢,司馬光和王安石是帝制政治傳統的延續。漢代以來,儒、法並用,「霸王道雜之」,帝國官僚階層傳統上由儒生與文官構成。儒生是知識分子,文官是職業官僚。隨著儒生、文官的合流,知識分子與職業官僚亦趨於合一。司馬光無疑更接近儒生傳統,倡導的是公平與包容,而王安石繼承確實的文官經驗,效率第一。然而北宋政治已趨成熟,非帝制初建的漢代,有重大偏見與缺陷的司馬光與王安石,注定都不是合格的宰相人選。

宋初三朝政治史

——《宋初政治探研》讀書心得

這是 1990 年代的書,也是張老爺子第一部論文集。全書分為四個部分。第一部分講中書事權,第二部分是宋初諸政平

議,第三部分是宋初政治之演進,最後一部分是史籍校勘。

拋開史籍校勘,前面三部分主要都是講宋朝的政治史。整體的感覺是越往前面的內容越精采。

「中書事權」裡主要探討了宋初(太祖、太宗、真宗三朝)中書門下與樞密院、三司、臺諫的關係。作者指出,自趙普首次拜相以來,宋朝政治制度發生重大變化,即宰相的權力加重。傳統上,我們一提到宋朝制度,就是分奪相權。一是副相,即設立參知政事為副相,分宰相行政權;二是兩府,即中書府、樞密院分掌政、軍,樞密使副分宰相軍事權;三是三司,三司使分宰相財政權。至今無論學者專著,還是通俗讀物,不少人都因襲沿之。

但是趙普拜相、趙匡胤初設參政之時,參政本是宰相之助理,權力極為有限。作者又進一步指出,呂餘慶、薛居正任參政時,實際上並無固定執掌,以至於會帶著參政的頭銜而任地方知府、知州。在趙普罷相前夕,趙匡胤才加重參政權力,對相權進行分割,成為名副其實的副相。但這種體制也不是一成不變的。參政的權力大小、運作權力的方式,在宋初三朝中屢有變動,所以其與宰相的關係,不能一概而論。

樞密院情況亦相似。宋初,趙匡胤沿襲五代傳統,以心腹入主樞密院;加之宰相皆為後周遺臣,故重樞密院而輕宰相。而趙普拜相後,李崇矩之樞密使幾乎無事可稱,不僅不再是國家中樞決策的核心,甚至也未能與宰相形成軍、政兩分的形勢。

第五編　讀書心得

　　二府分掌軍、政,是在太宗朝淳化定制以後。不過這種分工也只是日常事務,當涉及到重大軍事問題時,宰相仍可過問。另一方面,太宗因皇位來路不正,故而又沿襲了五代傳統,以心腹出掌樞密院,又重現了重樞密院的情況。

　　關於宋初中書府、樞密院權力分配的問題。按張其凡本書之觀點,宋初重樞密院,輕宰相;趙普拜相,相權恢復,樞密權輕;太宗繼位後,則重樞密院而弱中書府;淳化定制後,始有二府分工。不過這段歷史,與鄧小南《祖宗之法》搭配來看,更加相得益彰。鄧小南指出,從著名的罷廢宰相坐而論道之制事件來看,宰相罷坐源於事務繁忙。與當時的樞密院相比,中書雖仍然不是決策核心,但宰相的行政權力較五代而言無疑已經有所恢復。

　　而對於二府分工問題,鄧小南也指出,實際上在相當長的時間內,樞密使的任用仍沒有擺脫五代時期用潛邸心腹的傳統;一方面是樞密使多用潛邸舊人;另一方面在軍事問題上,樞密使又往往難當其任(如澶淵之盟前後)。

　　相似的,張其凡指出,實際上三司在宋初也沒有分奪宰相的財政之權;臺諫在太祖及太宗時期力量仍較為薄弱。

　　總之張氏對宋朝中書事權的梳理較為透澈。不過作者就此認為,整個宋朝都不存在這種中書、密院、三司彼此分權牽制的關係,則又顯得過於整齊劃一。三者關係,還應當具體問題具體分析。

第二部分「宋初諸政平議」，比較具有特色的是〈宋初擇人用吏述論〉和〈試論宋太祖朝的用人〉，指出太祖以來，雖然不斷抬高文臣地位和不斷提高文治水準，但是這種「文」並非是指單獨的文士，而是更加重視掌握吏道的文臣。趙匡胤雖有「宰相需用讀書人」的名言，但他真正欣賞的，則是能文能武、同時掌握知識文化和吏道的臣僚。不過作者將趙普、盧多遜的黨爭，抽象成為文官與文士的衝突，則顯得過於一概而論。

最後第三部分「宋初政治之演進」，主要討論的是太宗、真宗兩朝的政治演變情況。其基本的邏輯，在於太宗北伐失敗，造成內憂外患，加之皇位來路不明，不得不轉向清靜無為的黃老政治，此為真宗朝前期所繼承。然而隨著澶淵之盟的簽訂，內外矛盾趨於緩和，於是北宋君臣陷入了天書封祀的鬧劇。總體來說，作者對兩朝政治的評價不高，認為宋初黃老政治負面意義大於正面意義，由此形成宋朝積貧積弱的嚴重問題，似有商榷餘地。

另外對一些史實的梳理，雖然詳盡，但也未免繁複（比如真宗天書封祀的若干細節，讓人讀起來有點昏昏欲睡）。

第五編　讀書心得

一部活的北宋中央日常政務運作史

——《北宋中央日常政務運行研究》讀書心得

總體而言，全書從皇帝御殿聽政、士大夫參政議政、皇帝——士大夫文書行政三個角度，考察了北宋中央日常政務的運作體制與政治實踐。

御殿聽政，即包括我們最熟悉的「上早朝」，這是中央日常政務運作的核心活動。一般提到宋代皇帝的御殿聽政，時常被總結為「垂拱殿早朝－後殿再坐－下午經筵－夜間召對」這四個環節。就總體來說，宋朝皇帝的御殿聽政，大體是按照這樣的體制來展開的。但是，作者也特別注意到，這樣的聽政體制並非是一成不變的。

首先，聽政四環節有一個形成的過程。太祖時國家初立，聽政的時間、地點、週期並不固定；從太宗朝開始，聽政逐漸有了規律性的模式；至真宗朝，「早朝－再坐－夜對」的體制已經形成，此後又加入了經筵。

其次，聽政四環節並非每個環節都必不可少。比如四個環節皆備的仁宗朝，就曾因宋、夏戰爭，國務繁忙，而暫罷經筵。

再次，即便是聽政體制穩定以後，不同時期也會有細微的變動。最明顯的，就是日朝和隻日朝的交替。太宗時確立了「日朝」體制，即皇帝每天都要上早朝處理政務；但在真宗、仁宗時，由於皇帝出現身體等問題，難以維持日朝，因而一度改行

「隻日朝」，即單日上朝，雙日只在後殿處理政務。當然，即便都是隻日朝，真宗與仁宗時期的具體規定也不盡相同。

最後，作者又區分了禮儀性的朝會與政務性的朝會，並對其沿革做了考證。在唐代，大部分重要的朝會皆在外朝舉行，如正殿舉行的禮儀性朝會，前殿舉行的政務性的常朝；唐代中後期，朝會制度出現變化，至五代又出現了五日大起居。歷經歲月變遷，至宋代建立時，這些朝會都已經禮儀化，而且皆為宋代所繼承。而宋代將實際上處理政務的前殿早朝，轉移到內朝的垂拱殿；外朝的禮儀性朝會，皇帝與宰相則很少出席。這樣，隨著君主獨裁制度的確立，處理政務的地點也越來越接近了皇帝的居所。早朝地點的遷移背後，是君主權力與國家治理邏輯的變化。

出了皇帝的御殿聽政，官僚士大夫則透過集議和奏對參與政務。在聽政問題上，作者區分了禮儀性與政務性的朝會；而在集議問題上，作者也對禮儀性的尚書省集議和政務性的有司集議做了區分。

魏晉南北朝時期，尚書省是宰相機構，其所在地「都堂」自然是政務決策的核心地點。其時尚書省最高官員合稱「八座」，八座議事是當時的重要決策活動。唐代最初實行三省六部制，尚書省稱為全國最高行政機關，八座議事也就發展為尚書省議事（尚書省集議）。然而隨著唐朝後期實行使職差遣制度，尚書省被架空，尚書省集議逐漸成為一種討論禮儀的活動，且有

「集」而無「議」。

與此同時,在仁宗朝出現了「有司集議」。即圍繞專業的政務問題,由相關領域的部門集合討論,這種辦法頗為類似今日的行政院政務委員召集的跨部會會議。士大夫推動集議活動的形成,主要是為了擴大對政務的參與性,特別是防範政務把持在宰相等少數人手中的情況。

士大夫參與日常政務的另一個主要方式就是奏對。作者對日常的召對、請對、轉對做了考證,又以個案研究的形式考察了臺諫上殿奏事權。這裡有一個很有意思的問題,就是作者對北宋閤門的考察。閤門是北宋日常政務中一處重要的地點,官員奏對、進入內朝均需經由閤門而入。北宋皇城外朝區域有東、西上閤門,但作者指出此「閤門」非彼「閤門」,日常政務中的「閤門」,實際上是垂拱殿門。

在文書行政部分,作者特別考察了仁宗朝的內降、神宗朝的內批,以及徽宗朝的御筆與御筆手詔。內降,用今天通俗的話來說,就是皇帝(包括臨朝聽政的皇太后)批條子、走後門。作者詳細梳理了劉太后臨朝聽政時期,北宋內降問題的發端;仁宗朝對內降從源頭到接受環節的制度性控制,內降執奏法的實施。與以往的研究不同,過去的研究多集中批評內降不經宰相簽署,屬於程序非法;而作者則進一步指出,內降之所以會被批評實際上是程序非法,根本原因在於內容本身本就非法,正因為內容非法,正常情況下宰相不會簽署而使之成為國家政

令，因此皇帝不得不採用非法程序——批條子、走後門的方式，讓有關部門幫忙解決問題。對於了解北宋士大夫政治中，官僚士大夫對君權的限制頗有意義。

不過，北宋士大夫一直有一種頗為矛盾的情結——一方面主張君主宸斷，防止宰相專政；另一方面又主張限制君權，以免皇帝亂來。（司馬光即為代表，詳細可參見方誠峰的《北宋晚期的政治體制與政治文化》）在文書行政上，這兩方面也多有反映：一方面是防止皇帝的內降；另一方面又是皇帝宸斷造成的內批影響力遞增。

內批與內降都是不具備法律效力的御前文字。不過內批在本質上來說，是皇帝與臣僚討論政務時的書信。只不過相較於垂拱而治的仁宗，神宗更加獨斷專行，對政務有更多的關注與干涉，因此有關於政務的內批越來越多，內批在決策過程中的作用也越來越大，皇帝在決策中的影響自然也就越來越深遠。

發展至徽宗朝，內批逐漸成為御筆，具有法律效力的手詔成為了御筆手詔。「御筆」的名稱更加突出了皇帝的尊貴，而無法律效力的御筆，與有法律效力的御筆手詔，界限也日漸模糊，兩者最終皆成為了正式的國家政令。徽宗透過御筆和御筆手詔，直接指揮政務，君主的個人意志終於突破制度的牢籠，直接成為國家意志，北宋政治自然江河日下。

整體來說，相對於聽政、集議、奏對，文書行政這個部分的內容嚴格來說不夠充實。內降部分比較詳實，而內批、御筆

手詔則比較簡略，〈神宗御集考〉一節則更是有剛提筆即結束的遺憾之感。在討論內降、內批、御筆、御筆手詔的同時，作者也一再強調手詔作為正式的國家政令，與內降、內批、御筆的不同。惜其未在手詔方面著墨。

整體而言，本書討論中央政務執行，既考察了相關制度的規定，也關注具體制度的實踐。作者確實發揮了「活的制度史」的撰寫精神。全書對於在考察政治體制的同時，對於君臣的互動、士大夫的需求頗為留意，對各項制度、流程細節的考察十分細緻，特別是注意一項制度、一個體制不同時期的不同情況。本書不僅是一部北宋政治制度史的佳作，對於進一步深入、清楚了解北宋的政治史，也頗為有益。

偉大的理想，如何造就了萬劫不復的王朝

——《北宋晚期的政治體制與政治文化》讀書心得

宋神宗駕崩，從元豐到元祐，主流意見並不是「東風壓倒西風」，而是和解。和解包含兩層含義：一種是關係的和解，新黨、舊黨並用；一種是政策的和解，在實踐的基礎上，對新法進行調整揚棄。無論新黨如蔡確、章惇，還是舊黨如呂公著、范純仁、蘇軾，實際上都在嘗試「和解」。

然而執掌大權的，卻是兩個非主流。一個是司馬光。由於缺少地方從政經驗，司馬光無法從實踐層面對新法、舊法的得

失做出更為理性的判斷,因此只能沿襲過去的一貫立場:凡是新法,一定是惡的;既然是惡的,就一定要廢除。

司馬光一向是主張君主宸斷的。但是,在經歷了英宗朝、神宗朝之後,司馬光的思想有了些許改變。在繼續強調君主宸斷的同時,更加強調對政治體系的要求,而維持這個體系的辦法就是廣開言路。理想的君主保證政治正確,多元的政治局面則確保君主不走彎路,德行為先的選材策略保證政治秩序的穩定,以此作為元祐政治的基本指導思想。

另一個非主流則是太皇太后高滔滔。和我們常識中的反對變法不同,作者認為,高太后對新法與舊法並無固執主張,只是在新黨和舊黨中,由於跟舊黨的淵源以及對舊黨的熟悉程度較高,因而更容易產生對舊黨的同情,以及在執政初期對舊黨的依賴。

神宗熙寧變法後,以制置三司條例司為變法小組。然而隨著條例司併入中書,導致宰相權力集中。元豐改制,以三省制替代中書門下體制,正是對已經膨脹的相權之拆解。雖然三省制效率低下,但作者指出,元豐改制的根本目的本來就不是為了提高效率;而神宗的獨裁作風,在一定程度上彌補了三省制效率的缺陷。

然而,哲宗年幼,高太后垂簾,獨裁君主不復存在,三省制的效率問題重新浮上水面,三省合一省的呼聲也重新宣乎朝堂。在這樣的背景下,三省同取旨和聚議的權力被恢復,距離

合併只差「三省事通為一處」；而之所以三省體制最終沒有正式恢復中書門下體制，是因為設立了平章軍國重事與平章軍國事，在更高的層級上，出現了統領三省的職位，使得三省合一在制度上的需求不再迫切；而同時，官階越高，權力邊界越清晰，這成為高太后垂簾體制獨具特色的特點。

元祐政治正是在司馬光和高太后兩個「非主流」的主持下展開的。司馬光在大方向上否定新法，但在具體操作細節上注意維持多元化聲音，並非獨斷專行，對於元祐更化初期的政治決策仍有一定正面意義。而高太后關心的並非新法、舊法，而是本人的權威，加上哲宗年齡漸長，實際上元祐四年、五年間，對新法完全排斥的形勢已經開始鬆動。

因此，元祐後期，朝廷的政治傾向又出現了波盪。一方面是劉摯對元祐路線的堅持，集中展現在車蓋亭詩案上。作者指出，車蓋亭詩案的矛頭並非指向蔡確等新黨人士，而是針對主張調和的舊黨溫和派。然而另一方面，大勢不可逆轉，從高太后到宰相，又重新進入了「調和」的政治。特別是高太后晚年，扶持新、舊兩黨的溫和派，以期日後哲宗親政時，能夠維持太后自己的政治名譽。

北宋正是在這種搖擺不定中，結束了元祐政局。元祐時期，是士大夫群體寄予厚望的時期。作者指出，在經歷了北宋中期的儒學復興運動後，「致君堯舜」已經具有意識形態的意義。無論是新黨還是舊黨，他們的分歧只在改革的具體內容和方式上；

而在塑造聖君、締造聖政方面，在「一道德同風俗」方面，無論新黨、舊黨，士大夫的追求是一樣的。在意識形態的加持下，北宋後期才會此起彼落持續不斷的「紹述」，這是昔日的慶曆新政所無法比擬的。

年幼的哲宗，給予士大夫從頭培養聖君的機會。士大夫將君主人格抽象化，試圖將君主一切私人領域的行為，矯正為符合士大夫道德的公共領域行為。在高太后的支持下，士大夫對哲宗的干涉是有效的。然而，這種表面的效果，隨著哲宗的親政而迅速崩潰。哲宗在章惇、蔡卞的支持下，開始對朝臣的章疏進行編類，實則是進行意識形態方面的政治審查，大批士大夫因此受累。這不僅說明士大夫對哲宗的塑造徹底失敗，也代表偉大的理想開始走形。

進入徽宗時代，君臣都已經意識到，聖政是很難實現的，但是聖政是很容易表現的。作者指出，在「豐亨豫大」、「唯王不會」的政治口號下，徽宗朝的應奉、花石綱、興道教、制禮作樂、打造祥瑞等一系列勞民傷財的舉動，並非是徽宗君臣的窮奢極欲。它仍然是一種「政治理想」的表達——當然，這種表達已經不再追求實質，而只是流於表面。士大夫的偉大理想，徹底淪為政治形象工程；北宋士大夫政治至此衰落。

作者對徽宗朝的體制作了大量的考證研究。如專門為蔡京設計的公相制度，使得既能發揮蔡京的政治作用，又能限制蔡京的政治能量；御筆、御筆手詔與內批、手詔的淵源，以及二

者對於徽宗突出君主形象的意義（這方面還可參考周佳《北宋中央日常政務執行研究》相關章節以作補充）；應奉體制之下的財政中央化趨勢；道教興盛與宗教情結的無關；禮樂祥瑞一反「以古為貴」的傳統，而偏重「自我作古」。凡此種種，都可見徽宗朝在呈現聖政方面的「努力」，以及理想淪喪的現實。

本書的一大特點，是沒有糾結於北宋後期的黨爭和皇權。沒有糾結於黨爭的表面，「黨」只存在於出於某種政治目的而做的政治論述，而非實際存在；也沒有糾結於皇權是否加強，皇權虛化與強化具有很強的彈性和多變性。作者關注的，是最原始的偉大理想，在目標和口號都沒有改變的情況下，實現手段和路徑如何產生了改變，最終發生了扭曲的變異，將北宋推入萬劫不復之境。

偉大的理想,如何造就了萬劫不復的王朝

國家圖書館出版品預行編目資料

奪權不必流血！大宋開國全靠制度：從皇帝到文官，都是制度說了算！開明又壓制，獨裁卻守則，大宋王朝打造最穩定的政治秩序 / 劉路（劉史君）著 . -- 第一版 . -- 臺北市：樂律文化事業有限公司, 2025.09
面； 公分
POD 版
ISBN 978-626-7699-61-4(平裝)
1.CST: 宋史
625.1　　　　　　　114011549

電子書購買

崧讀 APP

奪權不必流血！大宋開國全靠制度：從皇帝到文官，都是制度說了算！開明又壓制，獨裁卻守則，大宋王朝打造最穩定的政治秩序

臉書

作　　者：劉路（劉史君）
發 行 人：黃振庭
出 版 者：樂律文化事業有限公司
發 行 者：崧博出版事業有限公司
E - m a i l：sonbookservice@gmail.com
粉 絲 頁：https://www.facebook.com/sonbookss/
網　　址：https://sonbook.net/
地　　址：台北市中正區重慶南路一段 61 號 8 樓
8F., No.61, Sec. 1, Chongqing S. Rd., Zhongzheng Dist., Taipei City 100, Taiwan
電　　話：(02) 2370-3310　　傳　　真：(02) 2388-1990
印　　刷：京峯數位服務有限公司
律師顧問：廣華律師事務所 張珮琦律師

-版權聲明-

本書版權為淞博數字科技所有授權樂律文化事業有限公司獨家發行電子書及紙本書。若有其他相關權利及授權需求請與本公司聯繫。

未經書面許可，不可複製、發行。

定　　價：420 元
發行日期：2025 年 09 月第一版
◎本書以 POD 印製